臺灣歷史與文化 研究輯刊

二一編

第 4 冊

海上之星
——屏東縣琉球鄉地方傳說及信仰（上）

黃永財 著

花木蘭文化事業有限公司

國家圖書館出版品預行編目資料

海上之星——屏東縣琉球鄉地方傳說及信仰（上）／黃永財
著 -- 初版 -- 新北市：花木蘭文化事業有限公司，2022〔民
111〕
序 6+ 目 16+168 面；19×26 公分
（臺灣歷史與文化研究輯刊二一編；第 4 冊）
ISBN 978-986-518-754-5（精裝）
1.CST：民間故事 2.CST：民間信仰 3.CST：屏東縣琉球鄉
733.08　　　　　　　　　　　　　　　　110022092

臺灣歷史與文化研究輯刊
二一編　第 四 冊　　　　　ISBN：978-986-518-754-5

海上之星
——屏東縣琉球鄉地方傳說及信仰（上）

作　　　者	黃永財
總 編 輯	杜潔祥
副總編輯	楊嘉樂
編輯主任	許郁翎
編　　　輯	張雅淋、潘玟靜、劉子瑄　美術編輯　陳逸婷
出　　　版	花木蘭文化事業有限公司
發 行 人	高小娟
聯絡地址	235　新北市中和區中安街七二號十三樓
	電話：02-2923-1455／傳真：02-2923-1452
網　　　址	http://www.huamulan.tw 信箱 service@huamulans.com
印　　　刷	普羅文化出版廣告事業
初　　　版	2022 年 3 月
定　　　價	二一編 7 冊（精裝）台幣 20,000 元

海上之星
——屏東縣琉球鄉地方傳說及信仰（上）

黃永財　著

作者簡介

黃永財，1959 年生，高雄人。國立東華大學中國語文學系文學博士。現兼任國立東華大學、輔英科技大學。研究興趣：民間文學、民間信仰及傳說、俗文學、旅行文學、田調研究。學術論文：《臺灣包公廟之調查研究》、《屏東縣琉球鄉地方傳說及信仰研究》、〈臺灣包公廟之「開基廟」、「祖廟」探討〉、〈四湖海清宮與雲林、南投、彰化地區的包公廟分靈關係探討〉、〈臺灣非主祀包公之「包公廟」探討〉、〈小琉球「獨立迎王」與台南市玄樞院「混元法舟」放航關係—以戊戌年正科迎王的考察〉、〈《歲時雜記》節日食俗春、夏季初探〉等。

提　要

屏東縣琉球鄉，稱小琉球、琉球嶼。據相關文獻史料研究顯示，小琉球最早在 16 世紀已經有原住民（西拉雅）的存在和史蹟。然而原住民遭荷蘭人入侵島上掃蕩，有的被殲滅或被移送島外。後來島上住民，係來自中國的漢人入島墾殖，其歷史文化、開拓精神，至今延續著。同時延續著古早的傳說，雖是傳說，乃具有史實研究價值。

琉球嶼為屏東縣唯一離島，且是臺灣許多離島中唯一屬珊瑚礁地形的島嶼，由於可從事農作之地狹小，土地貧瘠，灌溉水源不足，農產不豐，因此早期鄉民多以捕魚為生。住民是以海為田，捕魚是個高危險的行業，人們祈求神明護佑，其宗教信仰，在島上已發展約有 70 餘座廟宇，護佑著這個孤懸小島。可見宗教意識對小琉球漁村生活是全面性的，全都以神明的旨意為依歸。

小琉球的「地方傳說及信仰」，為很好的個案研究，但是，前賢只有零星探討，尚未見有系統的整合研究。因此有必要深入民間走訪調查，去發掘即將可能漸漸流失的傳說故事。同時參與島上的宗教信仰慶典活動，期能全面性瞭解小琉球民間信仰的完整面貌。

昔謝東閔先生曾在小琉球美人洞景區題「海上樂園」。鄭總著的「海上明珠小琉球」。都是稱讚小琉球是個快樂美麗的小島。近年來小琉球在宗教信仰或是海域遊憩快速發展，吸引眾多信眾及旅遊者前往朝聖並遊玩，可以說是個發光發熱的島嶼。因此，筆者稱「海上之星—小琉球」。

本書將分為兩個方面論述，一是琉球鄉地方傳說；一是琉球鄉宗教信仰。琉球鄉地方傳說的主旨，分別以琉球鄉觀光風景區傳說、地理傳說及人物傳說、神明傳說等踏查與論述，另外在各章節皆有涉及小琉球相關傳的研究，例如碧雲寺的地理傳說、三隆宮老池王的神像漂流傳說等。

信仰方面，分為三個層次，首先是第一公廟碧雲寺，主祀觀音佛祖，它是島上信仰中心，就其開發建廟及主祀神、籤詩信仰及地理傳說、信仰組織及慶典活動等為研究範圍。其次是第二公廟三隆宮，是座池、吳、朱王爺廟，它是小琉球迎王祭典信仰中心。相關三隆宮的研究，依次為三隆宮的信仰發展及其相關傳說、小琉球迎王的演變歷史、小琉球迎王的實地考察等。最後，是小琉球四角頭的角頭廟福德正神及附屬陰廟的研究。

海上之星～
屏東縣琉球鄉地方傳說及信仰

黃永財 著

島上地方傳說，是小琉球人共同的記憶；宗教信仰，是小琉球人的生活重心。

2021 辛丑正科巡港腳

小琉球住民是以海為田 捕魚是個高危險的行業
人們祈求神明護佑 宗教意識－以神明的旨意為依歸

書名題字：李讚桐博士
攝影：黃永財、謝沛蓁

那位在小琉球的花甲博士

彭衍綸

　　我與永財相識於 2017 年，他剛入學東華大學中國語文學系民間文學博士班，這彷彿是不久前的事情，但在今年，2021 年 7 月，他就已完成博士班學業，通過論文口試，取得學位，成為一位年逾花甲的文學博士。在博士班往往越讀越久的今日，對於早已不年輕，甚至還要經營多家補習班的永財而言，實屬不易，況且他的研究尚需跑田野調查，配合田調現場的民俗時程。

　　第一次見到永財時，那頭灰白且略像貝多芬髮型的頭髮，令我印象深刻，因為他當時已年過半百再加好幾，因為他說得一口臺灣國語，實在很難與有些前衛新潮的髮型搭在一起。加上他碩士論文研究的是臺灣包公廟，包拯，忠臣形象，剛正不阿，這些種種，總認為他應該儀態端正，最好還有整齊的西裝頭，但原來這都是我的刻板印象。

　　永財自博士班入學後，即努力地修讀學分，每週往返高雄、花蓮之間，來回超過六百公里的路程，十數個小時的車程，但他幾乎不曾缺課，而且常常攜帶家鄉高雄或者屏東的特產，與同學分享，有時自己開車前來，途經臺東，也不忘買來當地的水果。猶記他修課時，有不少來自大陸的交換生，永財不僅請他們品嚐臺灣美食，還邀請到南臺灣一遊，義不容辭地要盡東道主之誼，這讓交換生回國後，仍念念不忘臺灣的東華大學中文系有位「永財大哥」。永財待人就是如此真誠，從不管對方身分，也不求回報，無論是對日後可常遇到的臺灣朋友，還是一別後不知何時能再見面的交換同學，都是如此。所以，他就是我認知中純樸熱情的標準南部人，雖然他常年頂著一頭前衛新潮的髮型。（又是我個人的刻板印象作祟）

　　2019 年 5 月，我們舉辦「第七屆臺大成大東華三校論壇」學術研討會，

永財不僅是論文發表人，在我的請託下，還承擔接待組的工作，支援接送來訪學者，為了完成任務，他特地從高雄開車來花蓮，僅單趟路程就需花費八小時，但他樂此不疲。此外，他還協助東華「中文能力與涵養」課程的教學，紓解該課程有時略顯短缺的師資。

永財的博士論文研究方向很早就確定了。記得當初他告訴我想探討屏東縣琉球鄉，也就是習稱的「小琉球」的傳說與民間信仰，以此作為學位論文的研究主題時，我剛從小琉球旅遊回來，自覺當地人文風土頗有值得深究之處，所以十分肯定贊同，希望他能開創出一番成績。

作為民間文學和民間信仰的研究者，田野調查的進行自是不可缺少。田調是辛苦的，但對永財而言並非難事，因為他攻讀碩士時，就走訪全臺的包公廟。祇不過小琉球的田調難度要再稍高些，因為必須渡船，客輪一旦沒營運，就難以抵達。永財其實早在 2017 年 3 月就開始跑小琉球的田調，直到2021 年 7 月論文口試結束後，為了補充資料，他還繼續「登島」。從開始對小琉球人事物的陌生，到後來的熟稔，能與當地人搏感情，甚至有廟宇請他幫忙撰寫廟誌，在在都顯示小琉球，小琉球的鄉親之於永財，已不僅是研究對象，而是老朋友。

永財的博士論文，也就是這本《海上之星——屏東縣琉球鄉地方傳說及信仰》，有著他在小琉球田調後獲得的第一手寶貴資料，這些資料是小琉球的文化資產，更是他一步一步走出來，一句一句問出來的，透過紮紮實實地踏查，走訪各處風物，採訪相關人士，試圖對當地的傳說、民間信仰，加以建構、論述，而他也從此成為小琉球通。十分高興，永財的大作即將出版，這不僅是對小琉球鄉親的回報，也是對他這些年來辛苦研究的回饋。

序

黃永財

　　對於小琉球的認識，緣於筆者早年因工作關係，踏上這個小島，當時島上建設正處於起步中。工作業務需要，幾次拜訪琉球國中後，發覺住民開始注重教育栽培小孩，經濟能力好的家庭，家長就會送小孩到臺灣本島讀書，可見小琉球人的經濟、生活、教育等的提升。

　　由於工作上的調整，很長一段時間未到小琉球。直至就讀屏東大學碩士班期間，前往島上做田野調查，有機會重新認識小琉球，拜訪島上寺廟負責人或管理人，認識地方耆老，從訪談中，得知島上古地名很多，有的沿用至今。同時發覺島上寺廟林立，大小座（間）相鄰各角落或海邊公路旁。

　　後來，進入東華大學中國語文學系（民間文學）博士班就讀，思考將來博士論文方向，所以又前往小琉球去尋找題材。小琉球面積不大（6.8018 平方公里），建築物除了民宅，不是寺廟就是民宿。對於島上這麼多寺廟令人好奇，筆者訪談到地方耆老許春發，提問小琉球有幾座寺廟，他說，應該有七十多間。再問為何小琉球人這麼喜歡建廟。又說，無其他特殊因素，小琉球住民多數從事捕魚，高危險行業的工作，全仰賴神明護持保庇。自先民到小琉球島上，吉凶問卜、擇居、掘井、避難、生息、耕作、科考、禳災以及造船、修筏、下釣、航向等，往往請神明定奪。

　　因此，筆者認為小琉球這樣的環境及民俗、文化、信仰等條件，是一個理想的研究對象，隨即展開對小琉球相關文獻蒐集及閱讀。據相關文獻史料研究顯示，小琉球最早在 16 世紀已經有原住民（西拉雅）的存在和史蹟，歷經荷蘭、明鄭、清代、日治，臺灣光復至今，長期的發展下來，其地理、人文、自然環境、歷史背景、宗教信仰等極具特色。

　　經過一番文獻蒐集及整理，相關於小琉球的地方傳說及信仰研究，卻發覺面對著文獻資料缺乏的困境，尤以小琉球地方傳說，少有學術性的正式報告，如有的話，大概以「烏鬼洞」為題。宗教信仰方面，以三隆宮三年一科迎王平安祭典；每年觀音佛祖聖誕為簡單報導居多，但是少有深入蒐集及整理。

　　小琉球既是一個人文、自然環境、歷史背景、宗教信仰等極具特色的研究對象，值得有心人士去發掘整理，所以筆者擬從田野調查出發，而田野調查的興趣，來自於筆者的碩士論文（臺灣包公廟之調查研究）與宗教信仰有關，換句話說，走訪調查地方傳說及信仰研究是個人所好。

　　早期要走訪小琉球，想要登島並非容易之事，如清乾隆時期的朱仕玠，被調來臺灣鳳山任職，在他的自序中提到，他一到鳳山就打聽小琉球的所在。但因彼時交通所阻，他曾言：「以險阻未能至，顧意念終不置也。」朱仕玠未能親履小琉球，也因此對小琉球念念不忘。

　　另外一位，日人伊能嘉矩原要到小琉球踏查，因雨季而作罷，據他的《臺灣踏查日記》日明治33年（1900）8月24日記載：「本來我們要從東港搭船到小琉球，剛好碰上臺灣南部的雨季，沒有船出航。」朱仕玠、伊能嘉矩兩人都未身履小琉球島，但對該島皆有著墨，不過是傳會之談。

　　當進行研究計畫時，幾次訪談中，碧雲寺、三隆宮主事表示，碧雲寺、三隆宮的史料散佚，典藏不多，早期史料，已隨先人而去。現今如果還有的話，各存在小琉球人每個人的腦海中，所以面臨的是「有人能講，沒人記，有人會寫，無人可問。」

　　因此，對於小琉球的地方傳說及信仰研究，筆者企圖逐步深入各角落走訪調查，蒐集散佚或存於個人記憶的資料，認為是一件刻不容緩的事，因為島上年長者將來逐漸凋零，年輕人外移，以後要訪談或採集的對象及內容，可能有困難而不完整。俗話說，今天不做，明天會後悔，趁現在還有人可問趕緊去做。所以，一個外地人受限地緣等關係，要研究小琉球的地方傳說及信仰，這個動機是具挑戰性的，還好，小琉球人們是熱情的，研究之路並不孤獨。

　　本書的研究計畫從民國106年（2017）3月上旬開始執行，到了民國110年（2021）8月上旬結案，歷經四年多才告完成。進行田野調查期間，前往小琉球或臺灣本島的臺南市、高雄市、屏東縣等地，幸賴謝沛蓁的協助，如攝影，文字、格式的校對，如果沒有她的鼎力相助實難達成。

　　同時，要感謝接受筆者訪談的朋友，當他們受訪時，很大方又自然面對

著鏡頭，問什麼說什麼，少有閃躲的情形。故，特將受訪者的大名及受訪時的照片呈現於本書附錄，表達致萬分感謝。也由於經過多次的見面，而並不是每次見面都要進行資料蒐集或正式訪談，有時話家常，喝茶聊天，久而久之，成為朋友。

在進行本書「屏東縣琉球鄉地方傳說及信仰」田野調查及研究書寫中，承蒙筆者的指導教授彭衍綸教授（東華大學），從題目的指正與討論修改，到章、節，圖片的標示等地方逐一而細部的修正，並在地方傳說方面提供文獻，使更有連結性。這期間大多是筆者每週一兼任東華大學大一中文涵養課之餘，進行討論；有時還是電話中進行。老師謝謝您。

本書初稿完成，全文計 573,856 字，804 頁。經委員會審查討論後，刪除至 421,699 字，607 頁，共減少 152,157 字，197 頁。使本書全文精實流暢，更能聚焦扣緊主題。要感謝考試委員會召集人陳益源教授（成功大學），在當天打完疫苗下，立即召開對筆者的「屏東縣琉球鄉地方傳說及信仰」進行 3 個多小時審查，忍著打疫苗下的不舒服，全程主持，並在每一位審查委員老師審查後的意見，再次建議筆者，提醒、叮嚀，務必確實修改，感謝老師不辭辛苦的主持考試審查會。本書的初審老師，同時也是考試委員的黃文車教授（屏東大學）、柯榮三教授（雲林科技大學），給予指正及意見。兩位老師，從本書的初審，不辭約 800 頁，57 萬字的審查，其間訂正，提出問題，指導方向，提供文獻資料等，受益非淺，感謝老師。在考試審查中，楊明璋教授（政治大學）強調本書的初稿必須「瘦身、瘦身、再瘦身」，感謝老師對於一本笨重的全文，給予當頭棒喝，促使筆者領悟，立馬修刪，達到瘦身效果，自己「身感輕盈結實有力」（本書全文）。

由於疫情的關係，本書「屏東縣琉球鄉地方傳說及信仰」的審查，是線上進行，未能實體作業，實感無奈。但是當線上審查進行中，筆者感覺到溫度不比現場實體作業差多少。這種溫度是來自審查老師們的熱心所感受的，因此，筆者對於本書再進行一次瘦身，從 421,699 字，607 頁，再修刪精實，全文控制在約 40 萬字，500 頁內，做到楊明璋教授所要求的「瘦身、瘦身、再瘦身」，也是陳益源教授再三提醒的。因此本書已瘦身完稿成書，期能作到審查老師的要求，也讓讀者易於閱讀。

綜上述，本書是筆者的博士論文「屏東縣琉球鄉地方傳說及信仰」所刪改成書的。雖通過審查考試，讓自己稍鬆了一口氣，但並不意味著對於本書

的研究成果感到滿意。又礙於冠狀病毒疾病（COVID-19）於民國 110 年（2021）5 月中旬後持續嚴峻，想登上小琉球再縝密周延比對，短時間內是有難度的。本書田野調查的訪談資料呈現較多，故論述較少，或許與筆者能力較不足，不夠努力有關，有不成熟之處，仰望小琉球人及讀者包容。

回顧四年來，在東華大學攻讀博士，並兼任大一中文涵養課，每週花蓮與高雄往返，其間只請假一次，前往小琉球參加戊戌正科（2018）迎王慶典。如果以每學期 18 週計，共有 8 學期，單趟是 144 次，往返就是 288 次，扣除其間的國定假日或本年（2021 年 5 月）疫情視訊上課，應該約有 275 次。每趟搭臺鐵火車約 5 小時，在臺灣算是中長途的車程。雖是路途遙遠，車上讓自己心無旁鶩的閱讀，並梳理本書相關文獻，章、節的安排，累了就小睡或是放空自己。

上述只是花蓮與高雄往返的交通。然而對小琉球的研究，是在島上行走調查，約有 37 天的工作日，外加相關聯結的本島田野調查 25 天，總共有 62 天（請參看附錄），但實際的相關工作天數（田野調查、文獻蒐集）不止。因此，戴文鋒教授（臺南大學）給筆者一個精神獎勵：「有一種努力叫做李洋；有一種毅力叫做永財。雖然後山路途遙遠；雖然記憶容量已經無法與年輕人相提並論。但您憑著毅力與堅持完成了文學博士學位，樹立了只要有心就能達成目標的典範。」感謝戴文鋒教授的肯定，但是永財何德何能與李洋先生相提。

同樣的，彭衍綸教授寫到：「恭喜永財，今日的成果乃你應得的。操持事業，花高往返，支援系統，又能於此短時間內取得學位，實屬不易。望疫情早日穩定，補習班恢復正軌，生活正常。再次恭喜！」這一路走來，彭衍綸教授除了在研究上的指導，常關心工作情形，是位亦師亦友的老師。

感謝兩位老師的肯定，但是永財不敢自得。的確，每週花蓮與高雄往返，田野調查時搭交通船小琉球與高雄往返，還有本島田野調查、文獻蒐集等，所花費的應該不少，但這些尚能勉強負荷，惟精神、體力、視力耗損不少，同時要操持工作。自己不敢回頭去想，但有時心想，已經這把年紀，有必要這麼拼麼？因為現在尚兼任東華大學大一中文涵養課，輔英共同教育中文課。真的是，活到老學到老做到老。最後，再次感謝小琉球友人與受訪者，及審查的老師們。

黃永財　民國 110 年（2021）11 月撰於高雄狀元教育機構總部

上 冊

那位在小琉球的花甲博士　彭衍綸

序　黃永財

第一章　緒　論 …………………………………………… 1

　第一節　琉球鄉地理人文綜述 ………………………… 2

　第二節　本書研究步驟及範圍架構 …………………… 9

　　一、研究步驟 ………………………………………… 9

　　二、本書範圍架構 …………………………………… 10

第二章　琉球鄉地方傳說 ………………………………… 13

　第一節　景區傳說 ……………………………………… 15

　　一、烏鬼洞傳說 ……………………………………… 15

　　二、山豬溝傳說 ……………………………………… 27

　　三、美人洞傳說 ……………………………………… 33

　　四、倩女臺傳說 ……………………………………… 39

　　五、白燈塔傳說 ……………………………………… 45

　　六、花瓶石傳說 ……………………………………… 51

　第二節　地理傳說及人物傳說 ………………………… 55

　　一、小琉球龍穴傳說 ………………………………… 56

　　二、僧人陳明山身分傳說 …………………………… 59

　　三、蔡家祖先向嘉慶君借夜壺傳說 ………………… 64

　第三節　神明傳說 ……………………………………… 70

　　一、瓦厝內風颱媽傳說 ……………………………… 71

　　二、廣山隆黃府千歲傳說 …………………………… 76

　　三、華山代天宮百年石身王爺傳說 ………………… 81

　　四、水興宮海先生傳說 ……………………………… 86

第三章　碧雲寺的信仰發展及其相關傳說 ……………… 91

　第一節　碧雲寺的開發建廟及主祀神 ………………… 92

　　一、碧雲寺沿革 ……………………………………… 92

　　二、碧雲寺主祀神——觀音佛祖（觀音媽）‥ 98

　　三、碧雲寺的廟體建築與設施 ……………………… 106

　第二節　碧雲寺的信仰組織及慶典活動 ……………… 115

　　一、碧雲寺的天公爐及爐主、頭家 ………………… 115

二、碧雲寺的慶典活動 ……………………… 122

三、觀音佛祖聖誕慶典及紀念活動 ………… 131

第三節　碧雲寺的籤詩及地理傳說 ………… 138

一、碧雲寺的運籤 …………………………… 139

二、碧雲寺觀音媽的藥籤 …………………… 148

三、碧雲寺的地理傳說 ……………………… 158

中　冊

第四章　三隆宮的信仰發展及其相關傳說 ……… 169

第一節　三隆宮的開發建廟及組織管理 …… 170

一、三隆宮沿革 ……………………………… 171

二、三隆宮的廟體建築與設施 ……………… 176

三、三隆宮供奉的神明及組織管理 ………… 186

第二節　三隆宮的碑文、楹聯及老池王傳說 …… 193

一、三隆宮的碑文、楹聯 …………………… 193

二、三隆宮老池王的神像漂流傳說 ………… 211

三、三隆宮老池王的神像事蹟 ……………… 218

第三節　三隆宮迎王祭典的變遷 …………… 223

一、參加東港迎王時期 ……………………… 223

二、退出東港迎王原因傳說 ………………… 229

三、轉往臺南南鯤鯓廟進香 ………………… 237

第四節　三隆宮獨立迎王與混元法舟 ……… 245

一、無極混元玄樞院概況 …………………… 245

二、混元法舟停泊小琉球 …………………… 249

三、造王船與獨立迎王 ……………………… 255

四、擇日動員迎王 …………………………… 260

第五章　小琉球迎王的實地考察——三隆宮戊戌
　　　　正科（2018）迎王平安祭典 ………… 269

第一節　迎王祭典籌備 ……………………… 270

一、三隆宮戊戌正科平安祭典會的組織 …… 270

二、令牌、金身開斧安座 …………………… 277

三、王船信仰及建造 ………………………… 281

第二節　迎王祭典行事 ……………………… 293

一、進表、王府、王醮法會 …………………… 294

二、請王 ……………………………………… 304

三、過火、放榜、祀王 ………………………… 318

第三節　王駕出巡，遷船送王 ……………… 324

一、遶境的過程及規定 ………………………… 324

二、王駕巡察 ………………………………… 328

三、王船遶境，恭送王駕 ……………………… 349

四、戊戌大圓滿，迎向辛丑正科 ……………… 357

下　冊

第六章　琉球鄉四角頭福德正神廟及其相關傳說
　　　　——兼論四角頭附屬陰廟 …………… 367

第一節　白沙尾福泉宮及騰風宮 …………… 368

一、福泉宮概況 ……………………………… 368

二、騰風宮概況 ……………………………… 375

三、信仰靈驗 ………………………………… 382

第二節　大寮大福福安宮及萬聖府 ………… 388

一、大福福安宮概況 ………………………… 388

二、萬聖府概況 ……………………………… 392

三、信仰靈驗 ………………………………… 396

第三節　天臺天南福安宮及萬善堂 ………… 398

一、天南福安宮概況 ………………………… 399

二、萬善堂概況 ……………………………… 401

三、神靈信仰傳說 …………………………… 405

第四節　杉板路上杉福安宮及萬年宮 ……… 407

一、上杉福安宮概況 ………………………… 408

二、萬年宮概況 ……………………………… 413

三、萬將千歲信仰 …………………………… 416

第五節　三角頭福德正神與高山巖福德宮分靈
　　　　關係 ………………………………… 419

一、高山巖福德宮概況 ……………………… 419

二、調查表的三角頭福德正神沿革………… 423

第七章 結 論 …………………………………………… 429
第一節 6.8 平方公里的地方傳說回顧 ………… 430
一、「自然的」——山嶺、岩洞、石的傳說 ‥ 432
二、「人工的」——亭塔、祠廟的傳說 ……… 437
三、人物傳說 ………………………………… 440
四、相關小琉球地方上的傳說 ……………… 440
五、琉球鄉地方傳說的功能及價值 ………… 442
第二節 宗教信仰是小琉球人的生活重心 ……… 443
一、小琉球信仰位階第一的觀音媽廟——
碧雲寺 ………………………………… 443
二、小琉球迎王信仰中心的王爺廟——
三隆宮 ………………………………… 446
三、小琉球角頭廟的職能及功能 …………… 456
第三節 研究省思與展望 ………………………… 458

參考文獻 …………………………………………… 463

附 錄 ……………………………………………… 477
附錄一：本書田野調查（環境考察）總表 ……… 477
附錄二：講述或受訪者一覽表 …………………… 488
附錄三：琉球鄉早期的開發歷史 ………………… 496
附錄四：屏東縣琉球鄉碧雲寺、高雄市大崗山
超峰寺「六十甲子籤詩」 ……………… 509
附錄五：屏東縣琉球鄉碧雲寺藥籤藥方（大人科）
——三種藥簿 ………………………… 512
附錄六：屏東縣琉球鄉碧雲寺小兒科藥籤琉球鄉
碧雲寺藥籤簿——小兒科一覽表 ……… 527

圖目次
圖 1-1：小琉球四角頭 ……………………………… 2
圖 1-2：小琉球白沙尾碼頭 ………………………… 3
圖 1-3：小琉球中興路廢棄屋 ……………………… 6
圖 1-4：研究步驟流程圖 …………………………… 9
圖 2-1：小琉球烏鬼洞入口 ………………………… 18
圖 2-2：小琉球烏鬼洞窟遺跡（岩石下陷）……… 22
圖 2-3：小琉球烏鬼洞風景區記事碑（民國 64 年）
……………………………………………… 24

圖 2-4：小琉球山豬溝風景區的曲徑‥‥‥‥‥‥‥‥27

圖 2-5：小琉球山豬溝岩石下陷，防空洞變小‥‥‥31

圖 2-6：小琉球早期土豬穿耳洞綁在樹木‥‥‥‥‥32

圖 2-7：小琉球美人洞風景區入口‥‥‥‥‥‥‥‥34

圖 2-8：小琉球美人洞風景區（驗票處）‥‥‥‥‥37

圖 2-9：小琉球大福村海岸邊的倩女臺‥‥‥‥‥‥40

圖 2-10：澎湖縣七美鄉望夫石‥‥‥‥‥‥‥‥‥‥42

圖 2-11：小琉球倩女臺下方海灘處兩大石塊‥‥‥‥45

圖 2-12：小琉球南福村白燈塔‥‥‥‥‥‥‥‥‥‥46

圖 2-13：小琉球白燈塔下方日治時期營區
　　　　（咾咕石圍牆）‥‥‥‥‥‥‥‥‥‥‥50

圖 2-14：小琉球和德堂（榕樹下紅色屋頂）‥‥‥‥51

圖 2-15：小琉球花瓶石（岩）‥‥‥‥‥‥‥‥‥‥52

圖 2-16：一花瓶（小琉球靈山寺右側前方）‥‥‥‥54

圖 2-17：高雄小港鳳鼻頭漁港、登船處路標‥‥‥‥58

圖 2-18：《漢文臺灣日日新報》「球嶼沿革」
　　　　（小琉球）‥‥‥‥‥‥‥‥‥‥‥‥‥62

圖 2-19：小琉球地方耆老探討陳明山的身分
　　　　（碧雲寺解籤處）‥‥‥‥‥‥‥‥‥‥64

圖 2-20：瓦厝內蔡家開基祖母陵園‥‥‥‥‥‥‥‥69

圖 2-21：瓦厝內蔡家開基祖陵園‥‥‥‥‥‥‥‥‥69

圖 2-22：小琉球白沙尾瓦厝內蔡家‥‥‥‥‥‥‥‥71

圖 2-23：瓦厝內南普陀佛祖媽‥‥‥‥‥‥‥‥‥‥72

圖 2-24：屏東東港朝隆宮‥‥‥‥‥‥‥‥‥‥‥‥75

圖 2-25：小琉球本福村廣山隆‥‥‥‥‥‥‥‥‥‥78

圖 2-26：小琉球白沙尾瓦厝內蔡家一樓大廳‥‥‥‥79

圖 2-27：小琉球華山代天宮神明‥‥‥‥‥‥‥‥‥82

圖 2-28：小琉球華山代天宮二府元帥‥‥‥‥‥‥‥82

圖 2-29：小琉球華山代天宮原始石府千歲‥‥‥‥‥84

圖 2-30：小琉球華山代天宮百年檜木金面石府
　　　　千歲‥‥‥‥‥‥‥‥‥‥‥‥‥‥‥‥84

圖 2-31：屏東南州朝清宮親王府‥‥‥‥‥‥‥‥‥86

圖 2-32：屏東南州朝清宮「清代磁碗」‥‥‥‥‥‥86

圖 2-33：小琉球大福村水興宮正殿 …………………… 87

圖 3-1：小琉球碧雲寺 …………………………………… 91

圖 3-2：小琉球碧雲寺觀音佛祖神像（兩尊都是）
　　　　…………………………………………………… 101

圖 3-3：小琉球碧雲寺妙法堂 ………………………… 103

圖 3-4：小琉球碧雲寺觀佛堂 ………………………… 103

圖 3-5：小琉球碧雲寺單體設施：左起涼亭、
　　　　金爐、竹樹、廟埕 …………………………… 108

圖 3-6：小琉球碧雲寺的屋頂 ………………………… 108

圖 3-7：小琉球碧雲寺建築體：月臺、前殿、
　　　　兩側殿 ………………………………………… 109

圖 3-8：小琉球碧雲寺正殿 …………………………… 110

圖 3-9：小琉球碧雲寺觀佛堂（左側黃色屋）及
　　　　鼓樓 …………………………………………… 110

圖 3-10：小琉球碧雲寺妙法堂（右側黃色屋）及
　　　　　鐘樓 ………………………………………… 111

圖 3-11：舊〈碧雲寺廟碑文〉（共合堂外側牆上）
　　　　　……………………………………………… 111

圖 3-12：民國 109 年復刻舊〈碧雲寺廟碑文〉 … 112

圖 3-13：新〈碧雲寺碑誌〉 ………………………… 114

圖 3-14：2019 年小琉球碧雲寺請天公爐（爐主的
　　　　　厝）………………………………………… 116

圖 3-15：小琉球碧雲寺天公爐（掛金牌）……… 117

圖 3-16：柯朝鴻（己亥年爐主）在路口準備跪迎
　　　　　天公爐 …………………………………… 120

圖 3-17：2019 年小琉球碧雲寺上元節「乞物」
　　　　　（麵線龜）………………………………… 124

圖 3-18：2019 年小琉球碧雲寺戲棚擲筊 ……… 126

圖 3-19：2019 年小琉球碧雲寺觀音佛祖聖誕
　　　　　朝山 ……………………………………… 129

圖 3-20：屏東東港舊嘉蓮宮向碧雲寺觀音媽祝壽
　　　　　供品 ……………………………………… 132

圖 3-21：2019 年小琉球碧雲寺管理委員會等
　　　　　單位向觀音佛祖祝壽（團拜）………… 134

圖 3-22：2019 年小琉球碧雲寺觀音佛誕文化祭
　　　　琉球鄉鄉立幼兒園表演舞龍、弄獅……　134

圖 3-23：屏東東港金茄萣舊嘉蓮宮 …………………　138

圖 3-24：2019 年琉球鄉碧雲寺觀音佛誕文化祭
　　　　海報（第三屆）…………………………　138

圖 3-25：小琉球碧雲寺、三隆宮籤詩（60 首）‥　142

圖 3-26：小琉球碧雲寺解籤處（虎邊側殿）……　146

圖 3-27：小琉球碧雲寺籤筒（左起藥籤：大人科、
　　　　小兒科，運籤）…………………………　151

圖 3-28：小琉球碧雲寺 120 首藥籤 ……………　152

圖 3-29：小琉球碧雲寺廟埕（2019 年觀音佛誕
　　　　慶典：藝陣表演、戲棚、供桌上供品）‥ 160

圖 3-30：小琉球碧雲寺龍目井 …………………　162

圖 3-31：高雄大崗山超峰寺龍目井（正殿右側）
　　　　…………………………………………　164

圖 3-32：高雄大崗山超峰寺龍目井（登妙覺門牌
　　　　樓右側）………………………………　164

圖 3-33：小琉球碧雲寺龍目水（井）外觀………　166

圖 3-34：《小琉球碧雲寺觀音佛祖靈感錄（1）》，
　　　　〈龍目井景區的開發〉………………　167

圖 3-35：小琉球竹林生態池（碧雲寺前下方）…　168

圖 4-1：小琉球三隆宮 …………………………　170

圖 4-2：小琉球三隆宮牌樓（前）………………　177

圖 4-3：小琉球三隆宮牌樓（後）………………　177

圖 4-4：小琉球三隆宮單體建築：旗杆、金爐 …　177

圖 4-5：小琉球三隆宮王府戲臺 ………………　178

圖 4-6：小琉球三隆宮王船閣 …………………　179

圖 4-7：小琉球三隆宮金紙部（庫房）…………　180

圖 4-8：小琉球三隆宮建築格局 ………………　181

圖 4-9：小琉球三隆宮前殿 ……………………　182

圖 4-10：小琉球三隆宮正殿（主祀池、吳、朱
　　　　三府千歲）……………………………　183

圖 4-11：小琉球三隆宮後殿廊道、龍柱、石獅、
　　　　石鼓 …………………………………　184

圖 4-12：小琉球三隆宮凌霄殿玉皇上帝神龕天花
‧‧‧‧‧‧‧‧‧‧‧‧‧‧‧‧‧‧‧‧‧‧‧‧‧‧‧‧‧ 184

圖 4-13：小琉球三隆宮的屋頂‧‧‧‧‧‧‧‧‧‧‧‧‧‧ 185

圖 4-14：小琉球三隆宮欄杆的石獅‧‧‧‧‧‧‧‧ 186

圖 4-15：欄杆上的小石獅‧‧‧‧‧‧‧‧‧‧‧‧‧‧‧‧ 186

圖 4-16：小琉球三隆宮後殿（凌霄寶殿）‧‧ 188

圖 4-17：小琉球碧雲寺、三隆宮委員及相關
成員，穿著古禮服參加慶典儀式‧‧‧‧‧‧‧ 190

圖 4-18：舊〈三隆宮碑銘〉‧‧‧‧‧‧‧‧‧‧‧‧‧‧‧ 194

圖 4-19：新〈三隆宮碑誌〉‧‧‧‧‧‧‧‧‧‧‧‧‧‧‧ 194

圖 4-20：高雄旗津福壽宮池王‧‧‧‧‧‧‧‧‧‧‧ 214

圖 4-21：高雄旗津福壽宮池王‧‧‧‧‧‧‧‧‧‧‧ 214

圖 4-22：高雄梓官觀海府‧‧‧‧‧‧‧‧‧‧‧‧‧‧‧‧ 215

圖 4-23：高雄旗津福壽宮‧‧‧‧‧‧‧‧‧‧‧‧‧‧‧‧ 216

圖 4-24：高雄旗津福壽宮‧‧‧‧‧‧‧‧‧‧‧‧‧‧‧‧ 221

圖 4-25：高雄旗津福壽宮金色神龕池王黃金底座
‧‧‧‧‧‧‧‧‧‧‧‧‧‧‧‧‧‧‧‧‧‧‧‧‧‧‧‧‧ 221

圖 4-26：小琉球戊戌正科中澳沙灘請王（海島型
迎王）‧‧‧‧‧‧‧‧‧‧‧‧‧‧‧‧‧‧‧‧‧‧‧‧ 224

圖 4-27：屏東東港埔仔角鎮靈宮‧‧‧‧‧‧‧‧‧‧ 228

圖 4-28：臺南北門蘆竹溝漁港‧‧‧‧‧‧‧‧‧‧‧‧ 238

圖 4-29：臺南南鯤鯓廟旁五王橋‧‧‧‧‧‧‧‧‧‧ 239

圖 4-30：臺南南鯤鯓廟中軍府‧‧‧‧‧‧‧‧‧‧‧‧ 242

圖 4-31：小琉球三隆宮中軍府‧‧‧‧‧‧‧‧‧‧‧‧ 243

圖 4-32：臺南關廟無極混元玄樞院‧‧‧‧‧‧‧‧ 246

圖 4-33：原臺南關廟玄樞院混元法舟（第一艘）
現奉祀三隆宮殿內‧‧‧‧‧‧‧‧‧‧‧‧‧‧‧‧ 247

圖 4-34：臺南關廟玄樞院混元法舟首次放航（1）
‧‧‧‧‧‧‧‧‧‧‧‧‧‧‧‧‧‧‧‧‧‧‧‧‧‧‧‧‧ 248

圖 4-35：臺南關廟玄樞院混元法舟首次放航（2）
‧‧‧‧‧‧‧‧‧‧‧‧‧‧‧‧‧‧‧‧‧‧‧‧‧‧‧‧‧ 248

圖 4-36：臺南關廟玄樞院混元法舟首次放航（3）
‧‧‧‧‧‧‧‧‧‧‧‧‧‧‧‧‧‧‧‧‧‧‧‧‧‧‧‧‧ 249

圖 4-37：昔日混元法舟停泊小琉球杉板路海岸
崗哨附近‧‧‧‧‧‧‧‧‧‧‧‧‧‧‧‧‧‧‧‧‧‧ 251

圖 4-38：小琉球三隆宮執事到白沙尾漁港，迎接
　　　　臺南關廟玄樞院人員 ……………… 254

圖 4-39：臺南關廟玄樞院訪道團在三隆宮榕樹下
　　　　講道 …………………………………… 254

圖 5-1：小琉球三隆宮戊戌正科（2018）迎王平安
　　　　祭典宣傳海報 ……………………… 270

圖 5-2：三隆宮迎王大總理及助理禮服 ……… 272

圖 5-3：三隆宮迎王副總理禮服 ……………… 272

圖 5-4：三隆宮迎王理事、參事禮服 ………… 272

圖 5-5：小琉球三隆宮金紙販賣部（戊戌正科
　　　　迎王期間）…………………………… 276

圖 5-6：小琉球三隆宮中軍府神轎及轎班（戊戌
　　　　正科）………………………………… 278

圖 5-7：小琉球三隆宮王船閣內的中軍令神龕
　　　　（右側）………………………………… 279

圖 5-8：小琉球三隆宮的王船公（戊戌正科）… 280

圖 5-9：東港溪王船系統王令（東港東隆宮）… 281

圖 5-10：高雄鳳山興安宮鎮殿王船 …………… 286

圖 5-11：小琉球三隆宮鎮殿王船 ……………… 287

圖 5-12：小琉球三隆宮王船閣（內部，戊戌正科）
　　　　…………………………………………… 288

圖 5-13：小琉球三隆宮戊戌正科王船 ………… 290

圖 5-14：小琉球三隆宮戊戌正科掛燈（廟埕）… 296

圖 5-15：高雄小港鳳儀宮早期廟貌 …………… 298

圖 5-16：小琉球三隆宮戊戌正科王醮法會 …… 300

圖 5-17：小琉球三隆宮戊戌正科迎王醮典（登臺
　　　　拜表）………………………………… 303

圖 5-18：小琉球三隆宮戊戌正科迎王醮典（普渡
　　　　供品）………………………………… 304

圖 5-19：小琉球三隆宮王府戲臺前排放接錢餅的
　　　　容器（戊戌正科）…………………… 304

圖 5-20：逡港腳漁船、神轎隊伍集結（三隆宮
　　　　戊戌正科）…………………………… 305

圖 5-21：逡港腳──搭載神轎的漁船（三隆宮
　　　　戊戌正科）…………………………… 306

圖 5-22：小琉球三隆宮戊戌正科遶巡海島路線圖
（遶港腳）……………………………………… 307

圖 5-23：迎風旗「請水」，應改為「請王」
（三隆宮戊戌正科）……………………… 308

圖 5-24：小琉球三隆宮廟埕神轎隊伍集結（戊戌
正科）……………………………………… 311

圖 5-25：請王—小琉球中澳沙灘神轎排列
（三隆宮戊戌正科）……………………… 311

圖 5-26：小琉球三隆宮戊戌正科中澳沙灘請王
供品（五味碗）…………………………… 315

圖 5-27：小琉球中澳沙灘上神轎的燈閃亮著
（三隆宮戊戌正科）……………………… 316

圖 5-28：小琉球中澳沙灘鳴放鞭炮煙火，恭迎
戊戌正科吳大千歲駕到…………………… 316

圖 5-29：小琉球三隆宮戊戌正科吳大千歲王駕… 317

圖 5-30：小琉球三隆宮戊戌正科恭迎代天巡狩
王駕路線圖（請王）……………………… 317

圖 5-31：五王火（小琉球三隆宮廟埕，戊戌正科）
……………………………………………… 319

圖 5-32：小琉球三隆宮戊戌正科吳大千歲榜文… 321

圖 5-33：小琉球上杉福安宮走輦處……………… 327

圖 5-34：小琉球大福漁港中午休息站…………… 329

圖 5-35：小琉球三隆宮戊戌正科代天巡狩王駕
遶境大寮角路線圖………………………… 330

圖 5-36：小琉球三隆宮戊戌正科代天巡狩王駕
遶境天臺角路線圖………………………… 331

圖 5-37：小琉球三隆宮戊戌正科代天巡狩王駕
遶境杉版路角路線圖……………………… 332

圖 5-38：小琉球白沙尾角中午休息站…………… 333

圖 5-39：小琉球三隆宮戊戌正科代天巡狩王駕
遶境白沙尾角路線圖……………………… 334

圖 5-40：小琉球戊戌正科迎王祭典，三隆宮場地
配置圖……………………………………… 339

圖 5-41：小琉球三隆宮戊戌正科迎王宋江陣表演
……………………………………………… 340

圖 5-42：小琉球幸山寺十三太保（三隆宮戊戌
　　　　　正科）……………………………………342

圖 5-43：小琉球水仙宮五毒大神（三隆宮戊戌
　　　　　正科）……………………………………342

圖 5-44：藝陣素蘭小姐（三隆宮戊戌正科）……343

圖 5-45：小琉球金都府女性轎班（三隆宮戊戌
　　　　　正科）……………………………………343

圖 5-46：跪道求解（三隆宮戊戌正科）…………345

圖 5-47：遶巡小琉球白沙尾，轎班的午餐
　　　　　（三隆宮戊戌正科）……………………346

圖 5-48：遶巡小琉球白沙尾，轎班休息區
　　　　　（三隆宮戊戌正科）……………………347

圖 5-49：轎班餐點，雜菜湯（三隆宮戊戌正科）
　　　　　……………………………………………349

圖 5-50：轎班餐點，白飯（三隆宮戊戌正科）…349

圖 5-51：千船添載（三隆宮戊戌正科）…………350

圖 5-52：三隆宮戊戌正科千船遶巡……………351

圖 5-53：王船遶巡用竹竿排除障礙物……………352

圖 5-54：三隆宮戊戌正科王船添載（紅包）……352

圖 5-55：小琉球三隆宮戊戌正科千船遶境路線圖
　　　　　……………………………………………353

圖 5-56：小琉球中澳沙灘，燒千船前準備工作
　　　　　（三隆宮戊戌正科）……………………356

圖 5-57：小琉球中澳沙灘，王船燃起大火
　　　　　（三隆宮戊戌正科）……………………356

圖 5-58：小琉球三隆宮戊戌正科恭送代天巡狩
　　　　　王駕路線圖（送王）……………………357

圖 5-59：小琉球三隆宮戊戌正科上清天赦符命…359

圖 5-60：小琉球三隆宮辛丑正科（2021）大總理
　　　　　林家來（中）……………………………365

圖 6-1：小琉球白沙尾福泉宮……………………369

圖 6-2：小琉球福泉宮增購的土地（左側紅屋頂）
　　　　　……………………………………………374

圖 6-3：轎班午餐──鼎邊銼（戊戌正科遶巡白
　　　　　沙尾）……………………………………375

圖 6-4：小琉球白沙尾騰風宮 …………………… 375

圖 6-5：小琉球漁港地標碑 ……………………… 376

圖 6-6：高雄鳥松大將廟 ………………………… 379

圖 6-7：小琉球 2019 年正棚戲團 ……………… 385

圖 6-8：小琉球 2020 年正棚戲團 ……………… 385

圖 6-9：小琉球大福福安宮 ……………………… 388

圖 6-10：小琉球大福福安宮鎮殿福德正神 ……… 392

圖 6-11：小琉球大寮萬聖府 …………………… 392

圖 6-12：小琉球萬聖府殿內的石頭（紅布包起來）
　　　　…………………………………………… 393

圖 6-13：小琉球萬聖府神龕及楹聯 …………… 394

圖 6-14：小琉球大福村福安宮大轎 …………… 397

圖 6-15：小琉球天南福安宮 …………………… 399

圖 6-16：小琉球天臺萬善堂 …………………… 401

圖 6-17：小琉球天臺萬善堂全貌 ……………… 402

圖 6-18：小琉球海邊三間並列的廟宇：左起
　　　　萬善堂、玉海堂、山花堂 ………… 403

圖 6-19：小琉球玉海堂（三間並列之一的廟宇）
　　　　…………………………………………… 404

圖 6-20：小琉球山花堂（三間並列之一的廟宇）
　　　　…………………………………………… 404

圖 6-21：小琉球天南福安宮前方的澳仔口……… 407

圖 6-22：小琉球上杉福安宮 …………………… 408

圖 6-23：小琉球上杉福安宮水興將軍、池府千歲
　　　　…………………………………………… 411

圖 6-24：小琉球上杉萬年宮 …………………… 414

圖 6-25：小琉球肚仔坪管制公告 ……………… 419

圖 6-26：屏東恆春高山巖福德宮 ……………… 420

圖 6-27：屏東恆春高山巖洞內的神龕 ………… 421

圖 6-28：臺灣省屏東縣琉球鄉宗教調查表（民國
　　　　48 年）………………………………… 424

圖 7-1：田野調查──訪問小琉球碧雲寺、
　　　　三隆宮委員會等人（碧雲寺辦公室）… 429

圖 7-2：田野調查──訪問小琉球地方耆老
　　　　（三隆宮廟埕）………………………… 430

圖 7-3：小琉球鬼骨厝 …………………………… 433

圖 7-4：小琉球觀音石 …………………………… 436

圖 7-5：碧雲寺門牌上的花瓶石 ………………… 436

圖 7-6：屏東縣萬丹鄉萬惠宮，「媽祖接炸彈」
　　　　紀念碑 …………………………………… 439

圖 7-7：2019 年琉球鄉碧雲寺觀音佛祖聖誕文化
　　　　祭 ………………………………………… 445

圖 7-8：小琉球戊戌正科迎王遶境隊伍 ………… 450

圖 7-9：小琉球三隆宮戊戌正科中澳沙灘請王 … 451

圖 7-10：遶巡大寮角住民提供飲料（三隆宮戊戌
　　　　　正科） ………………………………… 452

圖 7-11：遶巡大寮角的午餐炒米粉（三隆宮戊戌
　　　　　正科） ………………………………… 452

圖 7-12：王船泊碇大福福安宮（三隆宮戊戌正科）
　　　　　…………………………………………… 453

圖 7-13：王船泊碇天南福安宮（三隆宮戊戌正科）
　　　　　…………………………………………… 454

圖 7-14：小琉球三隆宮戊戌正科中澳沙灘送王
　　　　　（燃燒王船前的準備） ……………… 454

圖 7-15：三隆宮辛丑正科（2021）迎王平祭典
　　　　　變更日期公告………………………… 456

表目次

表 3-1：碧雲寺創立、改建、重建時間一覽表 …… 97

表 3-2：小琉球碧雲寺改運紙清單一覽表 ……… 105

表 3-3：戊戌年（民國 107 年［2018］）爐主、
　　　　頭家名冊一覽表………………………… 118

表 3-4：己亥年（民國 108 年［2019］）爐主、
　　　　頭家名冊一覽表………………………… 119

表 3-5：恭奉天公爐準備用品一覽表…………… 121

表 3-6：爐主工作事項一覽表…………………… 121

表 3-7：民國 108 年度碧雲寺落廟戲團得杯數
　　　　一覽表…………………………………… 126

表 3-8：碧雲寺等各寺廟、家戶，民國 108 年度
　　　　參加外臺戲落廟名冊（正棚）一覽表 … 127

表 3-9：碧雲寺等各寺廟、家戶，民國 108 年度
　　　　參加外臺戲落廟名冊（副棚）一覽表 …… 128

表 3-10：第三屆 108 年（2019）碧雲寺觀音佛誕
　　　　文化祭活動內容一覽表 ……………………… 137

表 3-11：屏東縣琉球鄉碧雲寺、高雄市大崗山
　　　　超峰寺「六十甲子籤詩」典故故事及
　　　　籤詩（節錄）………………………………… 145

表 3-12：碧雲寺藥籤藥方（大人科）——三種
　　　　藥簿對照（節錄）………………………… 153

表 4-1：三隆宮創立、改建、整建、重建時間
　　　　一覽表 ………………………………………… 175

表 4-2：碧雲寺、三隆宮建廟元老名冊一覽表 …… 189

表 4-3：碧雲寺、三隆宮第一屆管理委員會名冊
　　　　一覽表 ………………………………………… 190

表 4-4：民國 108 年（2019）碧雲寺、三隆宮管理
　　　　委員會行事曆（以農曆為準）一覽表 …… 191

表 4-5：碧雲寺、三隆宮投開標公告事項一覽表 · 192

表 4-6：三隆宮的楹聯一覽表 ………………………… 201

表 4-7：民國 74 年（1985）乙丑科，迎王平安
　　　　祭典遶境隊伍一覽表 ……………………… 258

表 4-8：小琉球迎王（自辦、獨立）簡史表 ……… 265

表 5-1：三隆宮迎王祭典主事人員產生，擲筊
　　　　方式一覽表 …………………………………… 272

表 5-2：三隆宮戊戌正科（2018）大總理、
　　　　副總理、理事、參事名冊一覽表 ………… 273

表 5-3：碧雲寺、三隆宮第十屆管理委員會名冊
　　　　一覽表 ………………………………………… 274

表 5-4：三隆宮戊戌正科（2018）平安祭典會
　　　　人員（組長以上）名冊一覽表 ………… 276

表 5-5：中軍府內、外壇敬獻物禮儀程序表 ……… 279

表 5-6：小琉球三隆宮歷科王船組長名冊一覽表 · 288

表 5-7：小琉球三隆宮戊戌正科（2018）王船組
　　　　名冊一覽表 …………………………………… 289

表 5-8：小琉球三隆宮迎王王船命名一覽表 ……… 291

表 5-9：小琉球三隆宮乙未科（2015）王船建造
尺寸明細一覽表 …………………………… 292

表 5-10：東港東隆宮乙未科（2015）王船建造，
四大日課、尺、寸明細一覽表 ………… 293

表 5-11：戊戌正科（2018）「請王」，大正隊伍
排列順序（起程、回程相同）一覽表 … 310

表 5-12：戊戌正科（2018），中澳沙灘「請王」
神轎隊伍一覽表 ………………………… 312

表 5-13：三隆宮迎王平安祭典祀王、敬王程序
一覽表 …………………………………… 323

表 5-14：戊戌正科（2018）大寮角（大福村）
遶境走輦處順序表 ……………………… 329

表 5-15：戊戌正科（2018）天臺角（南福村、
天福村）遶境走輦處順序表 …………… 331

表 5-16：戊戌正科（2018）杉板路角（上福村、
杉福村）遶境走輦處順序表 …………… 333

表 5-17：戊戌正科（2018）白沙尾角（本福村、
中福村、漁福村）遶境走輦處順序表 … 334

表 5-18：三隆宮戊戌正科（2018）平安祭典隊伍
遶境編隊名冊一覽表 …………………… 335

表 5-19：三隆宮早年宋江陣十戒守則一覽表 …… 341

表 5-20：戊戌正科（2018）迎王平安祭典輦班
餐點（例舉）一覽表 …………………… 347

表 5-21：戊戌正科（2018）王船遶境四角頭福德
正神廟到達、起駕時間一覽表 ………… 352

表 5-22：三隆宮戊戌正科平安祭典收入總表 …… 361

表 5-23：三隆宮戊戌正科平安祭典支出總表 …… 362

表 5-24：三隆宮辛丑正科（2021）大總理、
副總理、理事、參事名冊一覽表 ……… 365

表 6-1：上杉福安宮與萬年宮年度收支表 ……… 416

第一章　緒　論

　　屏東縣琉球鄉，稱小琉球、琉球嶼。〔註1〕據相關文獻史料研究顯示，小琉球最早在 16 世紀已經有原住民（西拉雅）的存在和史蹟。然而原住民遭荷蘭人入侵島上掃蕩，有的被殲滅或被移送島外。後來島上住民，係來自中國的漢人入島墾殖，其歷史文化、開拓精神，至今延續著。同時延續著古早的傳說，雖是傳說，乃具有史實研究價值。

　　琉球嶼為屏東縣唯一離島，且是臺灣許多離島中唯一屬珊瑚礁地形的鳥嶼，由於可從事農作之地狹小，土地貧瘠，灌溉水源不足，農產不豐，因此早期鄉民多以捕魚為生。住民是以海為田，捕魚是個高危險的行業，人們祈求神明護佑，其宗教信仰，在島上已發展約有 70 餘座廟宇，護佑著這個孤懸小島。可見宗教意識對小琉球漁村生活是全面性的，全都以神明的旨意為依歸。

　　小琉球的「地方傳說及信仰」，為很好的個案研究，但是，前賢只有零星探討，尚未見有系統的整合研究。因此有必要深入民間走訪調查，去發掘即將可能漸漸流失的傳說故事。同時參與島上的宗教信仰慶典活動，期能全面性瞭解小琉球民間信仰的完整面貌。

　　昔謝東閔先生曾在小琉球美人洞景區題「海上樂園」。鄭總著的「海上明珠小琉球」。都是稱讚小琉球是個快樂美麗的小島。近年來小琉球在宗教信仰或是海域遊憩快速發展，吸引眾多信眾及旅遊者前往朝聖並遊玩，可以說是

〔註1〕小琉球、琉球嶼，同為今地名屏東縣琉球鄉，但有不同稱名，則依當時原文或原作者之寫法而不加以統一。

個發光發熱的島嶼。因此，筆者稱「海上之星──小琉球」。

　　本書將分為兩個方面論述，一是琉球鄉地方傳說；一是琉球鄉宗教信仰。琉球鄉地方傳說的主旨，分別以琉球鄉觀光風景區傳說、地理傳說及人物傳說、神明傳說等踏查與論述，另外在各章節皆有涉及小琉球相關傳說的研究，例如碧雲寺的地理傳說、三隆宮老池王的神像漂流傳說等。

　　信仰方面，分為三個層次，首先是第一公廟碧雲寺，主祀觀音佛祖，它是島上信仰中心，就其開發建廟及主祀神、籤詩信仰及地理傳說、信仰組織及慶典活動等為研究範圍。其次是第二公廟三隆宮，是座池、吳、朱王爺廟，它是小琉球迎王祭典信仰中心。相關三隆宮的研究，依次為三隆宮的信仰發展及其相關傳說、小琉球迎王的演變歷史、小琉球迎王的實地考察等。最後，是小琉球四角頭的角頭廟福德正神及附屬陰廟的研究。

第一節　琉球鄉地理人文綜述

　　為讓讀者對琉球鄉的地理、人文、信仰等，有概略的認識，因此在本節作個綜述，如【圖 1-1】島上信仰分為四角頭：大寮角（大福村）、天臺角（天福村、南福村）、杉板路角（上福村、杉福村）、白沙尾角（本福村、中福村、漁福村）。

圖 1-1：小琉球四角頭

圖片來源：三隆宮戊戌正科（2018）迎王手冊。【黃永財翻攝：2020/2/14】

　　琉球鄉，又稱小琉球，鄉民有的簡稱琉球，為屏東縣管轄 33 鄉鎮市的其中之一。面積 6.8018 平方公里，下轄 8 個村，108 個鄰，人口數 12,225 人（民國 108 年［2019］11 月份）〔註2〕。人口密度 1,781 人/km²，為屏東縣面積最小的鄉；人口密度則為全縣第二，僅次於縣轄的屏東市。〔註3〕

　　小琉球氣候溫和，年平均溫約 24.5 度，是副熱帶季風區，除了颱風侵襲外，均可從事漁業活動。琉球鄉日治時期的氣候，據東港郡役所編的《東港郡要覽》記載，日人形容琉球島上的氣候穩定，空氣清新。〔註4〕

　　早期琉球鄉用水方面，吳永英的〈琉球嶼之研究〉中，對井的分布調查，分為井的形式、井的分布、取水方法等三方面，經調查出約有 60 餘口井。〔註5〕

　　交通船，停靠港：民營交通船行駛到琉球鄉停靠港在白沙尾港，【圖 1-2】公營船行駛到琉球鄉停靠港口在大福漁港。船班為固定班次，例假日視人潮採機動加班。行駛距離及時間：東港鎮與琉球鄉相距約 8.9 浬，航行時間：民營交通船約 25~30 分鐘，公營交通船約 35~40 分鐘，航行時間依當時天候、海象情況而異。

圖 1-2：小琉球白沙尾碼頭

【黃永財拍攝：2020/6/21】

〔註2〕資料來源：屏東縣東港戶政事務所琉球辦公室。

〔註3〕維基百科，網站：https://zh.wikipedia.org/zh-tw/琉球鄉。2021 年 7 月 19 日。

〔註4〕《東港郡要覽》（臺北市：成文出版社有限公司，1985 年 3 月，臺一版），昭和 5 年版，頁 51、52。

〔註5〕吳永英：〈琉球嶼之研究〉，《臺灣文獻》第 20 卷第 3 期，1969 年 9 月，頁 17、18。

先民移入琉球鄉的姓氏，據《琉球鄉志》記載：「田姓、陳姓（來自晉江、深澳）、李姓（來自同安、深澳）、蔡姓（來自晉江呂厝）、王姓、蘇姓、林姓、鄭姓（來自南邑溝仔底）、許姓（來自晉江石龜與南安）、洪姓（來自晉江）等。」〔註6〕

各姓氏入墾小琉球情形，田姓墾殖於相思埔，李姓亦有拓墾該地（今上福村）；陳姓開墾今本福村槓崎頂；蔡姓入墾白沙尾（今本福村）；王姓開墾漁埕尾（今漁福村）；蘇姓拓殖中路，即今本福村三隆宮旁的一段陡坡下方；林姓入墾相思埔大松腳（今杉福村）；鄭姓早年在本鄉拓墾，曾外移綠島，後再入居本鄉天臺（今天福村一帶）；許姓開墾白沙尾（今本福村）；洪姓拓殖大寮（今大福村）。〔註7〕

早期先民入墾琉球鄉，再移墾綠島，據日明治36年（1903）發行的《臺灣慣習記事》記載：「火燒島，七十年前左右，小琉球人士三人因志趣相同而夥同移住本地，並開始從事農耕，繁衍至今。」〔註8〕火燒島，即今臺東縣綠島。

據《琉球鄉志》記載，鄭姓移入小琉球再外移綠島。鄭姓移入小琉球的有，鄭呈清乾隆元年（1736）泉州府南安縣，以及鄭九生清嘉慶4年（1799）泉州府晉江縣呂宋鄉〔註9〕，鄭呈、鄭九生兩者都是泉州府。而《臺灣慣習記事》記載移墾火燒島來自漳州〔註10〕。故早期入墾火燒島的先民，除了來自漳州，應有來自泉州的可能。

另外，有關小琉球早期徙居火燒島，在清光緒20年（1894），胡傳的《臺東州采訪冊》記載：「實按火燒寺（嶼？）之來歷，本係東港對面，小琉球島人於道光年間徙居火燒寺（嶼？），合共三十七家。」〔註11〕前述記載，

〔註6〕洪義詳主修、林澤田總編纂：《琉球鄉志》（屏東縣：屏東縣琉球鄉公所，2006年12月），頁210。

〔註7〕洪義詳主修、林澤田總編纂：《琉球鄉志》（屏東縣：屏東縣琉球鄉公所，2006年12月），頁210。

〔註8〕臺灣慣習研究會原著、鄧憲卿主編：《臺灣慣習記事》（臺中縣：臺灣省文獻委員會，1997年6月，再版），頁275。

〔註9〕李宗信：《小琉球的社會與經濟變遷（1622～1945）》（臺南市：國立臺南師範學院臺灣文化研究所碩士論文，2004年1月），頁38。

〔註10〕臺灣慣習研究會原著、鄧憲卿主編：《臺灣慣習記事》（臺中縣：臺灣省文獻委員會，1997年6月，再版），頁274。

〔註11〕清·胡傳編纂：《臺東州采訪冊》（臺北市：臺灣銀行經濟研究室，1960年5月），頁82。

道光年間有小琉球 37 戶人家移入現今綠島。

　　農業的概況，本鄉是隆起的珊瑚礁石灰岩，島上四個臺地（東北臺地、東南臺地、西南臺地、西北臺地）表面均被紅土質土壤所覆蓋，呈紅土臺地。經漢人的移入墾殖，已將島上的土地有效開墾利用，可耕種面積 126.5 公頃，占土地總面積 18.6%。〔註 12〕在日治時期的農作情形，據日昭和 5 年（1930）12 月，農產物（米）的記載：「陸稻耕作面積 105 甲，收穫 577 石。」〔註 13〕到日昭和 9 年（1934）的年度末，農產物（米）的記載：「陸稻耕作面積 110 甲，收穫 649 石。農產物以外，適合種植甘藷 2,844（千斤）。」〔註 14〕所以種植甘藷為大宗，以後就分春、秋二期收成，落花生亦是早期重要產物之一。自民國 70 年（1981）起，因農作收益不佳，已不再種植陸稻，多數農民轉向漁業發展。甘藷、落花生的種植面積下滑。凡稻米、水果、蔬菜仍需從東港、高雄輸入供應民生所需。

　　畜產方面，在日治時期是重要產業，從業戶數極高，主要飼養黃牛、豬、山羊、鹿、雞等，據昭和 5 年 12 月末，畜產，記載：「黃牛 820 隻、豬 1,209 隻、雜種豬 940 隻、山羊 92 隻、鹿 220 隻、雞 3,965 隻。」〔註 15〕由於島上消耗量有限，雖畜養穩定，但島上人們勤儉，似乎「只養不吃」，又因交通不便，影響渡海前來收購，有逐年生產過剩現象。例如，據昭和 12 年（1937）12 月末，畜產，記載：「黃牛 489 隻、雜牛 242 隻、豬 1,626 隻、山羊 125 隻、鹿 32 隻、雞 4,743 隻。」〔註 16〕

　　臺灣光復後，居民飼養家禽、家畜尚在普遍，除了自食之外，還可作為家庭副業增加收入，又隨著本鄉青壯人口外流，田地廢耕，交通便利，糧食均自東港購入，導致畜牧沒落。雞目前飼養僅作為觀賞休閒，唯數量不多，牛隻在自然淘汰下，在民國 80 年（1991）絕跡，在島上尚有幾處可看到羊隻

〔註 12〕洪義詳主修、林澤田總編纂：《琉球鄉志》（屏東縣：屏東縣琉球鄉公所，2006 年 12 月），頁 138。

〔註 13〕東港郡役所編：《東港郡要覽》（臺北市：成文出版社有限公司，1985 年 3 月，臺一版），昭和 6 年版，頁 21。

〔註 14〕東港郡役所編：《東港郡要覽》（臺北市：成文出版社有限公司，1985 年 3 月，臺一版），昭和 10 年版，頁 14、15。

〔註 15〕東港郡役所編：《東港郡要覽》（臺北市：成文出版社有限公司，1985 年 3 月，臺一版），昭和 6 年版，頁 27。

〔註 16〕東港郡役所編：《東港郡要覽》（臺北市：成文出版社有限公司，1985 年 3 月，臺一版），昭和 13 年版，頁 49。

放牧（碧雲寺旁），豬隻已不復見昔日飼養盛況。

本鄉的經濟來源以漁業為主，可謂「漁業之鄉」。早期利用竹筏，只能配合潮汐、風向出海捕魚，有了發動機的漁船，就可出海作業。漁民大都從事沿岸、近海、遠洋漁業，而早年漁獲均送到高雄鼓山、前鎮魚市場拍賣，民國60年（1971）則選擇東港區漁會魚市場（以外銷為主）。曾經建議中央在東港增設魚市場，以便本鄉拍賣，但因同一地區不得設置二個市場而未能獲准。

近年漁業景氣不好，外銷魚價不穩定，鄉民有意從事漁業者減少，如，早年曾從事船上工作的鄉民，不少人提早「退休」，轉而投資民宿、觀光，或到臺灣本島工作。因此只好仰賴外籍漁工，但與本籍幹部時有發生糾紛，也曾發生海上喋血事件。

住屋，先民移入小琉球島上，以草寮而居，唯遇風害易毀。也因早期農業社會，鄉人自行建造土埆厝後才有土埆厝，自然比起草寮或竹屋堅固。後來由磚塊取代土埆厝。磚瓦厝是以瓦為頂，怕被強風吹翻落，採短簷建築。近年來改以鋼筋水泥，唯建造成本比本島高，據陳麒麟（琉球鄉建築業）表示，所有建材要從臺灣運送，其成本高，雖鄉內有工人可找，有時還是要從外地調人，整體費用相對貴很多。

由於鄉內沒有高中職以上學校教育，所以國中畢業必須到東港或其他地區就讀。有的就在臺灣本島買房子給子女住，免於舟船勞頓。故島上的住屋，也因老一輩居住，所以沒有花太多錢整修，或不去整修，在島上路旁可看到廢棄的房屋。【圖1-3】然而所看到較新漂亮的建築，大多是民宿。

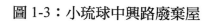

圖1-3：小琉球中興路廢棄屋

【黃永財拍攝：2019/12/20】

　　衛生保健，茲因離島關係，交通不便，早年使用醫療方式較為落後，居民使用民間流傳的的草藥及民俗療法，或者乩童所派的「藥物」（藥方）。有的信徒到島上碧雲寺，求觀音佛祖賜藥籤，再持籤號到中藥房「抓藥」（配藥），這是早期島上住民較普遍醫療方式。

　　在日治時期，島上醫療還是缺乏，據《東港郡要覽》日昭和 5 年（1930）7 月末記載：「島上公醫一人，產婆三人，無牙醫。」〔註 17〕當時島上住民人口數有 4,682 人，只有一名公醫。到了日昭和 13 年（1938），島上公醫一人，產婆一人，賣藥販賣十二人。〔註 18〕此時期公醫還是只有一人，產婆一人，但有藥品販賣者。雖有穩婆（接生婆），不過，穩婆衛生觀念不正確，所以推行產婆訓練，以保障新生兒生命安全。

　　時至民國 84 年（1995）興建醫療大樓，完成後，均不敷實際上的需求。如遇緊急需送往本島就醫，有救護船 24 小時載運病者、傷患。而目前島上鄉民也因交通船便捷，加上有親人住於東港或高雄等地，所以就會到東港地區醫院或高雄教學醫院等就診醫療，也順道探望親人小住幾日。

　　鄉內的公共事業，郵局於民國 49 年（1960）10 月 5 日創立，當時只是二等郵局，至民國 83 年（1994 年）7 日 21 日，改制為東港郵局第 4 支局，再於民國 85 年（1996）8 月 21 日改制為潮州郵局第 17 支局。該局原民國 49 年（1960）建築，時至老舊，於民國 87 年 9 月新建郵局完工，新建築物建坪為 212 坪。〔註 19〕

　　電信業務，始自日昭和 13 年（1938）5 月，琉球嶼無線電信所竣工。民國 51 年（1962）12 月 15 日，高雄電信局轄琉球電信代辦處成立，其業務召募 35 家用戶，由鄉公所代辦。民國 52 年（1963）1 月 18 日，正式通話啟用，為手搖式電話，有人來電即用傳呼方式接聽者，到代辦處回電話。民國 85 年（1996）7 月 1 日，成立中華電信琉球服務中心。〔註 20〕

　　電力，琉球鄉早期無電時，居民照明以油燈（煤油）、蠟燭、電土燈等。

〔註 17〕東港郡役所編：《東港郡要覽》（臺北市：成文出版社有限公司，1985 年 3 月，臺一版），昭和 5 年版，頁 43。

〔註 18〕東港郡役所編：《東港郡要覽》（臺北市：成文出版社有限公司，1985 年 3 月，臺一版），昭和 13 年版，頁 64。

〔註 19〕洪義詳主修、林澤田總編纂：《琉球鄉志》（屏東縣：屏東縣琉球鄉公所，2006 年 12 月），頁 178、179。

〔註 20〕洪義詳主修、林澤田總編纂：《琉球鄉志》（屏東縣：屏東縣琉球鄉公所，2006 年 12 月），頁 179。

據李天富在《小琉球之歌》中,「從油燈到電燈」的形容:「點油燈、點蠟燭,燃燒的時候都會冒黑煙,久之家裡東西都蒙上一層黑黑煙渣。」〔註21〕民國58年(1969)成立發電廠,位於本鄉碧雲寺旁,由鄉公鄉經營。民國69年(1980)6月底,自屏東縣林邊鄉崎峰村至小琉球,長約17公里的海底電纜敷設兩回路工程完成,從此琉球鄉全天供應電力。

島上觀光,琉球鄉於民國64年(1975)9月,實施都市計畫,茲因本鄉具有觀光遊憩潛力,交通部觀光局改擬以發展觀光為目標的風景特定計畫。計畫自民國72年至97年,其範圍包括琉球全島,並包含本鄉大寮漁港逆時鐘方向至烏鬼洞間沿線海域。因應觀光發展,原碼頭不敷使用,於是興建交通觀光專用港址,位於琉球嶼北側與現有小琉球漁港相鄰,施工期為民國83年至86年(1994~1997),總工程費約5億9千450萬元。〔註22〕

琉球鄉於民國89年(2000)4月間,納入交通部觀光局大鵬灣國家風景區管理處後,建設環島自行車道,美人洞花瓶岩步道,美人洞景觀再造工程,蛤板灣海濱遊憩活動及全島道路觀光指標等。

近年來島上觀光興盛,尤其年輕人喜愛島上水上活動,故民宿林立,從稍早原有住屋改建民宿,至今發展到全新建造的民宿或渡假屋。如果想省荷包,可以住寺廟〔註23〕、教會或電信局。〔註24〕島上已有多家便利商店,知名連鎖冷飲店進駐,大型傳統餐廳數家。

日治大正時期,鄉民尚以甘藷為主食,到臺灣光復初期,吃米者漸多,鄉民生活尚屬於貧困階段。現今由於交通船迅速便捷,航行時間縮短,民生用品運輸更是方便,碼頭可看到連鎖宅急便貨車接貨,所以現今島上吃的方面十分充足。從寺廟祭祀中,信徒的供品可看出,似乎與臺灣本島一樣,給神明「吃」(供奉)最好的。同時在觀光碼頭設有「免稅商店」,其生意很好,遊客幾乎購買,也是島上觀光特色之一。

〔註21〕李天富:《小琉球之歌》(高雄市:百盛文化出版股份有限公司,2005 年 10 月,初版),頁 139。
〔註22〕洪義詳主修、林澤田總編纂:《琉球鄉志》(屏東縣:屏東縣琉球鄉公所,2006 年 12 月),頁 177。
〔註23〕住宿:通舖約 300 元,套房 1000 元左右。
〔註24〕小琉球島上的民宿或寺廟、教會,筆者在田野調查期間曾住過,雖不豪華,但適合長期或常留宿者進住。

　　琉球鄉的宗教信仰，開放自由，除了基督教徒外，屬多神教信仰，即由佛教、道教、儒教、一貫道等混雜而成的民間宗教信仰。而不混雜的佛教有佛頂山朝聖寺〔註25〕，為島上唯一純佛教。基督教，臺灣琉球基督長老教會。〔註26〕隨著鄉民共同信仰理念基礎的建立，全鄉性公廟及角頭庄廟之外，新建的廟多數是屬於「廟宅一體，神人合住」的家族私廟，「大殿祀神，廂房住人」的特殊現象。〔註27〕

第二節　本書研究步驟及範圍架構

　　本書主要是採田野調查方式進行，期能蒐集到第一手資料。而研究開始的前題先要做好文獻蒐集及分類，再進行走訪調查。

一、研究步驟

圖 1-4：研究步驟流程圖

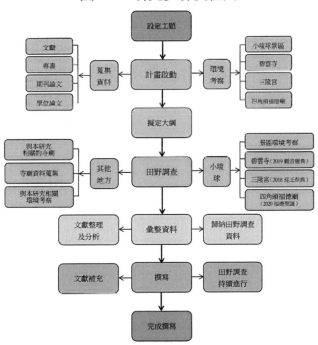

〔註25〕位於本福村中山路 15 號。
〔註26〕位於上福村中興路 35 號。
〔註27〕吳明訓：〈從家族性私廟看小琉球民間信仰的變異〉，《臺灣文獻》第 17 期，2013 年 12 月，頁 244。

二、本書範圍架構

本書的範圍架構，始於第一章緒論。主軸始於第二章琉球鄉地方傳說。第三章為碧雲寺的觀音信仰。第四章是三隆宮的王爺信仰。由於小琉球三年一科的迎王祭典，是以三隆宮為中心，相關三隆宮迎王的演變歷史（從東港迎王到小琉球獨立迎王），是屬於三隆宮的信仰發展範圍，故置於第四章探討。而第五章就純以三隆宮戊戌正科（2018）迎王田野調查。第六章的範圍是琉球鄉四角頭公廟福安宮與附屬陰廟。第七章結論。

第一章　緒論

本章主旨，以琉球鄉地理人文綜述。並整理本書的研究步驟及範圍架構。

第二章　琉球鄉地方傳說

本章的琉球鄉地方傳說，實際走訪調查，並參用前賢文獻，為本書的範圍架構。琉球鄉島上沿岸及公路旁或山上，有觀光風景區，同時有著時代背景的傳說故事。而寺廟林立，是由於島上住民篤信宗教信仰，因此都可以聽到神蹟、神奇等靈驗故事。

第三章　碧雲寺的信仰發展及其相關傳說

本書的第三章以「碧雲寺的信仰發展及其相關傳說」為主軸。對於碧雲寺的慶典，本書以民國 108（2019）為範圍，內容有：上元節乞物、戲團參加落廟、迎送天爐、爐主頭家遴選、觀音佛祖的聖誕、得道、出家紀念日、朝山活動等。以及觀音媽的籤詩及藥籤、碧雲寺的地理傳說。

第四章　三隆宮的信仰發展及其相關傳說

三隆宮是座王爺廟，主祀「池、吳、朱」〔註28〕三府千歲，係由中國攜香火到小琉球。本書的第四章以「三隆宮的信仰發展及其相關傳說」為主軸。其範圍：三隆宮的開發建廟及組織管理、奉祀神明，碑文、楹聯，三隆宮老池王神像傳說，以及三隆宮迎王的演變歷史。

第五章　小琉球迎王的實地考察──三隆宮戊戌正科（2018）迎王平安祭典

〔註28〕三隆宮的舊、新碑文記載：「陳君明山，帶一香火來。『池、朱、吳』三府千歲一路由閩而來。」另據新〈三隆宮碑誌〉又記載：「本宮係敬祀五府千歲李、池、吳、朱、范五王之中，二王池千歲諱夢彪，三王吳府千歲諱孝寬，四王朱府千歲諱叔裕，故稱三隆宮」。所以本書除了引文之外，應作「池、吳、朱」。

本書的第五章以「三隆宮戊戌正科（2018）迎王平安祭典」為範圍，筆者親自參與 3 天法會，7 天的迎王活動，共 10 天。活動日期、項目為：

1. 國曆 11 月 9 日～11 月 11 日（農曆 10 月 2 日～10 月 4 日）：靈寶禳災三朝法會一朝王醮。

2. 國曆 11 月 12（農曆 10 月 5 日）：上午遶巡海島；中午 12 時 30 分出發前往中澳沙灘請王；晚上進行過火除穢。

3. 國曆 11 月 13 日～11 月 16 日（農曆 10 月 6 日～10 月 9 日）：代天巡狩王駕出巡，分四天遶巡四角頭（依大寮角、天臺角、杉板路角、白沙尾角順序出巡）。

4. 國曆 11 月 17 日（農曆 10 月 10 日）：王船遶境。

5. 國曆 11 月 18 日（農曆 10 月 11 日）：送王。

第六章　琉球鄉四角頭福德正神廟及其相關傳說——兼論四角頭附屬陰廟

琉球鄉的宗教信仰有一個特色，就是四角頭福安宮各配屬一個陰廟，其管埋同屬一個管理委員會。形成每角頭一座文廟（福安宮）；一座武廟（陰廟）的管理方式。

本書的第六章為「琉球鄉四角頭福德正神廟及其相關傳說——兼論四角頭附屬陰廟」，其範圍：白沙尾福泉宮及騰風宮、大寮大福福安宮及萬聖府、天臺天南福安宮及萬善堂、杉板路上杉福安宮及萬年宮等。

四角頭福德正神原由，除了白沙尾福泉宮的福德正神源於碧雲寺。其他三角頭福德正神原由須進一步瞭解，而據相關文獻記載，三角頭福德正神與屏東縣恆春鎮高山巖福德宮，是有分靈關係的，因此將列入探討範圍。

第七章　結論

對於琉球鄉地方傳說及信仰，透過田野調查，實際走訪，初步瞭解及深刻體驗小琉球的歷史、地理、人文、信仰、民俗、文化等。因此，最後在本書的第七章「結論」，進行全文回顧，梳理其中要旨，同時作個省思，並且提出展望。

第二章　琉球鄉地方傳說

所謂的傳說，王秋桂編《中國民間傳說論集》說：

> 所謂傳說，我想可以解釋為一種流行於民間的故事。這種故事的特
> 點是沒有定本，故事細節，甚至情節或主題，往往隨時代、地域、
> 社會、傳誦者等因素而變。傳說大部份是以口相傳，這是它容易變
> 化的原因之一；就是有人記錄下來，這寫本也沒有絕對的權威或必
> 然的影響力。不過，口說傳統無決長久保存，在探討一傳說的源流
> 和演變時，我們不得不依賴文字的記載，雖然這些記載往往是片斷
> 或殘缺而不能代表傳說的全貌。〔註1〕

王秋桂認為傳說要能長久保存，需要依賴文字的記載。還有張紫晨在《中國
古代傳說》認為：「傳說自然是傳傳說說。沒有傳傳說說也就不成其為傳說。
可是把它作為口頭創作中的一種文體來看，這樣的認識顯然是不夠了。……
與一定的歷史人物、歷史事件和地方古蹟，自然風物、社會習俗等有關。……
它實際上是帶有歷史性和地方性的口頭文學。」〔註2〕

　　另外，關於傳說概念，譚達先在《中國傳說概述》中說，所謂傳說應包
括兩種：

> 一種是廣義的傳說，它指口耳相傳，缺乏故事情節的掌故或逸聞，
> 有的全文完整，有的卻是片斷的，代代相傳，這是一種逸聞性片段

〔註1〕 王秋桂編：《中國民間傳說論集》（臺北市：聯經出版事業公司，1989年9月，
　　　　第三次印行），頁1（序）。
〔註2〕 張紫晨：《中國古代傳說》（長春：吉林文史出版社出版，1986年7月，第1
　　　　版），頁2。

性傳說。可以說它在歷來文人和下層平民口頭上都曾流傳過。另一
種是指狹義的傳說，它是一種與一定的歷史人物、歷史事件、山川
風物、地方特產相聯繫，情節完整，還具有幻想性、趣味性的口頭
文學故事。雖有某種歷史成分作依據，但也具有虛構、想像、誇張
的藝術成分。這是一種來自民間平民大眾的為他們所創作、傳播，
並反映他們的思想和藝術的口頭藝術。〔註3〕

如果為了研究的方便，需要下個界說，譚達先認為應包括：廣義傳說，即流
傳於平民中的口頭故事、掌故、逸聞；狹義傳說，純指藝術結構完整的文學
性口頭故事。〔註4〕

　　對於烏鬼番及烏鬼洞的傳說，文獻記載未出刊前，早期琉球鄉公所立的
碑文，是傳說的記載。因此，至今島上的人們，對於所謂烏鬼番及烏鬼洞的
傳說，依然延續著古早的說法。除了烏鬼洞名勝，另有山豬溝、美人洞風景
區，這兩處風景區除了景色幽美之外，流傳著小琉球人早期生活方式及生存
困境的傳說。

　　由於全島環海，海岸景觀很多知名景點，例如倩女臺、白燈塔、花瓶石
等三處。倩女臺矗立環島公路旁的大石頭，目前少有遊客停留，至今它的傳
說似乎已被小琉球人遺忘。白燈塔是日治時期的建物，其傳說是人與動物的
附會，形成白燈塔傳說。花瓶石是進入小琉球港口的地標，其傳說也漸漸即
將被淡忘，少有人提及。

　　小琉球雖是孤懸的小島，島上資源匱乏，但是早期先民將它塑造一處龍
穴寶地，並有剖腹山傳奇。同時，島上早期的望族，附會相傳清嘉慶君遊臺
灣時，曾到小琉球島上。

　　「討海人三分命」，小琉球人出海作業祈求神明保佑豐收順利回港。天降
雨水，遇困難能逢凶化吉，認為是神明靈驗顯現保平安，神明傳說各自傳開，
也因如此，形成現今小琉球島上寺廟林立。

　　本章範圍，第一節景區傳說；第二節地理傳說及人物傳說；第三節神明
傳說。同時在研究中，為擴及層面，引用前賢文獻，加上筆者田野調查所得

〔註3〕譚達先：《中國傳說概述》（臺北市：貫雅文化事業有限公司，1993年6月，
　　　初版），頁3。
〔註4〕譚達先：《中國傳說概述》（臺北市：貫雅文化事業有限公司，1993年6月，
　　　初版），頁3。

為研究範圍及架構。

第一節　景區傳說

　　琉球鄉享有「海上明珠」的稱譽，全島盡為珊瑚礁地形，海岸景觀澄澈蔚藍，為一孤懸一隅的樂園。然而海岸很多景觀，同時有流傳已久的傳說，本節將有六處觀光景區的踏查。六處景區如下：

　　烏鬼洞，早期小琉球島上原住民，被荷蘭人以煙燻之，數百人死於洞中，後人乃以烏鬼洞稱該洞窟。

　　山豬溝，由於形勢險峻，深達數丈，早期為鄉民防空避難處。因常有圈養豬隻在該處出沒，故稱山豬溝。

　　美人洞，其名稱，是早期有佳麗棲息的傳說而稱之。

　　倩女臺，鄭總在《海上明珠——小琉球》中，形容其意境之美，比之野柳之情人石，有過之而無不及。〔註5〕

　　白燈塔，是座國際性燈塔，位於琉球嶼東南尖山之頂，為日治時期所建。該塔由於塔身為白色，故名之。

　　花瓶石，當船隻駛近小琉球時，向右方遠眺，就可看到海灘上矗立一塊岩石，是琉球鄉著名的地標。

一、烏鬼洞傳說

　　小琉球烏鬼番的傳說，見於《鳳山縣采訪冊》記載，對於烏鬼番的傳說，引起研究者注意，並調查烏鬼洞的遺跡，也成為島上一處熱門觀光景點，而小琉球人對烏鬼番及烏鬼洞的傳說，有著不同的說法。

（一）黑奴傳說

　　據清代盧德嘉著的《鳳山縣采訪冊》，乙部，地輿（二），諸山記載：「小琉球嶼，在天臺澳尾，相傳舊時有烏鬼番聚族而居，頷下生腮，如魚腮然，能伏海中數日，後有泉州人往彼開墾，番不能容，遂被泉州人乘夜縱火盡燔斃之。今其洞尚存。好事者輒往遊焉。」〔註6〕這本《鳳山縣采訪冊》是目前在

〔註5〕鄭總：《海上明珠——小琉球》（屏東縣：屏東縣白沙國民小學，1991年5月），頁55。

〔註6〕清·盧德嘉：《鳳山縣采訪冊》（第一冊）（臺北市：臺灣銀行，1960年8月），頁31。

清代方志類中，似唯一可以找得到有關小琉球烏鬼番傳說。

　　對於臺灣烏鬼的傳說，日本學者伊能嘉矩有其爬梳，將《臺灣縣志》及《鳳山縣采訪冊》的烏鬼遺址，列入他所編的《大日本地名辭書續編》（《臺灣舊地名辭書》）第三，臺灣（第二部）各說，（頁 134～135）：

1. 烏鬼橋：永康里（今屬永康下里三份仔庄）。紅毛時，烏鬼所築。烏鬼，紅毛奴也。（臺灣縣志）

2. 烏鬼井：在鎮北坊（今屬臺南城內打銃街），水源極盛，雖旱不竭。先是紅毛命烏鬼鑿井，砌以林投，舟人需水，咸取汲焉。（臺灣縣志）

3. 烏鬼埔山：在觀音里（今屬觀音中里蜈蚣潭庄），相傳紅毛時，烏鬼聚居於此。今遺址尚存。樵採者常掘地，瑪瑙珠奇石諸寶，蓋荷蘭所埋。（鳳山縣采訪冊）（據謂今烏鬼埔山麓有一古井，即烏鬼所鑿。）

4. 小琉球嶼天臺澳石洞：相傳舊時烏鬼番族而居，後泉州人乘夜放火，盡燔斃之云云。（鳳山縣采訪冊）（據東港人洪占春之實地調查，該遺址有古土器及白螺錢等發現）〔註7〕

關於以上的遺址，伊能嘉矩的意見：「其遺贕下來之物，在荷蘭人勢力所及之地方——即臺南城內及永康下里——為橋梁與井泉，是屬建設物；在荷蘭人之勢力所未及之地方——即觀音中里及小琉球——則為聚居之廢墟，察其故，前者或為荷人而從事服役工事之表現；後者為荷人退臺後，得自然之解放，而退保於山陬之間歟。」〔註8〕

　　伊能嘉矩認為「小琉球嶼天臺澳石洞」（今稱烏鬼洞）這個遺跡是荷蘭時代，進入南臺灣的黑人系奴隸的殘餘者，退回到山陬海島所形成。可是，金關丈夫、國分直一於西元 1948 年，到小琉球烏鬼洞勘查遺跡的狀況後，即推

〔註7〕伊能嘉矩編、吉田東伍著：《大日本地名辭書續編》第三，臺灣（第二部）各說（東京：富山房，1909 年 12 月），頁 134、135。日文翻譯中文，參用國分直一：〈烏鬼番的傳說與其遺址——伊能嘉矩之修正〉收錄於陳奇祿主編：《臺灣風土》（第二冊）（臺南市：西港鹿文創社，2013 年 10 月，初版），頁 332、333。

〔註8〕伊能嘉矩編、吉田東伍著：《大日本地名辭書續編》第三，臺灣（第二部）各說（東京：富山房，1909 年 12 月），頁 135。日文翻譯中文，參用國分直一：〈烏鬼番的傳說與其遺址——伊能嘉矩之修正〉收錄於陳奇祿主編：《臺灣風土》（第二冊）（臺南市：西港鹿文創社，2013 年 10 月，初版），頁 333。

翻這個說法。〔註9〕在〈烏鬼番的傳說與其遺址──伊能嘉矩之修正〉指出：「小琉球因其後為漢族所迫，而罹燔殺之災，故僅留其遺址而已，亦為可想像之事。故吾以為以上所舉4處之遺址中3與4（上述引文）兩項非荷蘭時代渡來之黑人之遺跡。」〔註10〕也就是現今所稱的烏鬼洞非荷蘭人退臺後，所遺留下黑人的遺跡。

　　荷蘭人帶黑人奴隸在船上工作，並進入臺灣西南面，據文獻記載確有此事，如據《巴達維亞城日記》西元1640年12月6日條，有記載11月3日情形：「東南風及南風強烈，該船錨斷而觸及上列岩礁，終於粉碎，因此海員305人之中，除中國人14人及黑奴9人憑藉木板與木片得救外，全部死亡。」〔註11〕

　　上述是Hambuan帆船，自大員（今臺南市安平）開帆後，在澎湖島與臺窩灣之間遭遇強烈北風，中國人及黑奴獲救。不過前述獲救的黑奴，無關於伊能嘉矩所認為荷蘭人退臺後，所遺留在小琉球島上的黑人奴隸。

　　伊能嘉矩在《臺灣踏查日記》記載，日明治33年（1900）8月9日，曾經與盧德嘉見面，其記載：「訪問鳳山辦務署長川田氏，向他照會我們要進入他所管轄的阿猴地方蕃地。之後，訪問曾經協力編纂《鳳山縣采訪冊》的盧德嘉氏，他對於我的史料採集工作，幫忙很大。」〔註12〕然而伊能嘉矩與盧德嘉會面，並無記載是否討論過《鳳山縣采訪冊》中的「烏鬼番」。

　　伊能嘉矩原要到小琉球踏查，因雨季而作罷，據他的《臺灣踏查日記》日明治33年（1900）8月24日記載：「從新置庄出發，循舊路返回東港。本來我們要從東港搭船到小琉球，剛好碰上臺灣南部的雨季，沒有船出航，不得已採陸路往鳳山，預定於25日出發。現在在東港記下東港辦務署預查好的關於小琉球的資料，作為將來的參考。」〔註13〕

〔註9〕金關丈夫、國分直一：《臺灣考古誌》（臺北市：武陵出版有限公司，1994年12月，初版），頁114。

〔註10〕國分直一：〈烏鬼番的傳說與其遺址──伊能嘉矩之修正〉，收錄於陳奇祿主編：《臺灣風土》（第二冊）（臺南市：西港鹿文創社，2013年10月，初版），頁333。

〔註11〕村上直次郎原譯、郭輝中譯、李汝和主編：《巴達維亞城日記》（第二冊）（臺北市：臺灣省文獻委員會，1970年6月），頁242。

〔註12〕伊能嘉矩原著、楊南郡譯註：《臺灣踏查日記》（臺北市：遠流出版事業股份有限公司，1996年11月，初版），頁385。

〔註13〕伊能嘉矩原著、楊南郡譯註：《臺灣踏查日記》（臺北市：遠流出版事業股份有限公司，1996年11月，初版），頁437。

綜之，伊能嘉矩並未踏上過小琉球，是在屏東曾與盧德嘉見過面，所以相關於小琉球烏鬼番一事，是否從盧德嘉或《鳳山縣采訪冊》所得？又，伊能嘉矩對於小琉球原住民的瞭解，是否受盧德嘉影響？不得而知。

（二）烏鬼番及烏鬼洞傳說

圖 2-1：小琉球烏鬼洞入口

【謝沛蓁拍攝：2019/12/13】

相關於小琉球烏鬼番及烏鬼洞遺跡傳說，【圖 2-1】引起學者興趣。除了荷蘭人退臺後，所遺留下黑人的說法之外，另有從其他國家島上漂來的傳說。據曾有德在〈琉球嶼概況〉中說：

> 傳說琉球島未被人發現以前，曾有土著（土番俗稱「黑人」）居住島上過著世外桃源的生活。這些土著，其有馬來血統，而滲雜著東亞各種混血的民族，皮膚為黃褐色，髮型捲曲，直視的眼睛，圓型的頭顱，類似菲律賓島上之依哥洛德人，也許就是依哥洛德人由東亞季風自菲島飄來島上的？他們熟諳水性，個個會潛水，習慣在海底裡覓食，據傳說：這批黑人初來的時候，居住於現在的天福村「番仔厝」地方，後方由於閩南人遷移該島以後，他們才找到天然岩洞棲身。〔註14〕

曾有德所說的黑人，有馬來血統，滲雜著東亞各種混血的民族，類似菲律賓依哥洛德人，是「熟水性會潛水」，這與《鳳山縣采訪冊》中，「能伏海中數

〔註14〕曾有德：〈琉球嶼概況〉，《臺灣銀行季刊》第 18 卷第 4 期（臺北市：臺灣銀行，1967 年 12 月），頁 270。

日」，有相似之處。

《小琉球嶼警察駐在所須知簿》是日治時期為小琉球警察所備未刊簿冊，有烏鬼番傳說，其記載：

> 嶼於開基前稱為沙馬磯嶼，據說嶼有身軀魁偉、頭髮紅、皮膚黑、極富魅力、入水中能使船筏翻覆，非人之人，稱烏鬼番的這一族於現今的天臺西南穴居。康熙元年，距今約二百五十餘年前，洋人來一小艇欲登陸，彼等烏鬼將其翻覆。洋人等大怒，自船上登陸的許多船員便大肆展開殺戮。其穴居是咾咕石的洞窟，今天仍存在於天臺的西方海岸。其後在現今的山腳部落有一部分熟蕃居住，但距今約一百五十年前，有清國人大舉遷居，因不堪雜居而移居原來的港東西里放索庄。現今天臺的番仔厝地名，據說是前熟蕃人種居住之處。〔註15〕

《小琉球嶼警察駐在所須知簿》形容烏鬼番的外貌，其身軀、髮色、膚色，非人之人。而入水中能使船筏翻覆，其意是熟水性會潛水。上述引文中，康熙元年（1662），洋人因故殺害烏鬼，其年代則與史實不符。而洋人是指何人，並未言明。

小琉球烏鬼番傳說，到了民國56年（1967），研究學者將烏鬼洞內的器用列出，並有「女性烏鬼番」出現。土松興在〈臺灣外島之人口〉中，對於琉球嶼烏鬼番與烏鬼洞傳說這樣敘述：

> 烏鬼洞在島之南岸，相傳昔日洞中住有黑人，島民稱之為烏鬼，洞內器用完備，有石桌、石凳、石碗、石盆等，都是石器。小琉球與呂宋島遙遙相對，中外船隻經過時，為避風浪，常在島邊停泊，此際烏鬼乘機潛入水底，把船鑽幾個洞，俟船沉沒後，再把船內東西搬進洞中，有一次在黃昏時分，一個停靠在該島船隻上的外國人，突然發現草叢中黑影閃動，忙用望遠鏡檢視之，發現一位全身漆黑的裸體小姑娘，手中提著一桶水，從洞口進去，於是發現該洞，就利用深夜以烈火從洞口燒進去，次日進洞一看，屍體骨灰無數。有人為這些烏鬼立了個墓碑，今尚存。不少學者說臺灣曾經有過小黑人（Negro）的分布，此段傳說又給予了這方

〔註15〕此文收錄於金關丈夫、國分直一：〈小琉球嶼的先史遺跡〉，《臺灣考古誌》（臺北市：武陵出版有限公司，1994年12月，初版），頁114。

面的一些線索。〔註16〕

王崧興在〈臺灣外島之人口〉中，對於烏鬼洞傳說，演進到列出器用，洞內器用都是石器，有石桌、石凳、石碗、石盆等。外國人發現一位全身漆黑的「裸體小姑娘」，利用深夜以烈火從洞口燒進去。

烏鬼洞的地質，據林朝棨在〈臺灣外島之地質〉中指出，烏鬼洞是石灰岩洞。〔註17〕至於洞內的情形及器用，據金關丈夫與國分直一於西元 1948 年 5 月 20 日，在小琉球烏鬼洞進行調查記載：「在洞窟前庭清除碎石之處獲得鹿科的顎骨、長管骨，另外還有混砂質的赤褐色先史系土器斷片，以及褐色釉的中國系日常陶器片，俗稱安平壺的中國製白色瓷器片。」〔註18〕

烏鬼番傳說，有女性烏鬼番。另傳說似為一位「女鬼」。曾有德在〈琉球嶼概況〉中，對於琉球嶼烏鬼番傳說這樣敘述：

> 發生原因不明的沉船事件，據初步調查，在附近一帶，既無海盜出沒，也沒有暗礁叢集，那究竟是什麼奇怪的原因呢？某一天，島上有一居民，在一個黃昏的時候，發現一個披頭散髮的女鬼，從天苔（臺）海岸的大洞口出來，到附近的巖石下面，挑淡水回去。繼續窺探的結果，才發現這女鬼又接二連三的出沒無常。不久，這消息傳到調查隊，引起他們的注意和懷疑，必須進一步的追求，是不是和沉船事件有關。〔註19〕

曾有德敘述，島上一居民發現「女鬼」。這個居民，是否早期中國農民在島上採集之人。據郭水潭在〈荷人據臺時期的中國移民〉中指出：「琉球嶼……荷人未據臺灣以前，已有多數中國商人或農人，進出此地。」〔註20〕因此，這個居民似乎與早期中國農民在島上採集之人有關，所以才會傳說漢人聯合荷蘭人的力量把小琉球原住民消滅成份居多。

〔註16〕王崧興：〈臺灣外島之人口〉，《臺灣銀行季刊》第 18 卷第 4 期（臺北市：臺灣銀行，1967 年 12 月），頁 199。

〔註17〕林朝棨：〈臺灣外島之地質〉，《臺灣銀行季刊》第 18 卷第 4 期（臺北市：臺灣銀行，1967 年 12 月），頁 241。

〔註18〕金關丈夫、國分直一：《臺灣考古誌》（臺北市：武陵出版有限公司，1994 年 12 月，初版），頁 116。

〔註19〕曾有德：〈琉球嶼概況〉，《臺灣銀行季刊》第 18 卷第 4 期（臺北市：臺灣銀行，1967 年 12 月），頁 270。

〔註20〕郭水潭：〈荷人據臺時期的中國移民〉，《臺灣文獻》第 10 卷第 4 期（臺北市：臺灣省文獻委員會，1959 年 12 月 27 日出版），頁 16。

從上述兩則傳說中，由全身漆黑的裸體小姑娘，或是披頭散髮的女鬼，應該是強調洞中有女性烏鬼番之外，也是暴露洞穴位置的主角。另外，曾有德的〈琉球嶼概況〉中，烏鬼番與烏鬼洞傳說，出現可能是鑽船的工具，又說男性烏鬼番外形長相怪異，其敘述如下：

> 恰巧，在這時候，又有人再看到那個女鬼出現。調查隊於是選擇了一天清晨，前往天苔（臺）搜索。一行來到洞口附近，輕腳輕手，爬上洞外約 50 公尺高的岩石，掩身窺視。果然，發現洞深處，有兩男性的黑人，腰圍著灰色布巾，還繫著一把鏢器，好像正在忙於做些什麼工作似的。這些黑人，個子高大，頭髮散亂，臉孔到頸部，都有奇形怪狀的刺紋；尤其是兩腮下的紋形，好像魚腮一般，看起來令人畏懼。〔註 21〕

上述引文中，加入男性的黑人，腰部繫著一把鏢器。這把鏢器有可能是傳說烏鬼乘機潛入水底，把船鑽幾個洞，俟船沉沒後，然後撈獲一些食物和生活必需品，再把船內東西搬進洞中。另外，形容黑人高大，臉到頸部有刺紋，看似「魚腮」，似《鳳山縣采訪冊》中「頷下生腮，如魚腮然」。

荷蘭入侵臺灣時，歐洲諸國經臺灣的海運航線，都要通過琉球嶼附近海面和臺灣菲律賓之間的巴士海峽，當船隻雖可安然通過險急的巴士海峽，常在那風平浪靜的琉球嶼，發生原因不明的沉船事件。傳說中，是被小琉球島上的烏鬼番擊沉，奪取船上物品，所以才遭受報復，到島上展開殺戮，以火攻洞中的烏鬼番。

傳說是將柴草堆積洞口，引火焚燒，並派兵實施戒備，以防萬一。動手之後，熊熊大火，燃燒三個晝夜，始終沒有看見烏鬼番跑出來，進洞一看，屍體骨灰無數。而焚燒洞穴部分火煙，傳說曾穿過海底，火煙直透對岸的鳳鼻頭（高雄市小港區）〔註 22〕。又有說可通到鳳山。〔註 23〕而小琉球地方耆老陳貴福說：用煙燻烏鬼洞，火煙直通島上靈山寺，年輕時曾持手電筒到靈山

〔註 21〕曾有德：〈琉球嶼概況〉，《臺灣銀行季刊》第 18 卷第 4 期（臺北市：臺灣銀行，1967 年 12 月），頁 270、271。

〔註 22〕鳳鼻頭因坐落於鳳鼻山前方山腳下，以頭、尾來表示相關位置，因而得名。站在鳳鼻頭前的南星路，可遠望到小琉球島。資料來源：筆者田野調查，地點：高雄市小港區鳳鼻頭，日期：2020 年 2 月 16 日。

〔註 23〕烏鬼洞，傳說另有三條通道，有一條可以通到海邊，方便烏鬼番可以直去搶劫。一條可以通到美人洞那邊，這一條很長。最後一條可以通到白燈塔那邊。

寺地道走約 200 公尺，後來就折返了。〔註24〕

相關於烏鬼番及烏鬼洞的傳說，小琉球地方耆老在《屏東縣鄉土史料》座談中，說了一些他們所聽到的傳說。蔡添在說：明鄭成功趕走荷蘭人，但有少數的黑奴來不及歸隊，就住在島上。相傳這些黑奴有鰓，可長期潛在水裏。有可能是菲律賓那兒的土著。陳天才說：曾有荷蘭的人住在這，在海上當海賊，烏鬼把船仔鑿沈。到番仔厝用鋤頭挖開底下有碗片，那就是烏鬼用的。陳駕接著說：這不是平埔番，可能是鄭成功未開臺前，臺灣是荷蘭在統治，黑番住在番仔厝，鄭成功開臺後，沒全部回去，躲在烏鬼洞。許清說：我小時候到過烏鬼洞那地方玩，看到很多的死人骨頭在烏鬼洞口，露在外面。荷蘭人發現烏鬼住在洞裏，用柴火將他們燻死，裡面可能有金銀財寶，然後被拿走。陳其麟說：我七歲的時候在看牛，曾到烏鬼洞，見裡面有石椅、石桌、石頭，骨頭可能是烏鬼仔燻死的骨頭。〔註25〕

《屏東縣鄉土史料》座談中，小琉球地方耆老所說的，不外乎是：烏鬼番是荷蘭人留下的黑奴；黑奴有鰓，可長期潛在水裏；或者說黑人是菲律賓的土著。每個人的傳說內容有差異，顯然是傳說故事情節，在流傳期間，是時、空變異，然而，時、空多生變異是常態的。

（三）烏鬼洞遺跡

圖 2-2：小琉球烏鬼洞窟遺跡（岩石下陷）

【黃永財拍攝：2019/12/13】

〔註24〕受訪者：陳貴福（男，79 歲），訪談者：黃永財，地點：屏東縣琉球鄉三隆宮，日期：2019 年 12 月 13 日。

〔註25〕蕭銘祥主編：《屏東縣鄉土史料》（南投市：臺灣省文獻委員會，1996 年 1 月，初版），頁 785～787。

小琉球烏鬼洞是一處考古遺跡，【圖 2-2】據金關丈夫、國分直一在民國 37 年（1948）5 月 20 日，到小琉球嶼烏鬼洞遺跡中調查，其內容：

> 洞內的崩裂嚴重，同時在洞裏發現土床。洞窟內是由形成土床的內部與前庭的空間部分構成。土床可能是將長、寬、高約 30 公分到 40 公分的立方形土塊在洞外製好後拿到洞內排列。這是根據被覆臺地的帶黃赤褐色粘土所做的推測。全土床的深度約 6 公尺，可供睡臥的土床空間約為 4×3 公尺，而這部分的高度只有 1 公尺。在洞窟前庭清除碎石之處獲得鹿科的顎骨、長管骨。〔註26〕

金關丈夫、國分直一指出，洞內的崩裂嚴重。洞窟前庭，還有混砂質的赤褐色先史系土器斷片，以及褐色釉的中國系日常用陶器片，俗稱安平壺的中國製白色磁器片。在烏鬼洞北方有天臺集落，其稍北方有所謂番仔厝的地區。番仔厝與烏鬼洞的關係：

> 在番仔厝，不論是先史土器片或近代中國陶片都可看到相同之物，所以可能是番仔厝一部分先居民由於某種原因利用洞窟做為住處。因為有漢蕃抗爭，以及其他先居者與外來者抗爭的傳說，不免產生番仔厝的先民部落被強大的後來民族襲潰，而一部分戰敗者可能暫時避居於洞內的想法。〔註27〕

上述，番仔厝與烏鬼洞，應該是早期先住民作為住處及避居所。金關丈夫、國分直一，從番仔厝遺跡的表面採集遺物：「土器」是赤褐色無文的壺形，有頸，口緣外翻。也找到廣口而厚，口緣稍外翻的有頸之物。其他得到一件赤褐色的土錘。也得到一件平底而有安定感的土器。「石器」：有橄欖石玄武岩製的磨製石斧二件。〔註28〕顯然的，烏鬼洞是漢人族群移入以前，曾經有原住民住過。

〔註26〕金關丈夫、國分直一：《臺灣考古誌》（臺北市：武陵出版有限公司，1994 年12 月，初版），頁 116。

〔註27〕金關丈夫、國分直一：《臺灣考古誌》（臺北市：武陵出版有限公司，1994 年12 月，初版），頁 118。

〔註28〕金關丈夫、國分直一：《臺灣考古誌》（臺北市：武陵出版有限公司，1994 年12 月，初版），頁 116、117。

圖2-3：小琉球烏鬼洞風景區記事碑（民國64年）

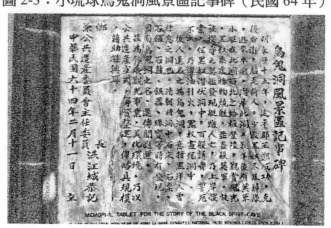

【黃永財拍攝：2019/12/13】

　　以上是民國37年（1948）學者專家對小琉球嶼烏鬼洞遺跡中調查報告。
而民國64年（1975）2月11日，琉球鄉公所對早年烏鬼洞的傳說及遺跡記
載，據鄉長洪江城立「烏鬼洞風景區記事碑」【圖2-3】：

> 烏鬼洞風景區記事碑：明永曆十五年，延平郡王鄭成功，克復臺澎，
> 驅走荷人。少數黑奴未及歸隊，逃來本嶼，潛居此洞。數年後，有
> 英軍小艇在此洞西北之蛤板登陸，觀賞風光，黑奴乘虛搶物燒艇，
> 並盡殺英軍。旋被搜尋之英艦發現艇燬人亡，乃上岸搜索，但黑奴
> 潛伏洞中，百般誘脅，誓死不出，乃灌油引火，黑奴盡死洞中。後
> 人遂名之為烏鬼洞，意指黑洋人曾棲息之洞也。清朝時洞中石床、
> 石桌、石鑼、石鼓、銀器、珠寶等時有發現，因而烏鬼洞之名，遂
> 傳聞遐邇。〔註29〕

這塊石碑為早年地方觀光事業整修所立，現今立於入口處右側，此碑文記載
的內容及說法，與史實及考證有出入。

　　民國64年（1975），琉球鄉公所對早年烏鬼洞的傳說及遺跡記載，可能
未參用考證調查報告及文獻，才會與史實有出入。到了民國95年（2006）12
月出版的《琉球鄉志》，其內容修改為：「烏鬼洞名稱之由來，較可信的說法
為：1636年4月26日，荷蘭駐臺長官第三度派兵攻擊本鄉，登陸紮營後，本
鄉原住民西拉雅族人即躲藏於一大洞窟中，荷蘭人以煙燻之，除42人出洞

〔註29〕資料來源：筆者田野調查，地點：屏東縣琉球鄉烏鬼洞，日期：2019年12月
13日。

外，其餘 300 多人全數死亡，後人乃以『烏鬼洞』名該洞窟。」〔註30〕

　　民國 95 年（2006）出版的《琉球鄉志》，其內容修改，就能與文獻記載較相近。因此，烏鬼洞遺跡的史實，據文獻記載，是荷蘭人入侵小琉球島，對島上西拉雅原住民攻擊後，所發生的事件。也就是，荷蘭人靠著先進武器，對島上原住民進行一連串掃蕩。如在西元 1636 年 4 月 26 日，荷蘭全軍從下淡水出發，在 80 個放索人和 80 個新港人的協助下，再度攻打小琉球。據《熱蘭遮城日誌》西元 1636 年 5 月 1 日條記載：「全體登陸，派新港人和放索人出去搜尋該島的居民，發現一個洞穴和很多居民，因此我方立刻去那裡，把那地方用籬笆圍起來，派 40 個士兵看守，把所有的食物和水全部拿走，然後放各種可怕的煙進去使他們呼吸困難，他們終於在 4 月 29 日投降。」〔註31〕

　　荷蘭人放火燒洞後，經過數日查看，1636 年 5 月 4 日，因為再也聽不到吼叫哀鳴的聲音，進入該洞穴，發現約有 200 到 300 人死在洞穴裡。據《熱蘭遮城日誌》中指出：「這些人因他們的頑固性（不肯向我方的人投降）而遭受這麼悲慘的情形，真是一件遺憾的事。」〔註32〕據前述，由於小琉球原住民不願意向荷蘭人投降躲入洞中，最終死於洞中，所以現今的烏鬼洞遺跡就是昔日的原住民死於洞穴之處。

　　另外一提，歐洲諸國船隻經過琉球嶼，發生原因不明的沉船事件。傳說中，是被小琉球島上的烏鬼番擊沉，奪取船上物品，據《熱蘭遮城日誌》中，這麼記載：「我方的人在那裡看到 Beverwijck 號的八門鐵炮和三個錨，也看到一個西班牙的錨和幾頂荷蘭的氈帽與草帽，因此顯然也有葡萄牙的或西班牙的船在那裡遭難過。」〔註33〕據前述，諸國船隻經過琉球嶼，不單是荷蘭的船隻被擊沉，連葡萄牙或西班牙的船隻也被擊沉，奪取船上物品。

　　「有因才有果」，小琉球島上西拉雅原住民擊沉過往船隻，而奪取物品，如果屬實，應是起因。而遭受荷蘭人無情殺戮，這結果是悲慘的代價。在《熱

〔註30〕洪義詳主修、林澤田總編纂：《琉球鄉志》（屏東縣：屏東縣琉球鄉公所，2006年 12 月），頁 259。

〔註31〕江樹生譯註、蕭瓊瑞主編：《熱蘭遮城日誌》（第一冊）（臺南市：臺南市政府，2000 年 1 月），頁 233。

〔註32〕江樹生譯註、蕭瓊瑞主編：《熱蘭遮城日誌》（第一冊）（臺南市：臺南市政府，2000 年 1 月），頁 234。

〔註33〕江樹生譯註、蕭瓊瑞主編：《熱蘭遮城日誌》（第一冊）（臺南市：臺南市政府，2000 年 1 月），頁 233。

蘭遮城日誌》中，寫道：「看起來萬能的神是為要公正懲罰這鹵莽的異教徒（因他們所犯殺死我方的人以及其他人的罪行，違反人性自然而且合理的本性，是所有人的敵人）而讓這事情如此發展的。」〔註34〕前述，荷蘭人對早期小琉球原住民的殺戮，認為萬能的神對其懲罰。然而荷蘭人放火燒燻死這麼多的「烏鬼番」，以及一連串掃蕩他們，荷蘭人的行為是否過當，後人自有評斷才是。

烏鬼洞遺跡，距今已數百年，現今小琉球的居民，對原住民死在洞內如何看待（對待），地方耆老說：早期有人祭拜，在一年三節都祭拜〔註35〕，現在沒有了。如果沒有祭拜就「雞不啼、狗不吠」。烏鬼洞口裡面有二塊石頭，真怪，一塊打下去噹噹響。做囝仔的時（孩童時）我有去看，現已塌下去了。〔註36〕

然而陳富濱說：到現在一年三節，是由天福村會頭庄的陳氏親族祭拜。〔註37〕另外，據上杉福安宮、萬年宮廟婆李陳清好說：洞內石床很大，骨頭散落，後來集中埋在碑文下方。沒有結婚前，都由她負責擔供品前去祭拜，時常睡在碑文下方的水泥地上。後來大家搬離或移居臺灣本島，應該沒有人祭拜。小時候在烏鬼洞拿手電筒幫遊客照明引導入洞內，每次可賺幾角，一天約有 4 元左右的收入。〔註38〕

目前進入烏鬼洞入口處前右側立一塊「烏鬼洞風景區記事碑」，在記事碑右側設立「烏鬼洞主」，對面造一座金爐，從現場來看，應該有人祭拜。當筆者進入洞穴中，洞口塌陷已不能深入，且洞頂微滴水。據陳富濱說：早期洞中有石桌、椅 10 張，現今不見了。他小時候常到洞中玩耍，曾撿到一枚白銀，一顆珠，用手電筒照珠，會發出七彩顏色光很漂亮。〔註39〕

〔註34〕江樹生譯註、蕭瓊瑞主編：《熱蘭遮城日誌》（第一冊）（臺南市：臺南市政府，2000 年 1 月），頁234。

〔註35〕清明節、中元節、農曆除夕等三節祭拜。

〔註36〕蕭銘祥主編：《屏東縣鄉土史料》（南投市：臺灣省文獻委員會，1996 年 1 月，初版），頁 787。

〔註37〕受訪者：陳富濱（男，生態解說員），訪談者：黃永財，地點：屏東縣琉球鄉烏鬼洞，日期：2019 年 12 月 13 日。另外，本書相關於「烏鬼洞傳說」，承蒙陳富濱在烏鬼洞風景區導覽解說。

〔註38〕受訪者：李陳清好（女，上杉福安宮、萬年宮廟婆），訪談者：黃永財，地點：屏東縣琉球鄉上杉福安宮，日期：2020 年 3 月 26 日。

〔註39〕受訪者：陳富濱（男，生態解說員），訪談者：黃永財，地點：屏東縣琉球鄉烏鬼洞，日期：2019 年 12 月 13 日。

　　早年烏鬼洞遺跡，現今烏鬼洞已是小琉球熱門景點，在其入口處的導覽簡介這樣寫著：

> 烏鬼洞位於小琉球西南部，珊湖礁岩遍佈，地形曲折蜿蜒，彷彿迷宮陣般。洞穴在岩石隙縫間，黝暗、幽深、曲折，傳說清代時洞中之石桌、石椅、石床等器皿尚在，還曾發現銀器及珠寶，但今洞口塌陷已不能深入。步道內的甘泉、碧濤亭、怡橋、冽池、幽情谷、別有天等景點，饒富大自然巧奪天工的趣味，聽濤、觀浪、漫步悠遊皆宜，是全島最佳聽濤地點。〔註40〕

烏鬼洞入口處的導覽簡介，「曾發現銀器及珠寶」。就如同陳富濱說的，他曾撿到白銀、珠。

二、山豬溝傳說

　　「山豬溝」，位於杉板澳口的左上端，為斷崖所形成，怪石交錯起伏，形勢險峻，崖深數丈，曲徑通幽，【圖2-4】迂迴400公尺，谷內遍布荊棘苔藤，花草叢生。是天然形成的洞窟，據觀察每個洞窟的大小不一。〔註41〕

圖2-4：小琉球山豬溝風景區的曲徑

【黃永財拍攝：2019/12/13】

　　山豬溝是由珊瑚岩所構成，主要成分為碳酸鈣，而附生植物情形，據大鵬灣國家風景管理處導覽簡介：

〔註40〕資料來源：筆者田野調查，地點：屏東縣琉球鄉烏鬼洞，日期：2019年12月13日。

〔註41〕本書相關於「山豬溝傳說」，承蒙陳富濱（男，生態解說員）在山豬溝風景區導覽解說。

碳酸鈣的溶蝕與沈積

山豬溝是由珊瑚岩所構成，主要成分為碳酸鈣當雨水降落時和空氣中的二氧化碳化合，使雨水中含有一些酸性物質；由於石灰岩易溶解於酸性的雨水，因此經過長期的降雨，石灰岩中的碳酸鈣便被溶解成流體物質，這種硬質岩石因溶解而被蝕失的現象，稱為「溶蝕作用」。而漫流的石灰岩溶液，因水分蒸發讓碳酸鈣重新組成而沈積於岩石上，成就了眼前我們所見的光滑山壁，可都是大自然經年累月的傑作呢！

附生植物

山豬溝一帶水氣充足，植物生長快速，往往濃蔭蔽天，使得森林底層陰暗潮濕，因此岩壁上、樹幹上處處可見附生植物。這些植物依附其他物體上，從空氣、雨水及周遭的有機碎屑中吸收營養，或努力攀緣至高處爭取陽光行光合作用，有時還能營造出其他植物與動物的生存環境，使山豬溝的森林擁有多樣化的物種。此處常見的附生植物有拎樹藤、長葉腎蕨、蘚苔類、地衣類等，它們或高或低的生長，讓這片森林更綠意盎然，更富生命律動。〔註42〕

山豬溝的沿岸特色，葉茂謝在〈琉球嶼之經濟地理及其未來的展望〉中的形容：「山豬溝附近的杉板灣，山水交融，配以閃爍耀眼的沙灘，風光極為迷人。沿岸林立如屏的珊瑚礁岩，掩映於青山碧海之間，而翱翔海面的水鳥，澎湃的浪潮，再加上海上歸舟點點，交織成一卷令人縈心繫懷的天然美景。」〔註43〕

山豬溝是小琉球島上海岸的一處天然美景，然而有著一隻「山豬精化為人形」的傳說，其傳說，據鄭總的《海上明珠——小琉球》記述：

此溝據云山豬出沒而得名，又傳往昔有一隻山豬精潛修數百年，已可隨意變化成人形。有一天，天上仙女下凡到海邊沐浴，將衣衫放置於岸上，山豬精發現了，暗地將仙女的衣衫竊走，仙女浴完，找不到衣裳，無法升天，只好隱入樹林中哭泣，山豬精脅迫求婚，仙

〔註42〕資料來源：筆者田野調查，地點：屏東縣琉球鄉山豬溝，日期：2019年12月13日。

〔註43〕葉茂謝：〈琉球嶼之經濟地理及其未來的展望〉，《臺灣銀行季刊》第37卷第3期（臺北市：臺灣銀行，1986年9月），頁352、353。

女佯為應允，等山豬精交還衣服後，穿好衣裳昇天而去，從此山豬
精終日相思噭啕，最後為情而憤死，於是後人就把這個山溝稱山豬
溝。〔註44〕

山豬精潛修數百年而成人形，偷取仙女衣衫，脅迫求婚，而仙女急智佯為答
應，等山豬精交還衣服後，昇天而去。山豬精受騙後，為情而憤死，不過這是
牠自己的單戀，傳說情節並未有男女之間的情愫。

　　山豬精化成人形，暗地將仙女的衣衫竊走，類似傳說，早在中國晉代干
寶撰《搜神記》的〈毛衣女〉，就有一位男子將一女子的毛衣竊走傳說：

豫章新喻縣男子，見田中有六七女，皆衣毛衣，不知是鳥。匍匐往，
得其一女所解毛衣，取藏之。即往就諸鳥。諸鳥各飛去，一鳥獨不
得去，男子取以為婦，生三女。其母後使女問父，知衣在積稻下，
得之，衣而飛去，後復以迎三女，女亦得飛去。〔註45〕

干寶撰的〈毛衣女〉傳說中，新喻縣男子娶毛衣女，生了三個女兒，後來毛衣
女得知毛衣藏處，取衣而飛去，再迎走三個女兒。

　　干寶〈毛衣女〉傳說的類型，是個世界型的民間故事，鍾敬文在《鍾敬
文民間文學論集（下）》裡，〈中國的天鵝處女型故事〉指出：「天鵝處女型故
事，開始產生或傳播於中國境內的時代，現在實在不容易考見了。倘就尚存
的文獻看來，在晉代當已很流行吧。」〔註46〕

　　天鵝處女型故事，鍾敬文在〈中國的天鵝處女型故事〉提到，在約瑟、
雅科布斯氏（Mr.Joseph Jocobs）所修正的哥爾德氏（S.Bring Gould）的《印度
歐羅巴民間故事型式》中，也載了這故事類的型式，它的情節如下：

一、一男子見一女在洗澡，她的「法術衣服」放在岸上。

二、他盜竊了衣服，她墮入於他的權力中。

三、數年後，她尋得衣服而逃去。

四、他不能再找到她。〔註47〕

〔註44〕鄭總：《海上明珠——小琉球》（屏東縣：屏東縣白沙國民小學，1991年5月），
　　　　頁55。

〔註45〕晉・干寶：《搜神記》（北京：中華書局出版，1979年9月，第1版），頁175。

〔註46〕鍾敬文：《鍾敬文民間文學論集（下）》（上海：上海文藝出版，1985年6月，
　　　　第1版），頁39、40。

〔註47〕引自鍾敬文：《鍾敬文民間文學論集（下）》（上海：上海文藝出版，1985年6
　　　　月，第1版），頁39。

這個類型是男子竊了衣服，迫使女子留下，之後女子找到衣服迫不及待逃離。上述引文中「法術衣服」與干寶的〈毛衣女〉中女子的「毛衣」，雖有不同，但是都是「衣服」，必須要藉著衣服才能逃（飛）離開。

張紫晨在《中國古代傳說》說：「民間傳說，就其情節而言，自然也有說法相同或相近的。根據它的情節，自然也可以概括出簡單的類型。在有了內容分類前提下，適當運用這種方法，將長期流傳的傳說情節類型作一大體概括。」〔註48〕張紫晨把常見的傳說，大體概括為21個常見情節類型，其中「人變動物型」，也就是某地的某動物（蟲、魚、鳥）為人所變，而得名。〔註49〕

臺灣民間的山地傳說中，有一則「人變動物型」（人化為豬）的傳說，「山豬和平地豬」，其內容如下：

> 有兄弟兩個人。兄曾對弟說：「我想做山豬」。弟也說：「那麼，我就做平地豬」。說畢，兄把弟穿的衣服撕破燒火，然後叫弟嗅其焦味，對他說：「你要記得你的體臭就是這樣的」。弟亦同樣撕破了兄的衣服燒火，卻給狗嗅其焦味，教他說：「以後進入山裡，憑這樣的臭味，就可以知道山豬的居處」。如是，兄弟兩個人各化為山豬和平地豬，各分住在不同的地方。〔註50〕

「山豬和平地豬」中的兄弟是靠著衣服留下的氣味，可相互尋找到對方。「小琉球的山豬精」、「毛衣女」、「山豬和平地豬」三者的傳說中，「衣服」是故事的重點，也就是仙女、毛衣女，當初是衣服被竊受迫要留下，而最終穿著被竊走的衣服飛走。

對於昔日山豬溝說法，據《屏東縣鄉土史料》中，小琉球地方耆老們的發言，許清法說：琉球沒山豬，這是人所給予取名為山豬溝，古早琉球地方樹林欉生，下雨的時候，雨水非常豐富，以前那邊有蘭花，現在已沒了。我曾經到山豬溝躲空襲，兩邊石壁，有凹洞形成天然防空洞。蔡添在說：日治時期空襲的時候，我們都在這兒辦公。李福井說：山豬溝剛好在番仔厝砲臺對

〔註48〕張紫晨：《中國古代傳說》（長春：吉林文史出版社出版，1986年7月，第1版），頁18。

〔註49〕張紫晨：《中國古代傳說》（長春：吉林文史出版社出版，1986年7月，第1版），頁23。

〔註50〕吳瀛濤：《臺灣民俗》（臺北市：眾文圖書股份有限公司，1994年5月，一版），頁532。

面下的山崖，那邊山較高，裏面有防空壕，有山芋很多，如果開發下去比美人洞更加漂亮。〔註51〕

　　山豬溝並未有山豬出沒，有可能小琉球先民躲空襲時，需要有個小地名而取名。據大鵬灣國家風景管理處導覽簡介的「防空洞」：

> 山豬溝由珊瑚礁岩所構成，珊瑚礁岩上長滿了各種熱帶植物，除了有著巨大氣生根的榕樹與雀榕之外，水同木、稜果榕等樹木濃蔭蔽天，崖壁上更有各種爬藤植物及蕨類蔓生，宛如熱帶雨林般。眼前這片姑婆芋、蕨類及榕樹氣根之後，有一條連續的帶狀洞窟，曾是日治時代附近居民為躲避敵軍轟炸的防空洞，是天然形成的洞窟，同時兼具了地質與人文的價值。〔註52〕

山豬溝是一處美麗的風景區，躲空襲之處。據目前觀察，原躲空襲之處，由於岩石下陷，防空洞變小，【圖 2-5】據說早期洞穴很大。現今山豬溝也是學生作戶外生態教學的地方。

圖 2-5：小琉球山豬溝岩石下陷，防空洞變小

【黃永財拍攝：2019/12/13】

　　小琉球的山豬溝，據考證沒有山豬出沒，可能是飼養的土豬走失在此山溝，後為人們發現而取名。早期在琉球島上養豬怕走失，有種特殊方式，其方法是將豬耳朵穿個洞，然後用繩子穿進耳洞，綁在樹頭上（樹下），【圖 2-

〔註51〕蕭銘祥主編：《屏東縣鄉土史料》（南投市：臺灣省文獻委員會，1996 年 1 月，初版），頁 788、789。
〔註52〕資料來源：筆者田野調查，地點：屏東縣琉球鄉山豬溝，日期：2019 年 12 月 13 日。

6】形一特殊的養豬奇景。〔註53〕會用此法，乃因古早時，琉球水源不足，人口少、土地廣，樹木多，因此將豬飼養於樹下，方便又節省一筆興建豬舍的經費，一舉數得。但是現在此法已絕跡。

圖 2-6：小琉球早期土豬穿耳洞綁在樹木

照片來源：陳富濱提供，黃永財翻攝：【2019/12/13】

小琉球沒有山豬，山豬對農作物的傷害不少，對種植農作物已很困難的小琉球更是一種禍害。臺灣本島山區就有山豬，要捕獲山豬的方法有槍箭、繩圈打獵，用繩圈方法是觀察山草來猜定山豬曾通過地方，在那個地方設置繩圈，山豬一走進，彎豎在旁的竹竿一伸直，牠的四肢就被繩圈束住吊起。〔註54〕

早期小琉球一般家庭幾乎都養兩隻豬，豬是雜食性的動物，除了吃人們所膳餘飯菜之外，有時也吃地瓜籤及地瓜葉，有時候被溜走就跑到山上吃銀合歡的葉子。

日治時期，小琉球養豬數量，在日昭和 4 年（1929）末的統計，在來種2,346 隻，其他 34 隻，合計 2,380 隻。〔註55〕而日昭和 12 年 12 月的統計，洋種 6 隻，在來種 50 隻，雜種或其他 1626 隻，合計 1682 隻。〔註56〕此時養

〔註53〕陳富濱提供一張早年舊照片中，島上一隻土豬被繩子穿進耳洞綁在一棵樹頭上，以防走失。

〔註54〕吳瀛濤：《臺灣民俗》（臺北市：眾文圖書股份有限公司，1994 年 5 月，一版），頁 343。

〔註55〕東港郡役所編：《東港郡要覽》（臺北市：成文出版社有限公司，1985 年 3 月，臺一版），昭和 5 年版，頁 28。

〔註56〕東港郡役所編：《東港郡要覽》（臺北市：成文出版社有限公司，1985 年 3 月，臺一版），昭和 13 年版，頁 19。

豬數量已下滑。

到了民國 54 年（1965），種豬公 3 隻，母 332 隻，合計 335 隻，均為雜種豬，哺乳小豬均為雜種閹豬。肉豬未滿 30 公斤有 440 隻，30 公斤至 60 公斤有 487 隻，60 公斤以上 204 隻，養豬戶數 897 戶。〔註57〕從前述只能看出是洋種、在來種、雜種的豬，當然山豬不可能被圈養，更何況據考證，小琉球沒有山豬。

昔日小琉球島上養豬風氣很普遍，所以有一種閹豬的行業。閹豬的人到村莊來，不用特別去喊叫，更不用廣播通知，閹豬者只要吹著笛子，村內的人就知道了。閹豬主要是趁豬仔尚未長大前，將睪丸拿掉，否則以後會變豬哥，肉質就不好吃，所以小琉球的豬肉較好吃。也由於昔日小琉球島上養豬風氣很盛，豬仔溜跑到山豬溝去覓食，才有山豬溝的名字，山豬溝在日治時期是躲空襲的地方。

三、美人洞傳說

「美人洞」，位於琉球鄉的西北角（杉福村東北側外緣），背山面海，係石灰岩結構而成。【圖 2-1】其遊憩區可分為海濱帶與山坡帶，海濱帶是奇石甚多，洞外碧波萬頃；山坡帶則是花草叢生，翠綠的景觀。該處距離島上靈山寺約 0.8 公里，是琉球鄉的名勝，在民國 62 年（1973），警備總部職訓第三總隊住在琉球，隊員支援鄉公所開闢，是在洪江城鄉長任內開闢環島路，民國 64 年（1975）風景特定區完成。美人洞共有十三景：曲徑探幽、天外天、蝙蝠洞、情人坪、仙人泉、望海亭、甘泉洞、美人洞、怡然園、寧靜亭、迷人陣、榕岩谷、一線天等。

美人洞，顧名思義，與美人有關，其由來及傳說，據曾正雄的《海上樂園——小琉球》的記載：

> 傳說在明朝萬曆年間，蘇州有一位佳麗，體態豐美，秀髮披肩，眉黛含春，能歌善舞，顧盼生姿，可算是天姿國色。有一天，她隨父親宦遊北上，船行至海中，遇到大風浪而傾覆，這位佳麗扶著船板，隨波逐流，與家人失散，漂至本嶼，遂棲息在這個洞裏。飢餐野果，渴飲清泉，歲月悠悠，竟不知其所終了。後代的人，就把她所棲息

〔註57〕吳耀輝：〈臺灣外島之經濟〉，《臺灣銀行季刊》第 18 卷第 4 期（臺北市：臺灣銀行，1967 年 12 月），頁 215。

的洞，命名為「美人洞」。〔註58〕

另有傳說情節與上述略有差異，如，這位姑娘漂到小琉球島上，住在洞裏，最後餓死在洞穴，有時晚上會顯靈出現，因為這位姑娘很美，因此稱此為美人洞。〔註59〕

圖 2-7：小琉球美人洞風景區入口

【黃永財拍攝：2019/12/20】

另一則美人洞傳說，是父女出海捕魚，遇颱風，兩人漂流到小琉球島上，據《屏東縣鄉土史料》中，李福井的敘述：

> 相傳很早時大陸有二位父女出海捕魚，女兒非常漂亮，船遇到颱風，船一直漂流到美人洞的石頭坑，為著生活，父親上島上採山石榴維生，之後父親年老逝世。這個漂亮的姑娘也去世，因為姑娘很美，此洞因此取名為「美人洞」。〔註60〕

李福井所說的情節，是父女從大陸漂流的捕魚者，且父女安然到達小琉球石頭坑，之後相繼死去。為什麼會取名美人洞，其主因還是這位姑娘長得很美，且在這個洞穴住下，所以稱之。

然而「美人洞」，早期其實不是如此稱呼，而有一個令小琉球人感到不光采的傳說，據《屏東縣鄉土史料》中，陳駕這麼說：

〔註58〕曾正雄：《海上樂園——小琉球》，未有出版項，寫於琉球鄉琉球國小，民國72 年（1983）5 月，頁 15、16。

〔註59〕蕭銘祥主編：《屏東縣鄉土史料》（南投市：臺灣省文獻委員會，1996 年 1 月，初版），頁 788。

〔註60〕蕭銘祥主編：《屏東縣鄉土史料》（南投市：臺灣省文獻委員會，1996 年 1 月，初版），頁 788。

> 早些時是一「棄嬰洞」，在石門頭邊，清朝時代重男輕女，當時我
> 有一位老師曾說，好在他是男生，否則就被他母親丟到「死囝仔
> 坑」下了。死囝仔坑歹聽，「棄嬰洞」也不好聽，就把其取個名字
> 叫叫「美人洞」。依美人洞的記事牌記載說什麼由大陸來怎樣怎樣，
> 其由來不確實。〔註61〕

早期小琉球人在島上生活物質缺乏，謀生不易，男人可以出海捕魚，女性在
島上能從事勞動生產工作太少，對整個家庭的經濟幫助不多，又加上重男
輕女的觀念。據傳說如果連續生下兩個女兒，就將次女丟到傳說中的「棄嬰
洞」。

相關「棄嬰洞」傳說，有人說是真的，曾經發生在自己的家族中，在琉
球鄉先民移墾探究計畫訪談，受訪人鄭天成〔註62〕說：

> 死嬰仔坑，就是以前重男輕女，女孩生出來，看到是女的就把她丟
> 在那裡，這是真的阿，就重男輕女，在九門頭那邊。我聽我的阿公
> 阿嬤講，你祖母那時生一個女兒，也是丟到死嬰仔坑。聽說晚上經
> 過會聽到孩子在哭，早期還有，民國的時候就不會了。〔註63〕

這個棄嬰洞傳說，現今令當地有些老輩最不願提，而且嚴正的說，為何會有
這種傳說，或許是真的，但不是每戶人家連續生下兩個女兒，就將次女丟到
棄嬰洞。又說，早期家裡小孩多又窮，營養不夠加上在島上醫療缺乏，所以
小孩不好養，容易夭折，小孩死了是做父母的痛苦，島上資源匱乏，有可能
將夭折小孩草率處理。老輩同時呼籲，「死囝仔坑」是件不光采的事情，當地
人做導遊就不要帶外地來的遊客去看死囝仔坑，無意義，丟臉。

棄嬰洞，到底發生於何時，無法考證。如果傳說是在清代時期，是否與
疫疾有關，據《臺灣府志》記載：「鳳山以南至下淡水等處，蚤夜東風盛發，
及晡鬱熱，入夜寒涼，冷熱失宜。又水土多瘴，人民易染疾病。」〔註64〕在
清代時期，人民易染疾病，小孩生病夭折是有可能的。小琉球是個離島，物

〔註61〕蕭銘祥主編：《屏東縣鄉土史料》（南投市：臺灣省文獻委員會，1996年1月，
　　　　初版），頁788。
〔註62〕鄭天成（男，時任碧雲寺、三隆宮總幹事）。
〔註63〕私立樹德科技大學（提案單位）：《98琉球嶼尋根之路——移墾探究——清領
　　　　與日治時期的移墾成果報告》（屏東縣：屏東縣琉球鄉公所〔招標單位〕，2010
　　　　年1月），頁180。
〔註64〕清·靳治揚主修、高拱乾纂輯：《臺灣府志》（臺北市：成文出版社有限公司，
　　　　1983年3月，臺一版），卷七風土志，頁649。

質及醫療都缺乏，剛出世不久的女嬰，有可能染病或其他因素，認為救治無望，加上重男輕女的觀念之下，將她丟棄，丟入出海的洞口，所以稱棄嬰洞。但是，沒有文獻可證，前述也只是琉球鄉當地耆老、女性長輩、導遊等的推測而已。

日治時期，小琉球島上醫療仍然貧乏，據《東港郡要覽》記載，日昭和 5 年（1930）小琉球島上衛生機關，公醫 1 人未設分診所，無私人診所，產婆 3 人。〔註 65〕據小琉球長輩說，既使有醫生，也不是每戶人家有錢去看醫生。有產婆的時代，窮人家沒有錢請產婆，靠家人或鄰居幫忙接生，但不是都能順利生下來。所以在日治時期，醫療貧乏，一生下來就死掉的嬰兒，被草率處理，丟入棄嬰洞順著洞口流入海中，不無可能。

生產確是玩命的事，早期如此，現今年代不可輕忽。簡媜於民國 88 年（1999）間，記錄她懷孕以及育兒過程的散文，其中一篇〈想像我們躺在暖暖的海洋裡〉，內容大致敘述她生小孩過程：

> 「生得過，麻油香；生不過，四塊板。」這句民間俚語忽然竄入腦海。在貧困年代，生產確是玩命之事，誰也無法保證母子安然度過。即使到了現代，醫學力量監控整個孕期、產程，然而難產仍時有所聞。身邊的朋友已出現兩例，都是母子死在產檯上。產房外的爸爸，原本滿心歡喜等著擁抱妻子、嬰兒，卻被告知得準備一大一小的棺材。〔註 66〕

現今年代醫技發達，難產仍時有發生，其結果不外乎，產婦與嬰兒不保，產婦或嬰兒只有一人安全活著。

早產的小嬰兒是不好養的，據吳瀛濤著《臺灣民俗》中的早產：「早產俗稱小產。俗云『七成，八敗，九月難養』，意為懷孕第七月生者可養，第八月生者易死，第九月生者不易養活，亦有以為七個月生者命運較好。」〔註 67〕前述是臺灣民俗的說法，是否如此，尚須正確統計作依據。

〔註 65〕東港郡役所編：《東港郡要覽》（臺北市：成文出版社有限公司，1985 年 3 月，臺一版），昭和 5 年版，頁 43。

〔註 66〕簡媜：〈想像我們躺在暖暖的海洋裡〉，《紅嬰仔》，收錄於李秀華主編：《交響──作者與讀者的生命對話》（臺北市：新學林出版股份有限公司，2013 年 9 月，二版），頁 37、38。

〔註 67〕吳瀛濤：《臺灣民俗》（臺北市：眾文圖書股份有限公司，1994 年 5 月，一版），頁 110。

棄嬰洞或死囝仔坑，對小琉球人是個不好聽的傳說，後來將原丟棄女嬰傳說，改為美麗的姑娘在此處住過或最終死去，編造一個美麗傳說，再取名為「美人洞」。近年來，大鵬灣國家風景管理處，積極開發島上觀光，建設「美人洞步道」其導覽簡介：美人洞位於小琉球東北側，被環島公路分隔成上下兩區，步道全長約 700 公尺，原是海底珊瑚礁但受到地殼變動而隆起於海面之上，地形多變有趣，沿途有一線天、蝙蝠洞等景緻，可依名稱細細意會其中特殊意涵。【圖 2-8】

圖 2-8：小琉球美人洞風景區（驗票處）

【黃永財拍攝：2019/12/20】

琉球鄉公所，將美人洞取名由來，做以下介紹：

> 美人洞並沒有像美人造型的岩體，依小琉球老一輩的居民傳說，美人洞近花矸地區，該聚落的小姐很漂亮，早期清晨常到美人洞崩岩礁塊間洗衣服、挑水，而白沙尾及附近的男人則會到附近海岸欣賞，故稱該區的礁塊空隙為美人洞。此說法即表示此處礁塊空隙內會滴水，水是來自天上，雨水涵養於植生茂密的礁石塊中，而礁岩底部有泥岩則防止滴下的水往下滲，故可積水成池，供漂亮小姐洗衣服，也因有水下滲，美人洞內的岩壁才會長出鐘乳石。崩岩礁塊散佈呈斜坡，礁塊相互之空間多變化，為衝頂構造運動中本島外側崩裂岩塊所形成。〔註68〕

琉球鄉公所的導覽簡介，說明美人洞並非有美人造型的岩體，而是花矸地區

〔註68〕資料來源：琉球鄉公所導覽簡介，筆者田野調查，地點：屏東縣琉球鄉美人洞，日期：2019 年 12 月 20 日。

的小姐很漂亮，常到美人洞崩岩礁塊間洗衣服，島上男人從中欣賞。

　　相關於早期小琉球連續生下兩個女兒，就將次女丟到一個洞穴，然後順著洞流入海中的傳說，這種做法，可稱「溺女」。但「溺女」的陋習卻鮮為人知，清代時期，臺南地區有溺女的陋習，據《安平縣雜記》記載：

> 臺南鄉婦常有溺女事。一生女孩，翁姑不喜，氣迫於心，而溺女於水。故郡內紳商有好生之心，聞有此事，不忍坐視，公捐「一文緣」金，置買田產房屋出息，共設育嬰堂於郡城。凡有鄉婦生女不養，准投堂送入。堂設董事，日收女孩，付發乳母培養，每月給金一圓。乳養數月，俾愛女者到堂選取，回家撫養，為子、為媳聽其自便。因是，而溺女之事始息。〔註69〕

臺南的婦女，如因生女兒遭公婆的不喜歡，則心情苦悶又感失望，於是將女兒放入水中以至溺死。據《臺灣慣習記事》記載：「這種缺乏考慮而膽敢溺死女兒的惡行，不只存在於普通妻之間，處女、寡婦、姦婦亦常彷此惡習的。」〔註70〕

　　「溺女」的陋習，在清代澎湖地區亦有之，據《澎湖廳志稿》記載：

> 溺女之風，近頗有之，或謂時下娶婦甚難，職此之故，丁丑年通守劉家驄，議設育嬰堂，自捐鉅資為倡，事垂成矣，有陰沮之者，未幾通守解任，竟不果。〔註71〕

溺女，此風有了育嬰堂的設立而稍為收斂。而清代澎湖地方人士陳崑山，作「戒溺女文」以勸世，並聞有女將溺，亟謂其家厚給之，令哺活。〔註72〕

　　育嬰堂的設置，在其區域範圍內，或因距離的遠近，或因事情的特殊，也難保沒有這種陋習的存在，而溺女此風在清道光、咸豐就有。〔註73〕為防止溺女陋習，至清同治後，各廳縣官紳籌款，倡設育嬰堂收養。據清同治10年（1871）刊行的《淡水廳志》記載：

〔註69〕臺灣銀行經濟研究室編輯：《安平縣雜記》（臺北市：臺灣銀行，1959年8月），頁16。

〔註70〕臺灣慣習研究會原著、鄧憲卿主編：《臺灣慣習記事》（臺中縣：臺灣省文獻委員會，1997年6月，再版），頁256。

〔註71〕清·潘文鳳主修、林豪總纂：《澎湖廳志稿》（臺北市：成文出版社有限公司，1983年3月，臺一版），頁649。

〔註72〕清·林豪編纂：《澎湖廳志》（臺北市：臺灣大通書局，1997年10月），頁246。

〔註73〕臺灣慣習研究會原著、鄧憲卿主編：《臺灣慣習記事》（臺中縣：臺灣省文獻委員會，1997年6月，再版），頁256。

育嬰堂，一在塹城南門內龍王祠右畔，購汪姓屋改造。一在艋舺街學海書院後，購黃姓地基新造：俱同治九年官紳倡捐合建。艋舺詳定撥三郊洋藥抽分每箱四圓之半、塹垣亦撥船戶抽分之半，以充經費。又擺接堡育嬰局，係業戶林本源集捐辦理，始於同治五年，廳中無案（據采訪）。〔註74〕

臺北地區，設立二處育嬰堂。所以綜觀，在清代時期，臺北、臺南、澎湖等地區，有溺女之風，而皆由廳縣官紳籌款，倡設育嬰堂收養。

　　然而，離島的小琉球，在清代時期是否有溺女之風，至目前尚未見到文獻記載。不過，從上述文獻上得知，臺灣地區有此風，甚至同為離島的澎湖有此陋習〔註75〕，因此，小琉球死囝仔坑、棄嬰洞的傳說，似乎並未空穴來風。但是，傳說中的死囝仔坑、棄嬰洞，與美人洞景區的位置相距尚有一段距離，是否後人故意避開，不得而知。

四、倩女臺傳說

　　「倩女臺」，位於琉球鄉大福村西南海岸約 10 公尺處，由兩塊巨大珊瑚礁石灰岩所形成，屹立路旁。在環島公路開闢時，從中穿過，近海礁石被切割，現今餘 4 公尺左右。兩塊巨大珊瑚礁，其頂端各長有一棵榕樹。【圖2-9】

　　倩女臺傳說，相傳明末清初，此地僅見幾處竹籬茅舍，稀疏散居，尚無聚落，一位青年與鄰家女情投意合的感人傳說，據《琉球鄉志》中的「倩女臺」傳說：

　　　　有一青年名叫阿火者，與鄰家女阿花情投意合，互訂白頭盟約。阿火打漁維生，某日出海遭遇暴風，不幸罹難海上，阿花聞訊，痛不欲生。但悲痛之餘，阿花猶不肯接受事實，無論白天或夜晚，均佇立於此，遠眺大海，期待阿火平安歸來，唯日復一日，良人依舊身

〔註74〕清・陳培桂纂：《淡水廳志》（臺北市：臺灣大通書局，1997 年 10 月），頁 116。

〔註75〕據《澎湖廳志》中的「儀文」記載：「按近時女價愈貴，娶婦亦愈難；而惟再醮（再婚）者尤甚。欲仍前三十三員之數，亦未易必得。緣邇來廈門之販外洋者，每以厚價買婢載往，而當道未暇訪禁，故價騰貴。奸媒四處攬買，此風播各處，婦女亦因而增價。且產女者或多不育，故見其漸少也。從前劉通守家駿銳意舉辦育嬰堂，若當時無所阻撓，則澎民何至艱於得婦哉！是宜因時變通，諭令聘禮以舊例為程，不得因再醮而多索，庶小民無怨曠之患也。」清・林豪編纂：《澎湖廳志》（臺北市：臺灣大通書局，1997 年 10 月），頁 312。

影查絕，阿花終於淚竭而死。嗣後，這兩塊岩石頂上竟各長出一棵榕樹，枝幹互抱，象徵阿火與阿花之恩愛，後人感於阿花之貞烈，遂將該岩石命為「倩女臺」。〔註76〕

「倩女」是指美麗的少女。傳說是一對未婚男女的情投意合，互訂終身，但終未能有情人終成眷屬，少女對愛情的堅貞與癡情，不能接受與面對事實，最後淚竭而死。兩塊岩石頂上竟各長出一棵榕樹，枝幹互抱，象徵阿火與阿花之恩愛，地方上人們將兩塊岩石象徵阿火與阿花之恩愛，將該岩石命為倩女臺。

圖 2-9：小琉球大福村海岸邊的倩女臺

倩女臺　　　　　　　　　　　　　　　　　　　　　倩女臺

【黃永財拍攝：2019/12/13】

類似堅貞不渝的愛情，死後長出樹木互抱的傳說，中國晉代干寶撰《搜神記》的〈韓憑妻〉，敘述韓憑夫婦真摯的感情：

> 宋康王舍人韓憑，娶妻何氏，美，康王奪之。憑怨，王囚之，論為城旦。妻密遺憑書，繆其辭曰：「其雨淫淫，河大水深，日出當心。」既而，王得其書，以示左右，左右莫解其意。臣蘇賀對曰：「其雨淫淫，言愁且思也；河大水深，不得往來也；日出當心，心有死志也。」俄而憑乃自殺。其妻乃陰腐其衣。王與之登台，妻遂自投臺，左右攬之，衣不中手而死。遺書於帶曰：「王利其生，妾利其死。願以屍骨，賜憑合葬。」王怒，弗聽。使里人埋之，冢相望也。王曰：「爾

〔註76〕洪義詳主修、林澤田總編纂：《琉球鄉志》（屏東縣：屏東縣琉球鄉公所，2006年12月），頁261。

夫婦相愛不已，若能使冢合，則吾弗阻也。」宿昔之間，便有大梓
木生於二冢之端，旬日而大盈抱，屈體相就，根交于下，枝錯於上。
又有鴛鴦，雌雄各一，恆棲樹上，晨夕不去，交頸悲鳴，音聲感人。
宋人哀之，遂號其木曰「想思樹」。想思之名，起于此也。南人謂此
禽即韓憑夫婦之精魂。今睢陽有韓憑城。其歌謠至今猶存。〔註77〕

〈韓憑妻〉寫的是宋康王霸佔舍人韓憑的妻子何氏。何氏忠於愛情，反抗的
精神。而韓憑與何氏死後，康王惱怒，命將二人分開埋葬相距不遠處。由於
韓憑與何氏夫婦真摯的感情，之後兩個墳上卻各長大梓樹，枝幹交錯。

　　對於倩女臺，另有一種傳說，是一對新婚夫妻感情恩愛，新婚後丈夫出
海捕魚，其傳說情節，據《屏東縣鄉土史料》中，蔡添在說：

　　倩女臺是現在厚石的地方。相傳有一對新婚夫婦，感情非常恩愛，
　　每當丈夫出海捕魚，新娘總是站在倩女臺上等待丈夫歸來，但是有
　　一次丈夫出海捕魚遇海難未能返回，新娘亦痴痴的在倩女臺上等待
　　丈夫早日歸來，終未能如願，後人為紀念她的痴情，就將那座石塊，
　　稱為倩女臺。〔註78〕

傳說新娘在倩女臺等待丈夫的回來，殊不知丈夫遭船難，終未能如願，後人
將新娘等待丈夫的石塊稱為倩女臺。《琉球鄉志》與《屏東縣鄉土史料》的倩
女臺傳說，其情節的主旨是女性對她的男人堅貞不渝愛情傳說。

　　早期倩女臺的傳說，曾將岩石塑造人的形體。曾正雄的《海上樂園——
小琉球》中：小琉球東南方「厚石」海邊，從海上遠看，猶如一座少婦半身石
像，稱「倩女臺」。其命名的傳說，是丈夫出海捕魚，少婦總是站在倩女臺等
待丈夫回來。後人為了紀念她的癡情，就將那座塊石而稱之倩女臺。〔註79〕

　　訴說著丈夫出海捕魚，妻子的等待，與岩石有關的傳說。似乎與離島或
海岸的漁民生活有關，但是小琉球的倩女臺想要塑造「望夫石」傳說的類
型，好像未能廣為留傳。所以試著以臺灣離島的澎湖縣七美鄉有「望夫石」
傳說，從中瞭解一些臺灣離島住民對於漁民出海作業，女性等待男人平安

〔註77〕晉・干寶：《搜神記》（北京：中華書局出版，1979 年 9 月，第 1 版），頁 141、
　　　　142。
〔註78〕蕭銘祥主編：《屏東縣鄉土史料》（南投市：臺灣省文獻委員會，1996 年 1 月，
　　　　初版），頁 789。
〔註79〕曾正雄：《海上樂園——小琉球》，未有出版項，寫於琉球鄉琉球國小，民國
　　　　72 年（1983）5 月，頁 17。

回航的心情寫照。

姜佩君的《澎湖民間傳說》中,「七美的望夫石的由來」:

> 從前在七美有一對恩愛的夫妻,丈夫每天出海捕魚,妻子每天都會
> 到海邊等待丈夫回來。有一天,丈夫出海捕魚,遇上惡劣的天氣,
> 從此便沒有再回來。但是這位深愛他的妻子,依然每天到海邊,痴
> 痴的等待丈夫。最後由於體力不支,就死在那裡,村民很同情她,
> 便將她埋在等丈夫的地方,漸漸那裡就形成一個人形的石頭,向著
> 海邊眺望。大家就叫它望夫石。〔註80〕

七美望夫石,是妻子痴痴等待丈夫的回來,最後由於體力不支,就死在那裡,
埋葬地方漸漸形成一個人形的石頭。

另外有人說,她當時已經有了身孕,所以現在的石人,是挺著大肚子
的石人,而且在肚臍的地方有一池水,非常甘美,長久以來不曾乾過。【圖
2-10】但是後來有一位啞巴在那裡拉屎,從此池水便會隨著季節乾涸了。
〔註81〕

圖 2-10:澎湖縣七美鄉望夫石

照片來源:澎湖縣國家風景區管理處【2020/3/1】

相關於澎湖縣七美望夫石傳說,交通部觀光局澎湖縣國家風景區管理處
導覽簡介:

〔註80〕姜佩君編著:《澎湖民間傳說》(臺北縣:聖環圖書股份有限公司,1998 年 6
月,一版),頁 115。
〔註81〕姜佩君編著:《澎湖民間傳說》(臺北縣:聖環圖書股份有限公司,1998 年 6
月,一版),頁 115。

七美燈塔東南方海邊有一處玄武岩流所形成的岩塊，由於受到長年的海蝕作用，形成遠望形似仰臥於海面的孕婦，俗稱「望夫石」。當地傳說，七美島上曾有一對恩愛的夫妻，丈夫出海捕魚許久未歸，妻子大腹便便在此等候夫君歸航，數日仍未見身影，婦女依舊苦守海濱，終至不支倒臥海邊。後來，海邊竟巧合的形成一個狀如孕婦的岩塊、髮、頸、胸、腹、膝，栩栩如生，令人稱奇。〔註82〕

澎湖縣七美鄉望夫石傳說，是一對恩愛的夫妻，丈夫出海捕魚許久未歸，懷有身孕的妻子苦守海濱，不支倒臥海邊，之後，巧合在海邊有一岩塊狀如孕婦。

　　小琉球的情女臺與七美的望夫石，其情節共同點是丈夫出海捕魚未歸，妻子在海邊依舊苦守著丈夫回航，終未能如願而死。不同的是，一者剛新婚未孕，一者是有孕之婦人。石塊的命名，小琉球的情女臺為紀念新婚女的痴情而命名，而七美望夫石，海邊有一岩塊狀如孕婦，似乎有看圖（石狀）說故事之意。

　　七美望夫石如同大部分望夫石遺跡一樣，有著悲傷、淒涼的傳說。據彭衍綸對七美望夫石的研究指出：「透過不同的管道，共蒐獲 18 則相關七美望夫石的傳說，它們最大的共同點都於具有以下情節：其一，一位出海捕魚的丈夫遇難未歸；其二，妻子（或說懷有身孕的妻子），日以繼夜等候，終至死亡；其三，死後海邊出現一平躺的人形石。」〔註83〕

　　七美的望夫石傳說的流傳歷史，彭衍綸在〈澎湖七美望夫石傳說的形成、聯繫、流傳歷史〉中提到，曾向澎管處詢問兩個問題：「其一，『望夫石』景點於何時設置？其二，『澎管處』網站上，關於七美望夫石的傳說，從何處而來？」經澎管處（澎湖國家風景區管理處）回覆彭衍綸的內容：「七美『望夫石』係火成岩受自然侵蝕而成之自然景觀，非人為設置，至於其傳說應是地方對其特殊地貌加以穿鑿附會而來。」〔註84〕

〔註82〕資料來源：交通部觀光局澎湖國家風景區管理處導覽簡介，2020 年 3 月 1 日。

〔註83〕彭衍綸：〈澎湖七美望夫石傳說的形成、聯繫、流傳歷史〉，《臺灣文學研究學報》第四期（臺南市：國家臺灣文學館籌備處，2007 年 4 月），頁 192。

〔註84〕彭衍綸：〈澎湖七美望夫石傳說的形成、聯繫、流傳歷史〉，《臺灣文學研究學報》第四期（臺南市：國家臺灣文學館籌備處，2007 年 4 月），頁 215。

據澎管處答覆，七美望夫石是自然侵蝕的自然景觀，非人為而置，而故事情節依地貌穿鑿附會，狀如孕婦的岩塊、髮、頸、胸、腹、膝，栩栩如生。張紫晨在《中國古代傳說》中，「望夫化石型」：「某地有女，每日登山，望其遠去之夫，日久為化」。例：「遼寧有石，如人形，一女子，夫外出，長年不歸，她終日登望，日久化為石，名望夫石。」〔註85〕然小琉球倩女臺，石塊的命名，為紀念新婚女的痴情而命名，未有日久化為石，無地貌加以穿鑿附會而來。早期倩女臺樣貌，頂端各長有一棵榕樹，望去似像人頭，據目前所觀察，從任何角度看不出像一個「人頭」。

倩女臺傳說，除了《琉球鄉志》、《屏東縣鄉土史料》之外，還有吳永英在〈琉球嶼之研究〉中提到，是象徵男女相愛纏綿之意，青年情侶遊客，喜愛一遊之處：

> 倩女臺：位在大福村西南海岸，屹立著兩座巨大的珊瑚礁石灰岩，相距咫尺，而岩頂各生長一株高大的榕樹枝接連理，許多轉交叉，象徵著相愛纏綿之意。故青年情侶遊客，皆喜愛到倩女臺一遊，該石過去靠近海岸，今因島嶼隆起，已離海岸約數十公尺，臨海地方，尚有貝殼可拾，故遊人頗多。〔註86〕

倩女臺，象徵著相愛纏綿之意，早期青年情侶遊客喜愛一遊之處。然而，現今倩女臺，似乎鮮少人知，鄰近沙灘，有遊客下水浮潛之外，似乎難以看見情侶遊客在該處遊玩。

筆者在田野調查中，訪問島上居民，他們似乎不是很清楚倩女臺（石塊）及傳說。例如，曾經訪問到倩女臺大石塊下的住家，是位男性（約50歲以上），他不知道什麼是倩女臺（倩女石）。前往倩女臺不遠處的加油站，年輕加油員表示不清楚。之後，到白沙尾一家知名麻花捲商家，請教女主人，她表示不清楚。再向當地導覽員打聽，他說只有聽說過倩女臺，不知道地點。再回到倩女臺下方海灘處，問帶隊浮潛教練，他看了看，不確定是哪一塊大石頭（倩女石），因為大馬路兩邊有兩大石塊相對，另外在海灘處也有兩大石塊相對。【圖2-11】也就是有兩組石塊。

〔註85〕張紫晨：《中國古代傳說》（長春：吉林文史出版社出版，1986年7月，第1版），頁22、23。

〔註86〕吳永英：〈琉球嶼之研究〉，《臺灣文獻》第20卷第3期，1969年9月，頁41。

圖 2-11：小琉球倩女臺下方海灘處兩大石塊

【黃永財拍攝：2019/12/13】

　　倩女臺的石塊問題，經筆者比對《琉球鄉志》中的圖片，應該是大馬路旁的大石塊。為求證，終於訪談到大福村「華山代天宮」總幹事洪大華，他就住在倩女臺石塊下旁（靠山面）。他說：倩女臺是大馬路旁的大石塊。以前還沒開路的時候，兩塊石頭的樹枝（葉）相連接茂盛而且很漂亮，後來就沒有相連。至於傳說故事就不知道了。〔註87〕因此石塊，沒有相似的貌狀，傳說故事可能漸漸會被遺忘。

五、白燈塔傳說

　　琉球鄉燈塔，有兩座，一座位於白沙尾（本福村）港口，是船隻靠近時主要目標。另一座在南福村厚石的北側尖山頂稜線上，是座國際性燈塔，【圖 2-12】據《東港郡要覽》中，「燈臺」的記載：「琉球嶼燈臺昭和 4 年（1929）3 月 15 日竣工。位於北緯 22 度 19 分 48 秒，東經 120 度 21 分 55 秒，構造混凝土圓形造，外部白色，海平面至塔頂 88.33 公尺。是第四等閃光，每 2 秒閃光一次，光度千燭光，光度射程可達 20 浬之遠。」〔註88〕白燈塔約 10 公尺，總工程費為 10,003 日元。〔註89〕

〔註87〕受訪者：洪大華（男，華山代天宮總幹事），訪談者：黃永財，地點：屏東縣琉球鄉華山代天宮，日期：2020 年 4 月 30 日。

〔註88〕東港郡役所編：《東港郡要覽》（臺北市：成文出版社有限公司，1985 年 3 月，臺一版），昭和 9 年版，頁 66。

〔註89〕鄭總：《海上明珠──小琉球》（屏東縣：屏東縣白沙國民小學，1991 年 5 月），頁 57。

這座國際性白燈塔由當時的高雄州水產會所興建，與恆春鵝鑾鼻燈塔一樣，具備有指引南臺灣海峽及巴士海峽夜間航行船隻的功能，因塔身白色，稱「白燈塔」。塔頂罩是黑色，如果由下往上看，塔頂外圍是白色，塔基座黑色且比塔頂寬。船隻往返高雄港和南洋之間，都經由小琉球的西側約 5 公里處航行，白燈塔提供相當的指引功能，也防觸礁。

位於白燈塔入處左側，大鵬灣國家風景管理處導覽簡介：琉球嶼塔又名白燈塔或白燈樓，位在屏東縣東港外海琉球嶼東南岸山頂。塔身高度 11.6 公尺，其燈光射程距離可達 14.3 浬遠。該燈塔是國內唯一一座日治時由漁會出資建造燈塔，民國 41 年（1952）移海關修復管理，民國 102 年（2013）政府組織改造正式回歸交通部航港局管理。〔註 90〕

圖 2-12：小琉球南福村白燈塔

【黃永財拍攝：2019/12/13】

白燈塔的紀錄，《東港郡要覽》與大鵬灣國家風景管理處，兩者差異是塔身高度及燈光射程距離，可能是日治時期建造，與現今修復後改變有關。從興建迄今，其燈塔外觀完好，照常發揮指引功能。早期在燈塔附近的厚石村，村落景觀非常特殊，居民利用突起的珊瑚礁凹洞，做住家或羊欄，只在洞口加一扇門，就可安居其中，十分有趣。〔註 91〕

關於白燈塔（樓）傳說，本書是以黃慶祥的《古典小琉球》中，〈觀音媽

〔註 90〕資料來源：筆者田野調查，地點：屏東縣琉球鄉白燈塔，日期：2019 年 12 月 13 日。
〔註 91〕葉茂謝：〈琉球嶼之經濟地理及其未來的展望〉，《臺灣銀行季刊》第 37 卷第 3 期（臺北市：臺灣銀行，1986 年 9 月），頁 356。

傳奇〉及〈白燈樓傳說〉為研究的參用文獻。再走訪調查，訪談地方耆老，如，現為碧雲寺法師的洪安同、鄉民陳明和等人，為研究架構。

尚未論及白燈塔（樓）傳說之前，先提到黃慶祥的《古典小琉球》中，一則「洪行與半天白猿」鬥法的傳說。早期，小琉球島上有一位住在大寮的青年名叫洪行，尚未擔任觀音媽乩童之前，因為失業，原暫以撿牛糞為生，後因某種機緣，被認定為觀音佛祖「爐下」（乩童）。有一天，洪行到碧雲寺看熱鬧，一走到廟埕，「手輦仔」見到洪行，馬上就發輦起來，洪行也瞬間跟著起乩，口中即唸：「觀音佛祖到」。但是在旁有一位白沙尾的年輕人也跳起來，也自稱佛祖，一時難辨何者是真正佛祖附身。洪行即開口：

> 「真假現尚未分明，請取一長三丈六的牛港刺來。」牛港刺的刺長約五、六公分，又其質脆易折，是沒乩童敢以之作法的，因怕其刺會斷在肌肉裡，拔不出來，而有生命危險。牛港刺取來後，洪行貼上符令，要那年輕人「呼營」（或稱「調營」，以法器敲身體作法，調請四方天兵天將），年輕人心生畏懼，不敢呼營，反請洪行呼營。洪行於是呼營，調請六丁六甲，天兵天將，守四城門，更設下天羅地網，使對方不得脫逃。洪行呼營完畢，再請年輕人呼營，年輕人更加畏懼不敢。洪行於是正色告誡年輕人，請其自行退駕，再行修煉，不要在此滋事，洪行並保證不洩露天機，以保其尊嚴。年輕人拒絕，洪行再請其觀看四方天兵天將，命其速退，但再遭年輕人回拒。於是洪行遣天兵天將捉拿，原來年輕人是「半天白猿」附身。〔註92〕

洪行呼營調請六丁六甲，天兵天將，捉拿年輕人，年輕人是「半天白猿」附身。

半天白猿經由觀音佛祖收去後，年輕人立即退駕，恢復原狀。洪行經過此一事件後，被認定為觀音佛祖「爐下」（乩童）。曾在廟裡閉關受禁，修煉四個月之久，認真擔任乩童職務，也兼行醫，因此頗受全島人士的稱讚。

洪行自擔任觀音佛祖「爐下」（乩童），平時是不接受招待，但有一次在友人邀請，喝了一杯酒，酒才入口，突然間則說：「有事情發生了」，起身急著回家去。還沒回到家，路上遇上家人來報，洪行的孩子口吐白沫，危在旦夕，趕回家後已經搶救不及，後經佛祖開示，他的孩子是被「半天白猴」捉

〔註92〕黃慶祥：《古典小琉球》（屏東縣：黃慶祥發行，2008年10月，初版），頁10。

走的。〔註 93〕據說，自此事後洪行意志消沉，只有觀音佛祖指示，他才會為佛祖服務，不再容易受邀請了。

上述是「洪行與半天白猿」鬥法的傳說。而小琉球白燈塔傳說，是發生日治時期，一位日軍被懷疑違反軍紀，之後被處死，不久地方遭受鬼怪騷擾傳說。黃慶祥在《古典小琉球》中，有〈白燈樓傳說〉，其傳說情節如下：

> 日據時代，白燈塔所在的尖山頂是住有人家的，也有日軍駐紮於白燈塔。有一日軍被懷疑在外面勾引民間婦女，又偷雞及雞蛋去吃，因此該地居民即報告日軍上級，日軍上級為維持軍紀，即把該日軍處死，而他所飼養的一隻白色猴子也被殺死，兩者一起葬在白燈塔之下。〔註 94〕

日軍為維持軍紀，把該名日本兵及一隻白色猴子處死，兩者一起葬在白燈塔之下。

後來，當地住民傳說有鬼怪危害，情況愈來愈嚴重，住在白燈塔附近的居民開始搬離，留下來的居民只好請觀音佛祖處理：

> 當初誣賴日軍的人家開始受到鬼怪的騷擾，而且情況愈來愈嚴重，因此很多人紛紛搬去大寮居住。留下來的居民開始請教神明，也都不得要領，最後才拜請觀音媽來處置。觀音媽審理的結果：原來是埋在那裡的白猴得天地之精華，才得變成妖孽，危害百姓。審理完畢，眾人即開始挖墓地，但挖得這處，猴肯即逃往他處，再挖，再脫逃。觀音媽的「爐下」（乩童）名叫洪行的即做法，在墓地四周安設天羅地網，使猴骨不至逃離。〔註 95〕

觀音媽審理的結果，埋在白燈塔之下的白猴得天地之精華，才得變成妖孽，危害當地居民。

觀音媽開始處置，開示務必挖出白猴骨骸。「爐下」（乩童）洪行安設天羅地網完畢，眾人開始挖，挖得猴骨，待見天日後才結束，當地才歸於平靜。據說，當地人從尖山頂搬離後，再沒有人敢到再回去居住。

從黃慶祥的《古典小琉球》中，「洪行與半天白猿」鬥法的傳說，以及

〔註93〕黃慶祥：《古典小琉球》（屏東縣：黃慶祥發行，2008 年 10 月，初版），頁 11、12。
〔註94〕黃慶祥：《古典小琉球》（屏東縣：黃慶祥發行，2008 年 10 月，初版），頁 353。
〔註95〕黃慶祥：《古典小琉球》（屏東縣：黃慶祥發行，2008 年 10 月，初版），頁 353、354。

「白燈塔」傳說，對於兩者的傳說，是否有相關聯，經筆者走訪，至目前，島上人們對於「洪行與半天白猿」鬥法的傳說，似乎很陌生。換句話說，小琉球人對於白燈塔傳說的集體記憶口傳，是在一位日本軍兵及一隻白猴，加上一座白燈塔所結合的「白燈塔」傳說。

又，上述傳說中，與洪行鬥法的年輕人是「半天白猿」附身，而洪行的孩子被「半天白猴」捉走的。「半天白猿」是「猿」，而白猴精是「猴」，猿與猴在生物學上是不同的動物，人們有時侯將猿與猴混合「猿猴」。所以「半天白猿」與「半天白猴」的傳說，是否同一隻動物，尚待與作者連繫請教。

另一則白燈塔傳說情節，洪安同說這件事情的發生情形，他很清楚，因為熟識遭受到日本兵與猴子報復的後代，所以整個傳說內容：

> 日治時期，小琉球山上有一日軍營區，就是現今白燈塔旁，一位日軍長官飼養雞，母雞孵蛋期間中，叫傳令兵看照。結果母雞及蛋不見了，似被偷走了。這位傳令兵怕被長官責罰，急慌之下，欲向民間購買母雞及小雞，結果民家不賣。後來，傳令兵被長官依失職打死，這位傳令兵是含恨而死。之後，便向這不賣雞給他的民家報復。〔註96〕

據洪安同說，這名傳令兵生前養過一隻白猴，但是比日本兵早死。當日本兵含恨而死之後，傳說一隻白猴精危害這間民家，其實是由日本兵向猴子下達指令，向當初不賣雞給他的民家報復。

還有一則白燈塔傳說，白猴不是日本兵養的。陳明和說，小時候家住白燈塔附近，聽家中的長輩說：

> 日本時代，白燈塔附近，有一隻白猴，常在塔上或樹木上爬跑，而駐守在旁的日本兵，見狀，就拿起槍朝白猴射擊，白猴被打死，後來在白燈塔旁挖地埋葬。這隻白猴經理埋葬後，得到地靈，於是有了靈氣，對地方人們危害，附近住民不敢靠近白燈塔，尤以太陽下山後，大家更不敢進入該區。〔註97〕

白猴由於在白燈塔與樹木之間到處亂跑，結果被日本兵用槍打死。陳明和說，

〔註96〕受訪者：洪安同（男，法師），目前擔任碧雲寺、三隆宮監事，訪談者：黃永財，地點：屏東縣琉球鄉碧雲寺，日期：2020年2月8日。

〔註97〕受訪者：陳明和（男，碧雲寺、三隆宮委員），訪談者：黃永財，地點：屏東縣東港鎮鹽埔村鹽龍路120之1號，日期：2020年3月7日。

白猴埋葬地點正好得到地靈。他小時候住在白燈塔下方處，常聽說那個地方「不乾淨，陰森森的」。因此，陳明和的傳說情節，白猴不是日本兵養的，反而是被日本兵打死，與上述其他的傳說情節差異較大。

　　白燈塔，位於琉球鄉南福村的山腳大馬路轉小路（有路標），經小路出現分叉路，一是往白燈塔；一是往百年老榕樹（有路標）。前往白燈塔小路沒有住家，只有幾座墳墓，進入塔前的路旁右邊，是日治時期的廢墟營區，有一道咾咕石造的圍牆，據說，是日本時代留下的。【圖 2-13】

圖 2-13：小琉球白燈塔下方日治時期營區（咾咕石圍牆）

【黃永財拍攝：2019/12/20】

　　營區後面是緊鄰白燈塔，也就是販賣商品攤位的後方。傳說，如果要進入廢墟營區，沒有到碧雲寺向觀音佛祖請允，冒然進入或隨意摘取東西，有可能會出事。因為當初觀音佛祖與白猴約束，要牠留在該處不得再出來危害人家，人們不去「打擾」，和平相處。不過，地方耆老則說，這種靈怪信仰，不要迷信。這塊廢墟營區目前是私人地，從咾咕石圍牆看進去，已經全區蔓草，想進入也很難。

　　由於白燈塔始終給鄉人感覺怕怕的，據當地居民說，太陽下山最好不要上去，所以目前在白燈塔前只有一個攤販，在附近未見有住家。循著小路依路標指示，往百年榕樹方向前去，有一大榕樹，樹下有間小廟「和德堂」，神位恭奉三尊神明。【圖 2-14】據黃慶祥的《古典小琉球》中〈白燈樓傳說〉提到：「中間供奉祖先、赤腳大仙、榕樹公，而當時枉死的日軍是以一令旗插一疊金紙表示，白猴身上纏紅布，也從祀於兩旁，一體祭拜，可也算是一種平

反，安撫及補償了。」〔註98〕洪安同說，和德堂由姓洪的在祭拜。據筆者觀察，大榕樹正對面，有一座大墳墓，墓碑是洪姓，附近則無其他建物。

圖 2-14：小琉球和德堂（榕樹下紅色屋頂）

【黃永財拍攝：2020/2/8】

　　白燈塔傳說，地方上有人忌提該塔，如陳先生，他年輕時長年海上捕魚，退休下來後，從事小琉球生態解說員，當筆者提到白燈塔時，他說白燈塔的事不要講，只怕一講他可能會有事。〔註99〕另一位洪先生（約70歲）〔註100〕，住居小琉球，未曾去過白燈塔。問筆者：「白燈塔前有座營區，圍牆聽說咾咕石，真的嗎？」因此，對於白燈塔「不乾淨」（陰、邪氣重）的傳說，島上年長者似乎相信而不敢靠近。

　　據筆者在小琉球山野調查期間的觀察，遊客到白燈塔，停留並不久，可能感覺只有一座燈塔，塔邊樹木茂盛，周邊並無較特殊景色，還是聽說這個地方陰氣較重，或其他因素，就不得而知。

六、花瓶石傳說

　　花瓶石（岩），位於琉球鄉本福村北部的白沙尾海灘，靈山寺廟前左側，琉球鄉地標，鄉內公私單位文宣很多以花瓶石為景，如琉球鄉的門牌號碼牌。船隻進入小琉球碼頭（渡船站）前，遠遠看見靈山寺及海岸邊的花瓶石。從

〔註98〕黃慶祥：《古典小琉球》（屏東縣：黃慶祥發行，2008年10月，初版），頁354。
〔註99〕受訪者：陳先生（生態解說員），訪談者：黃永財，地點：屏東縣琉球鄉烏鬼洞，日期：2019年12月13日。
〔註100〕受訪者：洪先生（小琉球某宮廟管理人），訪談者：黃永財，地點：屏東縣琉球鄉碧雲寺，日期：2020年6月21日。

遠觀或站於靈山寺下方前，未見其高大，當涉水前往，巨石峙海中，站於岩石下方又覺凜然獨立，有一種高不可攀的樣子。沿岸及水中大小貝殼甚豐，常見遊客在此戲水，攝影留念。

花瓶石立於海岸中，不知始於何時，早期采訪冊對其形狀的形容，據清代盧德嘉的《鳳山縣采訪冊》記載：「花瓶石，在花瓶澳西北數武，有巨石峙海中，高二丈許，其上小松數株，類花之插瓶然，故名。」〔註101〕【圖2-15】花瓶澳，位於本福村北側，屬於白沙尾海岸的一部分，位於花瓶石附近的小灣澳，故稱之。

圖2-15：小琉球花瓶石（岩）

【黃永財拍攝：2020/2/24】

早年地方志書的形容，據鍾桂蘭、古福祥纂修《屏東縣志》記載：「花瓶石，頂寬約數坪，下莖細長伸入海底，其狀似瓶，頭色黯黑，亦有是說魚為適當者。但頂上有茸茸之綠草，離岸約二十餘公尺，四圍波浪洶湧怒吼，日昇月沉，潮水漲落，它好似個美麗古塔。」〔註102〕有人形容花瓶石，似魚的頭，它像個古塔，或許從不同角度去觀看，各有欣賞的看法，未嘗不可。

現今的人看花瓶石，是怎麼看，據《琉球鄉誌》記載：「高有丈餘，係蘑菇岩石之一種。在海水不斷沖擊下逐漸形成上寬下削之狀，加以頂上奇花異草叢生，且底部伸入海中，整體觀之，頂闊頸細，猶如花草插於花瓶（矸）之內，故名『花瓶石』。因其唯妙唯肖，又屹立於海岸，早為本鄉重

〔註101〕清・盧德嘉：《鳳山縣采訪冊》（臺北市：臺灣銀行，1960年8月），頁31。
〔註102〕鍾桂蘭、古福祥纂修：《屏東縣志》（臺北市：成文出版社有限公司，1983年3月，臺一版），頁723。

要地標。」〔註103〕花瓶石，有人說其形似一朵毛菰，又稱毛菰岩。

　　花瓶石凜然獨立海岸邊，但它不孤獨，是有同伴的，並有一個傳說，據蕭銘祥的《屏東縣鄉土史料》中，琉球鄉地方耆老蔡秋冬說：

> 花瓶石是分做三個，一塊叫做「一花瓶」，現在站立著的是「二花瓶」，一花瓶倒的時候好像哭了三天三夜才倒下，目前尚看得到它的殘斜樣子。二花瓶是現在靈山寺的對面，「三花瓶」是在較裏面的岩堆裏，尚在。二花瓶最漂亮，三花瓶較小。〔註104〕

一花瓶為什麼倒下前，哭了三天，據說可能海浪很大，衝撞發出的聲音，其聲音響亮，所以有人形容「哭聲」。傳說，不只是一花瓶哭，二花瓶哭了也很大聲，而且比一花瓶還要大聲。二花瓶哭聲（海浪撞擊聲）為什麼比一花瓶大，應該所處位置是最強的風浪撞擊處。三花瓶的哭聲較小，可能靠近岩堆裏，所以海浪撞擊聲較小。

　　有關石塊被海水（浪）發出的的聲響，蘇軾的「石鐘山記」，自己進行實地調查，找出山名「石鐘」的真正根據。〈石鐘山記〉：

> 至其夜月明，獨與邁乘小舟至絕壁下，大石側立千尺，如猛獸奇鬼，森然欲搏人；而山上栖鶻，聞人聲亦驚起，磔磔雲霄間；又有若老人欬且笑於山谷中者，或曰此鸛鶴也。餘方心動欲還，而大聲發於水上。噌吰如鐘鼓不絕。舟人大恐。徐而察之，則山下皆石穴罅，不知其淺深，微波入焉，涵澹澎湃而為此也。舟回至兩山間，將入港口，有大石當中流，可坐百人，空中而多竅，與風水相吞吐，有窾坎鏜鞳之聲，與向之噌吰者相應，如樂作焉。〔註105〕

蘇軾發現山下邊，都是石頭孔穴，不知道孔穴的深淺，只要微波沖入，在孔隙裏澎湃回蕩，才發出有如鐘這樣的聲音。

　　三隻花瓶的位置，從靈山寺面向海看過去，以二花瓶為中心點，一花瓶在二花瓶的右方，三花瓶則在左方。傳說一花瓶，只能看到殘斜樣子，海水位高時，則沉入海中。三花瓶，要坐船出海向岩堆裏看，才能看到。目前從靈

〔註103〕洪義詳主修、林澤田總編纂：《琉球鄉志》（屏東縣：屏東縣琉球鄉公所，2006年12月），頁260。
〔註104〕蕭銘祥主編：《屏東縣鄉土史料》（南投市：臺灣省文獻委員會，1996年1月，初版），頁788。
〔註105〕遲嘯川、謝哲夫主編：《古文觀止》（臺北縣：漢宇國際文化有限公司，2006年2月，初版），頁806。

山寺左側前方看到的花瓶石是二花瓶。

一花瓶未倒下時，三隻花瓶，有一個作用，其所立的位置，可以參考水流方向。如，從靈山寺面向海看過去，以二花瓶為中心點，一花瓶是在右，三花瓶在左。當中心點（二花瓶）的水流向右或向左，可以知道當時水流方向，提供出海船隻作業參考。所以二花瓶，今稱花瓶石（岩），不單是船隻入港時的地標，也是水流方向參考的中心點。

傳說一花瓶已經倒下去？據筆者訪談地方導覽或鄰近商家（民宿）〔註106〕及花瓶石景點旁小販〔註107〕，他們說一花瓶沒有倒，並指出位置。經實地觀察，他們所指的一花瓶是一個大岩石，岩石近半面與水泥路接合，另一面向海岸，上方寬，下方細。近看或遠觀未似有花瓶狀，從側面看，被鐵皮蓋的商家〔註108〕擋住。岩石（一花瓶）旁邊造一樓梯步道，可以通往海邊，下方有肉粽（防坡石）。

一花瓶原是獨立一岩石，由於地方建設關係，將原沙灘處填土造路，從民生路一家民宿（琉夏萊）的路角進入，不遠處即可看到一個大岩石（一花瓶）與路面相接合。再往前方則是靈山寺，廟前原是沙灘處，經填土建造一處平面廣場。站立廣場中間面向海，左側是花瓶石（二花瓶），右側為大岩石（一花瓶）。【圖2-16】

圖2-16：一花瓶（小琉球靈山寺右側前方）

一花瓶

【黃永財拍攝：2020/2/24】

〔註106〕琉夏萊民宿：琉球鄉民生路43之2號。往花瓶石入口之一。
〔註107〕販賣綠蠵龜布偶商品，位於花瓶石（二花瓶）出入口斜坡處。
〔註108〕約有5間鐵皮屋商家從事浮潛相關活動。

花瓶石（二花瓶）旁不遠處，有一岩石，其形狀，據葉茂謝的〈琉球嶼之經濟地理及其未來的展望〉說：「海鵝石，是珊瑚礁石灰岩經海水侵蝕而成的奇岩。以近觀外形似鵝，故名。若由遠處望之，又似烏龜，因此亦有人稱為烏龜石。此石為朝北坐南，頭朝大海，尾巴則靠近海岸，從東西向位置看去，最具神韻。」〔註109〕

海鵝石或烏龜石，經多處角度觀察，似有其狀。但，從靈山寺下方平臺看，頭朝大海，尾巴則靠近海岸，似倒下一個「花瓶」狀，橫躺海岸水中。遠處看其尾巴不長略尖，是否曾位於海岸中，經強大風浪衝擊而倒下，不得而知。會不會傳說中，哭了三天後倒下的岩石，令人有想像的空間。

琉球鄉島上處處是岩石，遠觀其岩石各有不同形狀，如觀音石、紅番石、老鼠石、猴石等。而有的立於海岸邊的岩石，其狀似花瓶石，上方略有圓頂，下為細，有如花瓶或毛菰，只是較靠近山腳邊與其它岩石排列一起，較不易被發覺而已。不如白沙尾的花瓶石獨立於海岸中，又是船隻進入港口首見的特殊岩石，所以獨厚。

總之，傳說中一花瓶倒下前的「哭聲」，應是受到強大風浪衝擊所發出的聲音。至於一花瓶為何者，傳說中已經倒下，時而可見或不見的岩石，或是浮潛商家旁的大岩石，各有不同說法。如果，日前所看到大岩石（一花瓶），不因建造路面，岩石面受包圍近半個，而獨立在沙灘上，應該略似一個大的花瓶石。

第二節　地理傳說及人物傳說

小琉球島上有三座突起山丘，一是東北的龜山（山仔頂），一是西北的馬鞍山，一是東南的厚石山（尖山），在厚石山附近。然而由於地理位置及地形特殊，早期島上先民將這個地方塑造著風水寶地的傳說。

小琉球三隆宮主神池、吳、朱三位王爺，據傳是由陳明山從大陸攜香火到島上奉祀。然而有人質疑陳明山的身分，因此本節探討「僧人陳明山身分傳說」。

相傳清嘉慶君遊臺灣，早期人們，有人深信。不過，現今人們都知道只

〔註109〕葉茂謝：〈琉球嶼之經濟地理及其未來的展望〉，《臺灣銀行季刊》第37卷第3期（臺北市：臺灣銀行，1986年9月），頁350。

是個附會傳說。嘉慶君遊臺灣，早期的傳說，只不過到臺灣本島。但是，地處離島的小琉球，也出現嘉慶君到小琉球傳說。這個傳說，與小琉球白沙尾蔡家這個大戶扯上關係，本節將有「蔡家祖先向嘉慶君借夜壺」傳說的研究。

一、小琉球龍穴傳說

琉球鄉的地理傳說，是指該是處「龍穴」。據《屏東縣鄉土史料》中，陳駕說：根據老輩的傳說，小琉球島是臺灣下南水溪的堵（塞）口珠。琉球的地穴屬於一個「龍穴」，琉球是屬龍，鳳山是屬鳳，車城那邊有一個牡丹，這個傳說是「龍鳳朝牡丹」，這是老輩這麼說的。琉球這個地理，相傳有某一朝代的皇帝派地理官（師）到打狗口來看在那裡可出真命天子。地理官又站在鳳山的高處上面觀看，說琉球會出「正宮」，也就是皇帝娘。〔註110〕

另有傳說琉球是一個「牡丹穴」，據《屏東縣鄉土史料》中，蔡秋冬說：琉球正是一個「牡丹穴」，詹大仙到鳳鼻頭看認為琉球會出「正宮」，但因由琉球到北京路途遙遠，所以把它破壞。在目前臺灣要選美人，琉球女孩最漂亮。古人說詹地理師要破牡丹穴，觀音菩薩化大士騎軟龍，使其無法破壞。〔註111〕

上述傳說，小琉球的地理會出「真命天子」，又說出「正宮」，其意是出皇帝、出皇后。小琉球地方耆老許春發曾提到小琉球龍穴傳說，收錄在黃文車編輯《屏東縣閩南語傳說故事集（1）》中，〈小琉球古地名〉：

> 小琉球古早號做「剖腹山」，對地理來看，是一个臺地，看起來親像剖腹形。毋過，在地閣流傳一个關於這个地名故事：相傳清朝雍正年間，有一位出名的風水師有講，小琉球在地會出帝王之人，清朝當權者那有可能甘願將政權讓人，所以就請風水師剖斷山脈，對中央劃一刀，就親像查某人剖腹生囝仝款，就有了「剖腹山」的名。〔註112〕

〔註110〕陳駕（民國16年1月10日生），琉球鄉杉福村人，曾任琉球鄉財政、民政課長。摘錄自蕭銘祥主編：《屏東縣鄉土史料》（南投市：臺灣省文獻委員會，1996年1月，初版），頁777。

〔註111〕蔡秋冬（民國27年12月9日生），琉球鄉中福村人。摘錄自蕭銘祥主編：《屏東縣鄉土史料》（南投市：臺灣省文獻委員會，1996年1月，初版），頁777。

〔註112〕黃文車總編輯：《屏東縣閩南語傳說故事集（1）》（屏東市：財團法人屏東縣文化基金會，2010年10月），頁230。

　　許春發說，小琉球地理被風水師對中央劃一刀，剖斷山脈，風水被破。這則傳說，與蔡秋冬說詹地理師要破牡丹穴，遭觀音菩薩破解。兩則似乎不同，一則是地理風水被破，一則是受化解。雖是如此，不論地理遭破壞否，將來是否出皇帝、皇后（總統、第一夫人），不得而知。但小琉球的確「出產」（考上、擔任）很多學校校長。

　　相關於會出大人物（有可能帝王之人），遭地理師破壞的傳說，同樣出現離島地方的澎湖，據姜佩君的《澎湖民間傳說》中，「西嶼白馬穴的傳說」：

> 西嶼的內垵及外垵一帶，有一大片金黃色的沙灘，從遠處望過來，
> 像一匹奔馳的白馬，所以大家都認為這裡是個好風水，會出大人物。
> 後來從大陸來了一個地理師，他看了內外垵的地形，發現這是一個
> 白馬穴，便寫了一些符咒，用紅布包著埋進穴中，結果這個穴就被
> 破壞了。〔註113〕

傳說這個地理師是皇帝派來的，因為皇帝怕這個地理將來會出現大人物，也有可能出帝王之人，所以派人先將這個風水破壞，免於後患。這位大人物，如果不是帝王之人，皇帝應該不會派人破壞這個「白馬穴」。

　　小琉球與澎湖同為臺灣的離島，當地人士為一沾帝王光采，能附會地方史實者，則附會之，地方無史實可資附會者，則創造之，最終成一則傳說而已。

　　小琉球島稱剖腹山，中央有直線狀地溝，為平行斷層所形成，呈東北—西南走向。這種地形結構，就塑造小琉球龍穴傳說，也就是風水師剖斷山脈，對中央劃一刀，就親像查某人剖腹生囝仝款，就有了「剖腹山」的名。

　　許春發說：小琉球地理，係自鳳鼻頭入海，起伏蜿蜒，從本鄉花矸石隆起後，主脈往西南而行，而另二支脈形成龜仔路山和尖山。巧妙的是主脈形成在本鄉碧雲寺後背靠山，支脈成為本寺左青龍右白虎，龍蟠虎踞。〔註114〕

　　上述，小琉球地理，係自鳳鼻頭入海。「鳳鼻頭」，是高雄市小港區的傳統地域名稱。因坐落於鳳鼻山前方山腳下，先民建置聚落時，常以頭、尾來表示相關位置，因而得名。「鳳鼻山」，據〈鳳山縣輿圖說略〉記載：「城南

〔註113〕姜佩君編著：《澎湖民間傳說》（臺北縣：聖環圖書股份有限公司，1998年6月，一版），頁191。

〔註114〕受訪者：許春發（男，琉球國中退休老師），訪談者：黃永財，地點：屏東縣琉球鄉碧雲寺，日期：2019年10月17日。

三十里有鳳鼻山，邑治所由名也；後倚半屏，前臨打鼓。」〔註 115〕小琉球地理似乎與鳳鼻山有關係，據盧德嘉的《鳳山縣采訪冊》中〈地輿・諸山〉的記載：「小琉球島（俗呼為剖腹山），在港東里，縣東南六十里，與鳳鼻山對峙（按昔人有以小琉球為靈芝草者，云鳳鼻山下有石線一條，從海底過脈）。」〔註 116〕

　　因此，小琉球的長輩則說，小琉球地下有一條通道到鳳山。這條應通到鳳鼻山的前頭，也就是鳳鼻頭。【圖 2-17】然而小琉球現今長輩的這種傳說，是從何而來，已無從考證，甚至傳說，從小琉球某處（傳說天臺、靈山寺）放煙火可通到鳳山（鳳鼻頭）。不過，前述至目前只能視為傳說而已，因為筆者尚未踏查出相關通道位置，而小琉球的人們，也止於「小琉球地下有一條通道到鳳山」的傳說，未有明確的地點或洞口來證明。

圖 2-17：高雄小港鳳鼻頭漁港、登船處路標

【黃永財拍攝：2020/2/16】

　　小琉球地理傳說，除了龍穴、牡丹穴之外，又有蓮花穴之說，總之，小琉球人認為這個島就是「龍穴寶地」。然而人們把山川高低起伏、綿延盤結，似一條龍的身體起伏飛舞之山脈稱為龍脈。而平原地帶，是因山水並行，河流像龍一般蜿蜒綿長，被認為水也是龍，所以處處是龍脈。風水仙對於什麼是龍的看法：

〔註 115〕清・夏獻綸：《臺灣輿圖》（南投市：臺灣省文獻委員會，1996 年 9 月），頁 14。

〔註 116〕清・盧德嘉：《鳳山縣采訪冊》（第一冊）（臺北市：臺灣銀行，1960 年 8 月），頁 31。

龍者何？山脈也。山脈何以龍名，蓋因龍妖嬌活潑，變化莫測，忽
隱忽現，忽大忽小，忽東忽西，忽而潛藏深淵，忽而飛騰雲霄，忽
而現首不現尾，忽而興雲布雨。而山脈亦然，踴踞奔騰，聚散無定，
或起或伏，或高或低，或轉或折，或則逶迤千里，或則分支片改，
或則穿田而過水，或則截斷而另起。龍不易令人全見，而山脈過峽
處，亦必有掩護。龍有鬢角頸眼，而地之將結處，亦必有砂案。山
脈之結美穴，亦猶寵之得明珠，二者無一不相類似，用是以龍定
名，山脈直呼之曰龍脈，遂為萬古不易之美稱。〔註117〕

在臺灣民間風水傳說中，這種將山脈河流比擬龍脈的思想很多。如高雄市鳳
山區赤山地區流傳龍脈地理：

赤山那裏，據說本來是一個青龍穴。那隻青龍的頭部啊，就是剛好
在熱帶園藝試驗所的大門那裏。而牠的尾巴啊，剛好在長庚醫院那
裏，也就是靠近長庚醫院那一帶。所以在那附近一帶，都是一些沼
澤區。而那隻龍的喉嚨啊，就在今天熱帶園藝試驗所的大門那個位
置。〔註118〕

赤山的龍脈，龍頭在園藝試驗所的大門，龍尾靠近長庚醫院那一帶的沼澤
區。昔日長庚醫院沼澤區一帶稱「小貝湖」，正對面是「大貝湖」，長庚醫院
旁是澄清湖棒球場，後方有憲兵營區，如今小貝湖整個地理改變。龍頭在園
藝試驗所的大門，早已在門前開闢大馬路，現今大門邊側，正在整地將蓋鳳
山警察分局，從龍頭到龍尾澈底破壞。筆者住此地區附近，曾聽老輩講，赤
山龍脈已破，這樣不好。不過到目前，此帶的發展很好而繁榮。傳說小琉球
山脈剖斷似與赤山龍脈已破一樣，好地理已破壞，但是小琉球目前發展似
不受影響，島上觀光直上升，島民經濟生活大幅改善，寺廟與民宿林立。

二、僧人陳明山身分傳說

約清雍正時期，小琉球都無人管理，似乎「無政府」狀態，但治安還不
錯。漁獲量很多，神奇的是，當時只要一根樹枝垂到水裡，就會有魚群聚

〔註117〕張昀浚：《臺灣奇譚：民間地理風水傳說》（臺北市：臺灣書房出版有限公司，
　　　　2008年3月，初版），頁23、24。
〔註118〕胡萬川、王長華總編輯：《鳳山市閩南語故事集（一）》（高雄縣：高雄縣立
　　　　文化中心，1999年5月），頁20、21。

集。〔註119〕而有一位和尚陳明山到三隆宮（王爺廟）蓋了一間草廟，供奉三山國王，後人曾懷疑陳明山是不是客家人。所以有人說，最早的王爺廟（三隆宮），那時候最早並不是稱為「王爺廟」，當時是「三山國王廟」。〔註120〕

　　早期，小琉球島上沒有鄉公所這類的政府單位管理，所以王爺廟有一點鄉公所的意思。和尚陳明山他會武藝，在那當時沒有政府管理下，又沒有法律的情況，如果有紛爭就會去找他，因為他是和尚，單身，所以大家比較相信他。陳明山他是以廟為家，大家有事就去找他，任何人有問題就會去找那個和尚，所以，後來就跟信仰結合。〔註121〕

　　由於和尚陳明山住在廟裡，人們常去找他，所以小琉球住民的信仰就與陳明山的廟結合成公廟。因為小琉球的住民是移居而來的，會把家裡信奉的神帶來，就變成家神，甚至公廟也是家廟演變而來的，像靈山寺現在成為公廟，早期它也是家廟，慢慢變大。〔註122〕

　　早期，屏東縣東港有一位人家，清明節的時候，到小琉球掃墓，東西不見了，然後叫陳明山出面處理。〔註123〕為什麼這位東港人，會跑到小琉球掃墓。可能他的祖先早期住在小琉球，後來移居東港，或者因為捕魚到小琉球，卻不幸死在那裡，葬在當地，才會清明節過去掃墓。

　　上述相關於陳明山的身分是「和尚」、「客家人」，三隆宮原是「三山國王廟」等說法，是摘錄自國立高雄師範大學（提案單位）：《琉球嶼尋根之路──移墾探究成果報告》，訪談陳國彥〔註124〕的紀錄。以及，私立樹德科技大學（提案單位）：《98琉球嶼尋根之路──移墾探究──清領與日治時期的

〔註119〕私立樹德科技大學（提案單位）：《98琉球嶼尋根之路──移墾探究──清領與日治時期的移墾成果報告》（屏東縣：屏東縣琉球鄉公所〔招標單位〕，2010年1月），頁155。

〔註120〕國立高雄師範大學（提案單位）：《琉球嶼尋根之路──移墾探究成果報告》（屏東縣：屏東縣琉球鄉公所〔招標單位〕，2008年8月），頁271。

〔註121〕國立高雄師範大學（提案單位）：《琉球嶼尋根之路──移墾探究成果報告》（屏東縣：屏東縣琉球鄉公所〔招標單位〕，2008年8月），頁271。

〔註122〕國立高雄師範大學（提案單位）：《琉球嶼尋根之路──移墾探究成果報告》（屏東縣：屏東縣琉球鄉公所〔招標單位〕，2008年8月），頁271。

〔註123〕私立樹德科技大學（提案單位）：《98琉球嶼尋根之路──移墾探究──清領與日治時期的移墾成果報告》（屏東縣：屏東縣琉球鄉公所〔招標單位〕，2010年1月），頁187。

〔註124〕陳國彥：時任屏東教育大學社會發展系教授，琉球鄉人，移居島外。

移墾成果報告》，陳國彥訪談陳國民〔註125〕、陳隆進〔註126〕的紀錄。和尚陳明山身分的傳說內容全是由陳國彥口述而得，據陳國彥說，他的資料來源，係來自日本的《日日新報》。〔註127〕

　　因此，陳明山是和尚，客家人，三隆宮原供奉三山國王（三山國王廟）等問題，從日治時期報紙去瞭解。據《漢文臺灣日日新報》（明治40年〔1907〕3月3日，第2648號）「球嶼沿革」（小琉球）的報導【圖2-18】：

　　　　東港西南有小琉球嶼，來居是嶼者，皆福建泉州府人，職業只漁耕
　　　　兩途。初來者頗饒裕，迨後生齒日眾，園地開闢日廣，此中多有肥
　　　　瘠燥濕之分，凡得肥潤之園，其人若弱而無援，必為強者所吞。先
　　　　是嶼有三王爺廟（建始年代未詳遺址尚在）。一住持僧陳明山，拳棒
　　　　頗精，為嶼人所敬畏。故諸田園被豪強吞併者，均往訴於僧，求為
　　　　援手，自願將被吞併之園，充作該廟公業，納香火資。僧人喜為保
　　　　護之。然尚不免有侵占疆界之事。〔註128〕

上述，住持陳明山是僧人，未提客家人，因為拳棒頗精，島民敬畏他，田園被豪強吞併者，請他主持公道，事後，自願將被吞併的田園允作該廟的廟產。

　　從上述引文中，並未有所謂的「三山國王廟」，是「三王爺廟」，而三王是現今三隆宮的上祀神——池、吳、朱三位王爺，依廟方碑文記載是臺灣民間王爺信仰，唐初三百六十進士的系統。所以陳國彥所看見的《日日新報》中，三山國王廟，是從何而來，或是《日日新報》另有報導，不得而知。

　　至於跑到小琉球掃墓的東港人，叫什麼名字。據《漢文臺灣日日新報》（明治40年〔1907〕3月3日，第2648號）「球嶼沿革」（小琉球）的報導：

　　　　一東港人林榮春者，頻年往嶼省視祖墳，常失却攜帶物件。因思有
　　　　以塞其弊，乃邀諸耆老及蓁長而告之。立約於眾曰。（歲在道光三十
　　　　年〔1850〕也）自今以始，敢有盜人財物者，察出必重議罰，以羞
　　　　恥之，若不改圖，必眾共逐之，不許再居此嶼。（後曾逐去數人）遂

〔註125〕陳國民：時任屏東縣水利國小校長。
〔註126〕陳隆進：時任屏東縣琉球國中校長。
〔註127〕國立高雄師範大學（提案單位）：《琉球嶼尋根之路——移墾探究成果報告》
　　　　（屏東縣：屏東縣琉球鄉公所〔招標單位〕，2008年8月），頁271。
〔註128〕《漢文臺灣日日新報》（明治40年〔1907〕3月3日，第2648號）（五），
　　　　「球嶼沿革」。資料來源：東華大學圖書館（電子資料庫）。

無敢復萌盜心者。〔註129〕

上述，東港人林榮春，清明節到小琉球掃墓已多年，但東西常有失竊情形，所以訴諸於小琉球地方耆老及蒙長。之後，島上立下公約，如有敢盜人財物者，重者驅逐小琉球島上。

東港有一位人家，到小琉球掃墓，東西不見了，找陳明山出面處理。其實東港人林榮春，是找當時的「蒙長」處理，並未言明僧人陳明山。清嘉慶12年（1807），臺灣府安平鎮官陳觀瀾，巡海舟行南下，遇暴風，泊碇小琉球，之後，由小琉球人陳勇接待。陳觀瀾詢問並調查當地的風俗民情，知道小琉球人單純，田園會被豪強吞併，經調查是未建立納稅制度，於是訂立課稅，並設立蒙長。所謂蒙長：是近耕作之處依山傍木壘石覆茅而居稱山蒙，故稱之。在清代時期，小琉球每年收入稅金90餘圓，入官庫有30圓，餘作蒙長的經費。而小琉球初任蒙長的是陳勇。〔註130〕

綜言之，陳國彥從《日日新報》看到的內容說：僧人陳明山，所供奉的是三山國王，可能是客家人，並且會拳腳功夫，當時島上住民敬畏他，有紛爭由他排解，所以寺廟有如現今鄉公所。內容與筆者所查《漢文臺灣日日新報》（明治40年〔1907〕3月3日，第2648號）「球嶼沿革」（小琉球）的報導，有部分出入。是否，陳國彥看的《日日新報》另有報導，不得而知。

圖2-18：《漢文臺灣日日新報》「球嶼沿革」（小琉球）

（明治40年〔1907〕3月3日，第2648號）【黃永財拍攝：2019/3/1】

〔註129〕《漢文臺灣日日新報》（明治40年〔1907〕3月3日，第2648號）（五），「球嶼沿革」。資料來源：東華大學圖書館（電子資料庫）。
〔註130〕《漢文臺灣日日新報》（明治40年〔1907〕3月3日，第2648號）（五），「球嶼沿革」。資料來源：東華大學圖書館（電子資料庫）。

早期移墾小琉球的漢人，係來自福建省泉州府為主，可以說整個小琉球幾乎是泉州人的移墾地。其他地區據文獻記載只有來自漳州府的移民，如清康熙 13 年（1735）的陳曹。〔註 131〕

在臺灣，客家及客語屏東集中區：內埔、竹田、萬巒、麟洛、長治等地區；點狀區：潮州、枋寮、佳冬、新埤、高樹等地區。〔註 132〕小琉球並未有客家人移墾的聚落。三山國王廟與客家人的信仰關係，據曾慶國的《彰化縣三山國王廟──客家與福佬客的故事》提到：「三山國王是客家人的守護神，有三山國王廟的地方，必然是客家人的居住地；或曾經居住過的地方，至少彰化平原如此。三山國王廟之於客家人，開漳聖王之於漳洲府人、清水祖師之於安溪縣人、保生大帝之於同安縣人、廣澤尊王之於南安縣人，是相等同的，都是族群的信仰神。但是，有客家人的地方，未必都有三山國王廟，有部分客家人是不信奉三山國王的，彰化平原有部分地區是如此。」〔註 133〕

學者對三山國王分布另有見解，據戴文鋒的《重修屏東縣志・民間信仰》，認為三山國王廟不能當作客家聚落的指標。在縣志中，引邱彥貴檢視粵東一帶的地方誌之後指出：「大陸地區三山國王的分布，就不是只有客家人所屬。」〔註 134〕戴文鋒在《重修屏東縣志・民間信仰》又指出：「就因清代臺灣三山國王廟全是粵籍人士所建，而粵籍在清代臺灣社會又被視為『客仔』，無怪乎三山國王廟會作為客家（粵籍）族群的一種識別標誌。」〔註 135〕

因此，屏東縣內的三山國王廟幾乎都是粵東移民來臺所建，只有極為少數現今坐落在河洛人為主的聚落。由於河洛人在人數絕對優勢的情況下，使三山國王廟原是客家聚居轉而成為河洛人庄頭，如屏東縣九如鄉、林邊

〔註 131〕 李宗信：《小琉球的社會與經濟變遷（1622～1945）》（臺南市：國立臺南師範學院臺灣文化研究所碩士論文，2004 年 1 月），頁 38。

〔註 132〕 曾慶國：《彰化縣三山國王廟──客家與福佬客的故事》（臺北市：臺灣書房出版，2011 年 11 月，初版），頁 18。

〔註 133〕 曾慶國：《彰化縣三山國王廟──客家與福佬客的故事》（臺北市：臺灣書房出版，2011 年 11 月，初版），頁 4、5。

〔註 134〕 邱彥貴：〈三山國王是臺灣客屬的特有信仰？──粵東移民原居地文獻考察的檢討〉（《中央研究院臺灣史田野研究通訊》23 期，1992 年），頁 66～68。引自戴文鋒：《重修屏東縣志・民間信仰》（屏東市：屏東縣政府，2014 年 11 月），頁 187。

〔註 135〕 戴文鋒：《重修屏東縣志・民間信仰》（屏東市：屏東縣政府，2014 年 11 月），頁 191。

鄉。〔註136〕

　　小琉球幾乎是福建省泉州府的移民，要出現三山國王廟原是客家聚居轉而成為河洛人庄頭，似乎較無可能。因此後人曾懷疑陳明山是不是客家人，最早的王爺廟（三隆宮），是「三山國王廟」，依據琉球鄉志早期移墾文獻記載，早期王爺廟是「三山國王廟」較難成立。

　　相關於陳明山身分及三山國王廟一事，筆者多次在碧雲寺、三隆宮管理委員會的辦公室，與現任主任委員、總幹事、地方耆老探討，【圖2-19】至今廟方或琉球鄉鄉民並無陳明山相關資料可提（早期入墾小琉球戶籍）。雖然廟方也曾聽說過陳明山是客家人，早期三隆宮是三山國王廟，但不知從何文獻記載傳出。

圖 2-19：小琉球地方耆老探討陳明山的身分（碧雲寺解籤處）

【謝沛蓁拍攝：2020/2/8】

三、蔡家祖先向嘉慶君借夜壺傳說

　　相傳清嘉慶君遊臺灣時，曾到小琉球島上。嘉慶君遊臺灣，這個傳說，散落在臺灣各地，實為虛構，不過，早年的人們還是有人深信不疑，由於受傳說的影響，而誤認既有文物，甚至更出現配合傳說的建廟、立區等等謬誤之事。〔註137〕

　　嘉慶君遊臺灣傳說，發生的年代，民間說法不一，有作於清乾隆晚期，

〔註136〕戴文鋒：《重修屏東縣志·民間信仰》（屏東市：屏東縣政府，2014年11月），頁198。

〔註137〕林文龍：《臺灣掌故與傳說》（臺北市：臺原出版社，1997年3月，第一版），頁40。

有些年代是後人妄擬，不可置信。目前所見研究嘉慶君遊臺灣傳說的著作，有林文龍的《台灣掌故與傳說》中〈嘉慶君遊臺灣：散落在臺灣各地的嘉慶君傳說〉，其文內提到：

> 嘉慶固無遊臺的可能，而所謂影射福康安或其他大官之說，也無法成立，但就其流傳廣泛的程度而言，則又似乎出自某種事務的誘導及轉化，以致形成目前傳說。筆者經仔細鈎稽，始赫然發現傳說中的「太子樓」，即為解開嘉慶遊臺灣傳說之謎的關鍵。〔註138〕

林文龍認為，嘉慶固無遊臺灣的可能。「太子樓」，是解開嘉慶遊臺灣傳說之謎的關鍵，也就是林文龍看出太子樓的由來與嘉慶君遊臺灣傳說有關。

民間傳言來臺的太子與林爽文之亂有關，相關此事，日治時期的文獻，有其報導，據《漢文臺灣日日新報》（明治38年〔1905〕8月6日，第2179號）的報導：

> 「易樓為閣」：嘉義東西南北四城樓，巍峨高曠，甚壯觀瞻。俗傳乾隆年間，林逆倡亂。嘉慶皇帝為太子時，曾過臺灣巡視，駐蹕嘉義。所以蓋造雄壯，為全臺城樓之冠。嘉人呼為太子樓，而不稱敵樓者，職此故也。迨兵燹後，東樓燬於火。嗣因本年度市區改易，劃修道路。上官命將三城樓直行折毀，一律踏平城址，俾通大道。西門城樓欲移作公園，遺址南北兩樓著令嘉義區街庄長林玉崑鳩工折落，聽其隨便敷用。林本善經營，喜建築。該樓石木諸料，時久年湮，不無損壞之處。林將二樓材料同造一閣於臺斗坑庄，自己家屋之傍。上層敬奉五文昌帝君神位，下層為官紳宴會之所。改築較更更覺華麗寬宏。登樓一望，嘉義全景，悉在目前。聞所費不上千金，竟得一座空中樓閣。須至八九月間，方能落成云。〔註139〕

傳說，清嘉慶君曾在林爽文作亂時，來臺灣巡視，駐蹕嘉義，而嘉義東、西、南、北四城樓建造雄偉，因此，嘉義地區民間稱呼為太子樓。

清乾隆53年（1788），林爽文之變，既已平定，清廷認為城樓仍須舊基重建。據《臺灣采訪冊》記載：

〔註138〕林文龍：《臺灣掌故與傳說》（臺北市：臺原出版社，1997年3月，第一版），頁50、51。

〔註139〕《漢文臺灣日日新報》，（明治38年〔1905〕8月6日，第2179號），「易樓為閣」。資料來源：東華大學圖書館（電子資料庫）。

> 五十三年，逆匪林爽文伏誅。臺灣已定。奉旨改建磚石城垣，以資
> 捍禦。維時欽差大學士公福康安、工部侍郎德成、福建巡撫徐嗣會，
> 履勘舊基形勢，僉同籌度，以臺地磚石之需，難於運致，惟築土為
> 城，最宜地利。〔註140〕

林爽文蕩平後，曾奉清乾隆旨意，視臺灣郡城為根本之地，自應改建磚石城
垣，以資捍禦。嘉義縣城垣一律改建，用磚、石建造，務令堅固。著福康安詳
細履勘。〔註141〕

福康安以欽差大學士到臺灣駐軍，其儀仗之盛，在當時人們見狀，非太
子莫屬。然而，對福康安的影射無法成立。雖是如此，民間乃望文生義，以為
既名太子樓，必因太子過此而得名。

相關於太子樓與嘉慶君的關係，林文龍在〈嘉慶君遊臺灣：散落在臺灣
各地的嘉慶君傳說〉說：

> 臺南、嘉義、鹿港三地的太子樓，建造的時間俱為乾隆末年，且又
> 涉及嘉慶遊臺傳說。……太子樓為臺灣民間對兩層小閣樓的俗稱，
> 那麼所謂嘉慶遊臺傳說的起源，也就昭然若揭矣。鄙意認為必先有
> 乾隆末年建造兩層閣樓式的城樓或私宅，民間俗稱太子樓，日久原
> 義漸失。……而樓既建於清乾隆末年，則太子自非繼位的嘉慶莫屬，
> 是嘉慶遊臺傳說的濫觴。〔註142〕

太子樓為臺灣民間對兩層小閣樓的俗稱，日久原義漸失。而樓是建於清乾隆
末年，人們認為繼位者應是嘉慶，所以才有嘉慶君遊臺灣的傳說。此後各地
能附會地方史實者，則附會之，地方無史實可資附會者，則創造之，終至演
變成目前繪聲繪影的情形。〔註143〕

嘉慶君遊臺灣繪聲繪影流傳已久，各地人士為一沾帝王光采，結合當地
人物事跡、名勝古蹟、物產等等而附會。在臺灣本島可從南起高雄，北至鹿
港，皆有其流傳。《嘉慶君遊臺灣》一書所記，嘉慶君曾遊北港街（今雲林縣

〔註140〕臺灣銀行經濟研究室編輯：《臺灣采訪冊》（臺北市：臺灣銀行，1959 年 9
月），頁 24。

〔註141〕臺灣銀行經濟研究室編輯：《臺灣采訪冊》（臺北市：臺灣銀行，1959 年 9
月），頁 14、15。

〔註142〕林文龍：《臺灣掌故與傳說》（臺北市：臺原出版社，1997 年 3 月，第一版），
頁 54。

〔註143〕林文龍：《臺灣掌故與傳說》（臺北市：臺原出版社，1997 年 3 月，第一版），
頁 54。

北港鎮），到義民廟，因逢該廟慶典，題字留念。據《雲林縣采訪冊》中大槺榔東堡，祠宇記載：

> 旌義亭，在街中。乾隆五十二年林爽文圍嘉義，擾及北港，紳民結壘自固，屢挫其鋒。五月三十日，賊設伏陷壘，遇害者百有八人。
> 事聞，純廟御書「旌義」二字以賜，紳民敬謹鉤摹，建亭誌感；即其後為義民祠，祀死事諸人，後復以戴逆案內死難者從祀。〔註144〕

傳說嘉慶君遊義民廟，聞知其沿革為土匪來襲，地方組織義軍108名，結果在一次戰鬥中，義軍被殺及忠犬一隻，亂平後，地方人士為死難者集資興建廟宇，忠犬亦同時合祀廟中。

《嘉慶君遊臺灣》一書的故事，最南是高雄的大樹腳（今高雄市大樹區）。〔註145〕然而，位處屏東縣轄內的離島小琉球，也有相傳清嘉慶君遊臺灣時，曾到小琉球島上：

> 相傳清朝嘉慶君遊臺灣時有到小琉球來，那時候太監拿夜壺給皇上小便的時候，蔡家的祖先剛好遇到皇上，就問皇上說：「可以順便借我方便一下嗎？」皇上心裡想這個人竟然連皇上的夜壺也取用，這個人一定不簡單，事後皇上就要召見蔡家的祖先，他心想這下完了，連皇帝的夜壺也取用，肯定是有去無回，於是就騙皇帝說已經過世。
> 〔註146〕

清嘉慶君聽說蔡家這位祖先突然過世，就運了兩隻石獅子給蔡家，作為墓地之用，因為蔡家祖先實際還沒有過世，所以將兩隻石獅子轉做另一位女祖先墳旁使用。〔註147〕

〔註144〕清・倪贊元纂：《雲林縣采訪冊》（南投市：臺灣省文獻委員會，1993 年 6月），頁49。
〔註145〕《嘉慶君遊臺灣》第五回：傳說地點（大樹腳，即今高雄市大樹區），傳說內容：遭土豪率眾圍攻，土豪不敵，報守備官，將太子及李勇擒拿，押至公堂，當差役將用刑時，守備忽全身疼痛，遂過止差役，暫禁牢內。是夜，王百祿經王發求救，單刀潛入衙中，救出太子，太子感激，乃與王義結金蘭。摘錄自林文龍：《臺灣掌故與傳說》（臺北市：臺原出版社，1997 年 3 月，第一版），頁 42。
〔註146〕私立樹德科技大學（提案單位）：《98 琉球嶼尋根之路──移墾探究──清領與日治時期的移墾成果報告》（屏東縣：屏東縣琉球鄉公所〔招標單位〕，2010 年 1 月），頁 32、33。
〔註147〕私立樹德科技大學（提案單位）：《98 琉球嶼尋根之路──移墾探究──清領與日治時期的移墾成果報告》（屏東縣：屏東縣琉球鄉公所〔招標單位〕，

　　清嘉慶君與小琉球蔡家祖先的傳說，並未指出何戶蔡家。在琉球鄉如果蔡姓，以白沙尾居多，在鄉內本福村（白沙尾境內）「瓦厝內」蔡家，在早期是小琉球的富豪及望族，所以嘉慶君與蔡家祖先傳說，似乎指的是瓦厝內蔡家。其先祖蔡文趙（字崴標）福建省泉州府晉江縣呂厝鄉人士，生於清康熙61 年（1722），卒於清嘉慶 5 年（1800）。清乾隆年間，渡海來臺。

　　瓦厝內蔡家，先祖蔡文趙，曾有一段與清東宮太子的傳說，據《瓦厝內蔡氏族譜》記載：

> 昔先祖貿商，屢往京都，投憩客棧。一夜月皎風清，聞園中朗詩：
> 月滿耀山河。祖隨興對之：天清輝大地。詩者會心而悅，結識甚歡，
> 互道無掩，知東宮南遊，欣喜遇之，東宮未即位。既而，遺派密吏，
> 召以共事，然先祖淡泊仕進，詐死辭謝。東宮得報靈訊，惋惜良才。
> 〔註 148〕

蔡文趙，淡泊仕途不想入京，於是謊稱已死。這位東宮敕賜墓碑、石獅、石筆、石燈。孰料，弄假成真，賜予的器物未到，蔡文趙已安葬。到清道光 8 年（1828）將賜的碑物築為蔡家先祖母墓園。〔註 149〕

　　據《瓦厝內蔡氏族譜》中，有其開基祖陵園及開基祖母陵園的圖片，並曰：

> 開基祖陵園：「瓦厝先祖晉江來，開墾琉球居世代，東宮南巡來相
> 篤，忘年之交講真久，京書一封召入宮，一陣驚慌在心中，請人代
> 書言不在，蔡公名流千古書。」

> 開基祖母陵園：「御賜碑石惜賢才，京城運至琉嶼來，物至賢才已奉
> 安，祖妣有福得聖栽，石燈石筆與石獅，雙龍后土北京來，世代子
> 孫念皇恩，光宗耀祖枝葉開。」〔註 150〕

瓦厝內蔡家，開基祖及開基祖母陵園，依圖片可看出豪門氣派，至於御賜的石燈石筆，似未見立於開基祖母墓中（墓前兩小柱有一對石獅），而開基祖的

　　　　　　2010 年 1 月），頁 33。

〔註 148〕蔡瑞吉：《瓦厝內蔡氏族譜》（屏東縣：瓦厝內蔡氏族譜，2014 年 6 月），頁
　　　　　12。

〔註 149〕蔡瑞吉：《瓦厝內蔡氏族譜》（屏東縣：瓦厝內蔡氏族譜，2014 年 6 月），頁
　　　　　13。

〔註 150〕蔡瑞吉：《瓦厝內蔡氏族譜》（屏東縣：瓦厝內蔡氏族譜，2014 年 6 月），頁
　　　　　14。

圍欄有石獅及石燈一對。【圖 2-20、圖 2-21】

圖 2-20：瓦厝內蔡家開基祖母陵園

照片來源：《瓦厝內蔡氏族譜》【黃永財翻攝：2021/5/1】

圖 2-21：瓦厝內蔡家開基祖陵園

照片來源：《瓦厝內蔡氏族譜》【黃永財翻攝：2021/5/1】

　　相關墓碑、石獅、石筆、石燈一事，據蔡瑞吉表示：原開基祖母陵墓，位於三隆宮旁的墓園，約民國 40、50 年代，國民政府要軍用，必須將墓園遷移。在遷移時，敲打石燈，弄壞一座，一座無損，覺得只有一座，不搭配，遂兩座石燈留下原地，沒有帶走，而筆及石獅現今還在開基祖母陵園，從圖片中不易看出。〔註151〕筆者基於瓦厝內蔡家祖墳，故不方便前往觀察。

　　從上述「蔡家祖先向嘉慶君借夜壺」與「蔡家祖巧遇東宮」兩則傳說，其相似度極高，如遇到嘉慶君與東宮，突然過世與詐死，賜兩隻石獅子，作為墓地之用，後立於女祖先墳墓。這兩則是缺乏史實根據的傳說，或許，早

〔註151〕受訪者：蔡瑞吉（男，瓦厝內管理委員會委員），訪談者：黃永財，地點：屏東縣琉球鄉白沙國小，日期：2020 年 5 月 14 日。

期瓦厝內蔡家，在小琉球是富豪及望族，為一沾帝王光采，結合家族人物而附會。由此可推論，「蔡家祖先向嘉慶君借夜壺」的傳說，指的應是瓦厝內蔡家，更明白的說，向嘉慶君借夜壺的人有可能是開基祖蔡文趙。

筆者訪談《瓦厝內蔡氏族譜》作者蔡瑞吉，他不否認「向嘉慶君借夜壺」與「巧遇東宮」的傳說，是與「瓦厝內蔡家」有關。換句話說，富豪及望族，為一沾帝王光采，結合家族人物而附會之下的傳說。同時，蔡瑞吉說：相關向嘉慶君借夜壺與巧遇東宮的傳說，是開基祖告訴兒子，兒子再講傳的，所以代代相傳。之於嘉慶君遊小琉球，大家都知道是假的，因此就把它當作是地方傳說吧。〔註152〕

第三節　神明傳說

自古琉球鄉住民大半以上捕魚維生，宗教信仰的神明護佑是精神寄託及依賴。然而住民祈求庇佑的神明，不全然是地方上的公廟或角頭廟，也有不少的庄頭廟及家廟。

位於琉球鄉白沙尾瓦厝內蔡家，是早期鄉內富豪及望族。因此，有實力雄厚背景為基礎，對其家族奉祀的神明有著信仰靈驗的傳說，形成日後琉球鄉的庄頭廟。故本節的「瓦厝內風颱媽傳說」與「廣山隆黃府千歲傳說」，都是與白沙尾瓦厝內蔡家有相關係的。

位於大福村琉球鄉大福村和平路，有口石井，該井是造半月形，井口用鐵條及細網遮蓋。旁側立一石頭，寫「百年靈石井」，再旁側有一棋盤及象棋。有需要井水的人可向華山代天宮提出，由廟方協助汲取。

華山代天宮，位於「百年靈石井」的上方處，主祀五府千歲，供奉於慈雲寺。後來石府千歲金身據說深埋琉球鄉大福村數百年，經開挖後，石府千歲金身出土顯現，有著「百年石身王爺傳說」。

水興宮水仙尊王，原是漂流海上的水流屍，經埋葬因得地理靈穴，非常靈驗，才建小祠奉祀，後改建現今宏偉廟貌，對於水流屍，廟方稱「海先生」。

本節神明傳說，以「瓦厝內風颱媽傳說」、「廣山隆黃府千歲傳說」、「華山代天宮百年石身王爺傳說」、「水興宮海先生傳說」為範圍。筆者親自走訪

〔註152〕受訪者：蔡瑞吉（男，瓦厝內管理委員會委員），訪談者：黃永財，地點：屏東縣琉球鄉白沙國小，日期：2020年5月14日。

踏查這四處，訪談該廟的主事者，並參用文獻及廟方資料，作為本節的踏查研究。

一、瓦厝內風颱媽傳說

琉球鄉瓦厝內蔡家，其先祖蔡文趙（字歲標）福建省泉州府晉江縣呂厝鄉人士，生於清康熙 61 年（1722），卒於清嘉慶 5 年（1800）。清乾隆年間，渡海來臺，初駐於崁頂庄，與顏氏結褵，育有五子。一日泛舟，停泊小琉球，見島上前景可為，於清乾隆 19 年（1754）年 3 月 9 日遷居小琉球，依地興建三台院，首建石造瓦厝 30 坪，為當地首棟紅瓦厝，所以鄉人稱「瓦厝內」。〔註153〕而【圖 2-22】是現今改建的建築體。

圖 2-22：小琉球白沙尾瓦厝內蔡家

【黃永財拍攝：2020/2/8】

瓦厝內蔡家，早期是琉球鄉富豪，昔日瓦厝內嫁女兒，土地作嫁妝，如本福村陳厝及林家兩處皆是瓦厝內的嫁妝地。瓦厝內蔡家也是鄉內望族，早期先民有傑出表現，如蔡錦，日明治 28～32 年（1895～1899）擔任小琉球總理，琉球鄉第一間私塾，以瓦厝內公廳為學堂，學生數 14 人，日明治 33～38 年（1900～1905）擔任琉球庄庄長。蔡鵲，日明治 43 年至大正 6 年（1910～1917）擔任琉球公學校教員〔註154〕，日明治 45 年至大正 7 年（1912～1918）擔任琉球區長。蔡乎，大正 14 年（1925）擔任琉球庄協議會、區總代，昭和

〔註153〕本書相關於「瓦厝內蔡家」，承蒙蔡瑞吉（《瓦厝內蔡氏族譜》作者）接受訪談並提供資料。
〔註154〕公學校教員月薪 13 元。

2 年（1927）擔任琉球庄協議會員、保正。〔註 155〕

　　瓦厝內「南普陀佛祖媽」的沿革，昔年閩省南鞍〔註 156〕人氏，林瑞原為避動亂，避於廈門普陀寺，向佛祖求得香火保身，一路舟行到達小琉球。為感神靈庇佑，聘請雕刻師，雕刻佛祖金身。林瑞原至小琉球，與瓦厝內女子結婚，而成姻親關係。當蔡、林兩家逢有喜慶，必奉請佛祖金身到場。民國年間，林家後代無端棄供佛祖，蔡家得知，遂前往迎回奉祀，事隔多年，林家後代懊悔，欲要回金身（神像）。為此而爭奪，經由扶鸞附乩「蔡憐受」，旨令蔡家再塑佛祖金身，於是在民國 42 年（1953）雕塑「南普陀佛祖媽」金身，也是佛祖媽分靈之始。〔註 157〕【圖 2-23】

圖 2-23：瓦厝內南普陀佛祖媽

照片來源：《瓦厝內蔡氏族譜》【黃永財翻攝：2021/5/1】

　　「南普陀佛祖媽」，瓦厝內蔡家暱稱「佛祖媽」。蔡家的家族，遇有難題能顯現救助，因此對佛祖媽的信仰極為仰賴，如民國 54 年（1965），蔡寶榮發燒不退，佛祖媽扶取一公雞剖半，覆於幼兒肚上，片刻熱退。民國 61 年（1972）蔡坤鵬才 4 歲，一日與童伴嬉玩到井邊，不慎掉落井底，其父蔡金德聞知，急忙衝下井搭救，身體沿井的壁面而下時，似看見一老婦將蔡坤鵬背浮在水面。〔註 158〕瓦厝內蔡家為感念佛祖媽的護佑，於民國 57 年（1968）

〔註 155〕蔡瑞吉：《瓦厝內蔡氏族譜》（屏東縣：瓦厝內蔡氏族譜，2014 年 6 月），頁 56。
〔註 156〕《瓦厝內蔡氏族譜》中，閩省「南鞍」，據作者蔡瑞吉表示：應作「南安」。
〔註 157〕受訪者：蔡瑞吉（男，瓦厝內管理委員會委員），訪談者：黃永財，地點：屏東縣琉球鄉瓦厝內，日期：2020 年 2 月 8 日。
〔註 158〕受訪者：蔡瑞吉（男，瓦厝內管理委員會委員），訪談者：黃永財，地點：屏東縣琉球鄉瓦厝內，日期：2020 年 2 月 8 日。

建雕開基鑾轎。

蔡家表示，瓦厝內佛祖媽長年護佑蔡家，其靈驗、神蹟不知凡幾，據《瓦厝內蔡氏族譜》的著作人蔡瑞吉說，有一神奇令琉球鄉民聽聞後，稱讚並傳於鄉里，其內容如下：

> 蔡瑞達之次子仁豪因病別世，在佛祖媽駕前選定吉日火化。眼看日子將屆，關島附近卻有一颱風形成，且朝南臺灣方向直撲而來，家屬定是坐立難安，轉而求教於佛祖媽，說明原因後，佛祖媽聖筊指示，火化日期不變，因此家屬只能祈求颱風不要來。道士林旭屏聽漁民說此颱持續增加，且路徑不變，林旭屏即至瑞達家中商議是否要將時間變動，於是一群人又回到瓦厝內請示佛祖媽，結果還是一樣，吉時已定不變。鄉里皆是漁民、船長，在這期間人人都說此颱不會轉向，瓦厝內佛祖媽選的日子一定會漏氣，且日子一天天逼近，颱風也路徑不變，直至火化前一天凌晨五點，家屬和道士一行人第 5 次（加上家屬自行前往請示 2 次，共 7 次），所得到的答案都是一致的，吉時已選定不變。是夜颱風轉向，果真 6 月 28 日一大早交通船照常營運，順利將棺木運至枋寮鄉火化，且能在吉時完成。〔註 159〕

早年琉球鄉民過世，辦理火葬必須搭船到屏東縣枋寮鄉火化。蔡姓鄉民火化日期已選定，如遇到颱風島上交通船停駛，無法如期辦理。因此求教於佛祖媽，佛祖媽聖筊指示，火化日期不變，家屬焦急萬分。結果，火化日期前一夜颱風轉向，如佛祖媽聖筊指示日期不變，順利將往生者運往枋寮鄉火化。鄉里聽聞此事後，對於瓦厝內南普陀佛祖媽的靈驗極為稱讚，因此稱其「風颱媽」，並在《瓦厝內蔡氏族譜》中，有「瓦厝內風颱媽傳鄉里」的傳說。〔註 160〕

佛祖媽的靈驗，也護佑著鄉內漁民出海捕魚能夠豐收，如天福村（番仔厝）居民蔡寶興，因漁船（金滿興）出海屢無所獲，問過多座廟宇皆無進展，

〔註 159〕蔡瑞吉：《瓦厝內蔡氏族譜》（屏東縣：瓦厝內蔡氏族譜，2014 年 6 月），頁 28。

〔註 160〕蔡瑞達之次子仁豪病世，選定吉日火化，卻有一颱風形成，颱風名稱，據《瓦厝內蔡氏族譜》頁 28，作「民國壬辰年，疑似啟德颱風。」而壬辰年為民國 101 年（2012）。據中央氣象局於 2012 年 8 月 14 日（農曆 6 月 27 日）下午 2 時半發布海上颱風警報，是「啟德」颱風。並於 8 月 15 日（農曆 6 月 28 日）下午 5 時半解除。在警報生效期間，並無對台灣造成重大影響。

經友人介紹，來到瓦厝內請示南普陀佛祖媽。佛祖媽降駕說：

> 漁船出海前一天祂的金身要到蔡寶興的船上過一夜，第二天出海
> 前再回瓦厝內，蔡寶興尊佛旨指示後即出海，釣皮刀魚（作活餌）。
> 當蔡寶興將漁船開到目的地，即準備下棍（放漁線）釣皮刀，沒
> 一會功夫，漁線即往下走且快速出線，忽然水面躍出一隻龐然大
> 物，是一隻一旗漁（魚），此時蔡寶興手中漁線所剩無幾，且漁線
> 只是十磅線（五號線），在情急之下，蔡寶興隨口說出：佛祖媽阿
> （啊），這尾咱兩ㄟ公家一人一半，話一說完，那隻大物即像是無
> 力一般，在船底下慢慢地游，這時在一旁的外籍船員早已備好電
> 標往水中一插，竟然正中腦門再也無法掙扎的浮上水面，返航之
> 後漁船直接到東港魚市拍賣，重量是八十七公斤，拍賣所得壹萬
> 貳千元。〔註161〕

蔡寶興拍賣所得 12,000 元，即拿了 6,000 元到佛祖媽面前捐獻，感謝佛祖媽
的幫忙，此事在鄉內鄰里傳開來，有著「佛祖媽抓旗魚」傳說，大家稱讚佛祖
真的很靈驗。〔註162〕

民間有關神明靈驗的傳說甚多，而孤懸臺灣外海的小琉球，四面環海，
深受大自然的限制與影響，鄉民往往會把遭遇到的困難或厄運，祈求神明護
佑救難解厄，有甚多的盼望與期待，自然就會有很多神蹟顯現。如上述「瓦
厝內風颱媽傳鄉里」的傳說，蔡瑞達的兒子仁豪去世，到佛祖媽駕前選定吉
日火化，也就是請神明做主。當選定吉日火化，遇上颱風，家屬對於神明（佛
祖媽）筊示不須改期而焦慮萬分，後來颱風影響臺灣不大，能順利進行。人
們認為佛祖媽靈驗神準，加上瓦厝內是琉球鄉大戶，地方上頗具地位，自然
瓦厝內佛祖媽靈驗更是讓人們相信。

「佛祖媽抓旗魚」傳說，是小琉球漁民出海作業前，到寺廟祈求神明護
持的祈願。能夠抓到一尾大旗魚，漁民認為佛祖媽保庇才有機會捕獲，相當
於佛祖媽賜於漁民。如同小琉球漁民出海作業前，到三隆宮殿內，向王船或
混元法舟進行添載，祈求漁獲豐收，認為神是能保佑給予恩惠。

〔註161〕蔡瑞吉：《瓦厝內蔡氏族譜》（屏東縣：瓦厝內蔡氏族譜，2014 年 6 月），頁
29。
〔註162〕蔡瑞吉：《瓦厝內蔡氏族譜》（屏東縣：瓦厝內蔡氏族譜，2014 年 6 月），頁
29。

漁民向神明祈求豐收現象，與琉球鄉有經濟上關係的東港鎮，鎮上的朝隆宮，創立於清雍正 2 年（1724），主祀天上聖母。【圖 2-24】朝隆宮天上聖母，俗稱「港郊媽」，又稱「蝦米媽」。「蝦米媽」的傳說由來有兩則，第一則：朝隆宮尚是草廟時，東港外海的小蝦子數量很少，漁民常到朝隆宮祈求媽祖保佑，之後在媽祖廟初次興建完成，東港沿海一帶出現大量小蝦。第二則：清代時期，有位賣蝦米魚販，某日擔著蝦米至某地賣蝦米，因臨時上廁所，將朝隆宮媽祖香火掛在樹上，後來忘了取回，被該地居民拾獲並加以奉祀，聽說很靈驗，而有人常問：是誰遺留的，居民答是賣蝦米的，因此「蝦米媽」盛名相傳。〔註163〕

圖 2-24：屏東東港朝隆宮

【黃永財拍攝：2019/6/2】

瓦厝內蔡家「南普陀佛祖媽」稱「風颱媽」；東港朝隆宮天上聖母稱「蝦米媽」，都是神明靈驗，人們對神明的仰賴，為了更貼進與神明間的距離與信度，有其暱稱。如小琉球的碧雲寺觀音佛祖，居民暱稱「觀音媽」，而福德正神在民間常聽到「土地公伯」、「伯公」、「伯啊」等。

「佛祖媽抓旗魚」傳說與「蝦米媽」傳說，都是祈求神明賜給，人類對神靈或超自然存在，認為神會給予。所以李亦園的《信仰與文化》提到：

> 人可以認為神的保佑賜福是無條件的或者是因為人的行為滿足了
> 神的要求而帶來的。有條件的保佑賜福又可分為兩方面，一方面是
> 消極性的，也就是只要人虔誠服從，就可得到神的保佑，另一方面

〔註163〕摘錄自〈朝隆宮沿革〉，筆者田野調查，地點：屏東縣東港鎮朝隆宮，日期：
　　　　2019 年 6 月 2 日。

則是積極性的，也就是依賴人舉行各種儀式以祭神，才能得到神的
恩惠。〔註164〕

舉行儀式，有些儀式是屬於巫術性的，帶有強迫性要求神靈給予所希望的東
西。有的儀式則屬於祈求性的，祈求神的憐憫而賜福的。〔註165〕「瓦厝內風
颱媽傳鄉里」的傳說、「佛祖媽抓旗魚」傳說、「蝦米媽」傳說，三者都是屬於
祈求性的，祈求神的憐憫而賜福的。

二、廣山隆黃府千歲傳說

　　臺灣光復後，軍方為鞏固海防，派遣駐防部隊防衛琉球鄉，以及鄉內各
地部落與海岸一帶的安全。傳說有位軍士黃金中，民國34年（1945）隨駐軍
駐守小琉球，服務於天福村部落。因服務期間中，不幸身患疾病，經軍方醫
治，歷時已久未癒，身體衰弱而日漸沈重，求天望地，孤苦無依，家境無靠，
身上分毫難得，便病逝於白沙尾原集會所廂內。〔註166〕

　　軍方據報後，立即設法處理善後，埋葬於蔡明羅私有山林埔地。埋葬之
處，竟得靈氣，據〈廣山隆源史〉記載：

> 當時墓地邊原有一股天然泉水，時常流岩而不息，自將埋葬黃君以
> 後，該股泉水突然枯竭而不流。據黃君在患病當中，頗有經過晝夜
> 而受到日月精英的照耀，而以埋葬墓地之山脈，配合其本命得到山
> 靈地理而發揮顯赫，威靈精通，感應廣大之神威。則此沿途一帶，
> 有人侵入該山林墓區，盜伐柴木，即其靈顯身於眼之兜，措荒而逃，
> 自此以後，無人敢再亂盜柴木。〔註167〕

黃金中所埋葬地方，是琉球鄉瓦厝內蔡家私有林地，早期軍方沒有規劃完備
的軍人墓地，阿兵哥死了以後，埋在私有土地上。而黃金中本命得到山靈地
理，這個地理是瓦厝內蔡家私有林地。傳說，他為了感恩蔡家給他死後有個
埋葬安息地方，便守護山林墓區，凡未經蔡家同意，有入侵產業範圍拿取東

〔註164〕李亦園：《信仰與文化》（臺北縣：華藝數位股份有限公司，2010年3月，初
　　　　版），頁14。
〔註165〕李亦園：《信仰與文化》（臺北縣：華藝數位股份有限公司，2010年3月，初
　　　　版），頁14。
〔註166〕摘錄自〈廣山隆源史〉，資料來源：筆者田野調查，地點：屏東縣琉球鄉廣
　　　　山隆，日期：2020年2月24日。
〔註167〕摘錄自〈廣山隆源史〉，資料來源：筆者田野調查，地點：屏東縣琉球鄉廣
　　　　山隆，日期：2020年2月24日。

西，即顯靈遏止，令其歸還。

瓦厝內蔡家有一位已出嫁的女兒，某日回到蔡家祖地撿拾柴木，綑一堆柴木回去，當天晚上，睡覺中被黃金中顯靈警告，務必將柴木送回。這位蔡家已出嫁的女兒，驚醒後，立即歸還。〔註168〕嫁出去的女兒，就是別人家的媳婦，未經允許，不得擅自回娘家拿取東西。因此，凡侵入該山林墓區，盜伐柴木之人，即被其靈顯身於眼之兇，嚇得措荒而逃的傳說，小琉球島上的人們大多知道，並且廣為流傳。

未經允許或隨意拿取東西的傳說，小琉球烏鬼洞亦有類似的現象：每年清明節、中秋節、過年，住在該洞附近的住民都要去烏鬼洞拜拜，聽說很靈驗，去過拜拜的人會受到保佑。但是，到烏鬼洞附近撿石頭回去蓋房子，祂晚上會去找你。烏鬼洞有一棵大榕樹，割榕樹的葉子給牛吃，牛晚上肚子痛，隔天去拜拜燒一些紙錢給祂，向祂道歉，然後就沒事，石頭還是要搬回原位。〔註169〕

黃金中埋葬的地方，是本命與地理兩者合一，俗話說，得到好地理，之後由於靈驗顯現並指示要建廟。據〈廣山隆源史〉記載：在民國59年（1970）6月間，瓦厝內蔡瑞成在夜晚睡夢中，覺得黃金中親臨現身指出：因受皇恩隆澤，方能得道修成正果。今體恤蒼生，災厄擾其世人，決意渡眾生之苦，濟世萬人，速籌建廟宇之意。

瓦厝內蔡瑞成鑑其英靈顯赫，蔡家全賴黃金中護佑，於是籌備集詢謀得眾議後，再前往碧雲寺求取觀音佛祖以及諸神的聖言，擇時求得黃金中親顯駕臨選擇廟地建廟。廟名為「廣山隆」，【圖2-25】廟址位於琉球鄉本福村民族路30號，登記證為屏寺（92）字第444號，採管理人制，主祀「黃元帥」，祭典為農曆12月20日。其座落位於幸山寺左側，該廟的廟體不大，拜庭進入就是正殿，兩側廂房，廟埕寬廣。

〔註168〕受訪者：蔡瑞吉（男，瓦厝內管理委員會委員），訪談者：黃永財，地點：屏東縣琉球鄉民權路44之〇號，日期：2020年2月23日。

〔註169〕私立樹德科技大學（提案單位）：《98琉球嶼尋根之路——移墾探究——清領與日治時期的移墾成果報告》（屏東縣：屏東縣琉球鄉公所〔招標單位〕，2010年1月），頁83。

圖 2-25：小琉球本福村廣山隆

【黃永財拍攝：2020/2/24】

相關於黃金中的傳說，黃文車的《屏東縣閩南語傳說故事集（1）》中「廣三龍黃元帥報恩」，其傳說情節中的黃元帥，應該是黃金中，其采錄內容：

> 相傳清朝年間，有一位黃元帥來到了小琉球，後來因病過世，當時當地的富豪人家蔡家，幫忙協助安葬了他，而安葬的地點就緊臨蔡家果園的旁邊，當時的居民，如果想要到那個地方撿木材或是摘水果，都一定要經過蔡家的同意才能從蔡家那邊進去，要是未經蔡家許可就進去的話，回來後一定會高燒不退，非得去求的（得）蔡家人的原諒，身體才會康復，據說這就是黃元帥為了報答蔡家人的恩情。〔註170〕

「廣三龍黃元帥報恩」是琉球鄉「廣山隆」的傳說故事，其講述者為琉球鄉地方耆老。筆者曾訪談講述者，他表示：「廣三龍黃元帥報恩」，應該是臺灣光復後，國軍來駐守小琉球時期，一位軍人黃金中，其軍階不明（軍官或士官兵），死後得地理有靈驗才建廟奉祀。〔註171〕地方耆老又說，「廣三龍黃元帥報恩」的廟名應為「廣山隆」。而小琉球蔡家很多，其所指的應是瓦厝內蔡家。【圖 2-26】

〔註170〕黃文車總編輯：《屏東縣閩南語傳說故事集（1）》（屏東市：財團法人屏東縣文化基金會，2010 年 10 月），頁 226、227。

〔註171〕受訪者：許春發（男，琉球國中退休老師），訪談者：黃永財，地點：屏東縣琉球鄉碧雲寺，日期：2020 年 2 月 8 日。

圖 2-26：小琉球白沙尾瓦厝內蔡家一樓大廳

【黃永財拍攝：2020/2/8】

琉球鄉蔡家很多，與「廣山隆」（黃金中）有關係的，應是瓦厝內蔡家。其祖籍為福建省泉州府晉江縣呂厝鄉，開基祖蔡文趙（字歲標）於清乾隆 19 年（1754）年 3 月 9 日遷居小琉球，首建石造瓦厝 30 坪，為當地首棟紅瓦厝，所以鄉人稱「瓦厝內」。

黃金中因病而死，他的後事，有的傳說因為沒有錢由蔡家出錢安葬，理應不完全是，軍方應該會處理，有可能出些錢協助料理後事，墓地應該是蔡家的。黃金中死後埋葬處，因得地理而靈驗，早期鳥卜的人無人不知。既是這麼靈驗的風水寶地，筆者曾探詢蔡瑞吉（廣山隆廟總務），可知黃金中的墓地在何處。他表示，不知道，只有叔輩中少數人知道，而且極為保密。〔註172〕

蔡瑞吉說，廣山隆未建廟前是間草廟，後來才建造現今廟體。黃金中的神像，原想雕一尊國軍穿軍服，頭上帽子有黨徽的金身，茲因請旨後，賜給戰甲，所以依傳統金身雕像。至於廟名為何用廣山隆，因為黃金中講話口音似廣東，又顯靈告知是「廣東山頭人」，要在此「興隆」，故名「廣山隆」。〔註173〕

黃金中神祇原稱「黃先生」，後升為黃元帥，約距今 6 或 7 年前，到臺南市南鯤鯓廟請旨，賜給兵馬，再升格為千歲，稱「黃府千歲」。如神像衣袍上的紅綾布寫著：「廣山隆德顯忠魂渡世；黃府千歲威義魄參天。」據蔡瑞吉表

〔註172〕地方上曾傳有阿兵哥顯現，居民不安，於是遷墓白沙國小旁公墓，原安葬處建廟奉祀。

〔註173〕受訪者：蔡瑞吉（男，瓦厝內管理委員會委員），訪談者：黃永財，地點：屏東縣琉球鄉民權路 44 之 5 號，日期：2020 年 2 月 23 日。

示，曾經想在廟前造兩尊現代國軍衛兵立像，似在千歲府前站衛兵，不過，這只是一種構想而已。因為至今黃府千歲仍然護佑著瓦厝內蔡家及小琉球島上的鄉民，所以才想在廟前有兩位衛兵守護「廣山隆黃府千歲」的想法。

黃金中埋葬墓地之山脈，配合其本命得到山靈地理而發揮顯赫。臺灣民間地理風水傳說，主要以故事發生的地點是陽宅或者是陰宅來分類，張昀浚的《臺灣奇譚：民間地理風水傳說》表示，可分成四大類：聚落與寺廟地理傳說、工匠魘勝傳說、墳墓風水傳說、福地福人居的傳說等四大類，而無法歸於四大類者，則為其他風水傳說。而對於四大類說法如下：

> 聚落與寺廟地理傳說中，破壞村庄地理影響聚落的興衰和寺廟地理的選擇、破壞等兩類型的故事，合為一種類。工匠魘勝傳說，則以故事中發生的地點，大都是個人所居住的家宅，與整個聚落的興衰較無關係，而且故事中的人物，幾乎為家宅主人和泥水工匠兩人的互動。墳墓風水傳說，故事中的人物大致可以分為兩類，一種是求風水的人物，如：皇帝、官紳、地方豪族、平民百姓等類的人；一種是找風水的人，也就是地理師。福地福人居的故事，在陽宅和陰宅的地點都有發生，故事的內容通常強調先天的命定福運和後天的善行果報，認為「福地福人居」、「福人居福地」。〔註174〕

如照上述引文中的分類，黃金中得到山靈地理，似乎不完全歸於其中，則屬於其他風水傳說。有的話，是「福地福人居」、「福人居福地」，先天的命定福運和後天的善行果報。後來，黃金中因受「皇恩隆澤」，得道修成正果，指示建廟，護佑瓦厝內蔡家，其類型是屬於聚落與寺廟地理傳說，影響聚落的興衰和寺廟地理的選擇。

黃金中死的時候年紀有多大，據說約 30 出頭〔註175〕，埋葬處是在瓦厝內蔡家土地上，得到山靈地理。筆者欲知他所埋葬處，親自踏查，一睹現況，未能如願，這與風水寶地怕遭人破壞有關。人們對於墳墓風水感應，十分強調墳墓占有好風水後，所產生的靈力感應現象，可庇蔭家族子孫，所以對埋葬處保密，理應如此，因此只能到「廣山隆黃府千歲」廟裡走訪拜拜。

〔註174〕張昀浚：《臺灣奇譚：民間地理風水傳說》（臺北市：臺灣書房出版有限公司，2008 年 3 月，初版），頁 31。

〔註175〕受訪者：蔡瑞吉（男，瓦厝內管理委員會委員），訪談者：黃永財，地點：屏東縣琉球鄉民權路 44 之 5 號，日期：2020 年 2 月 23 日。

三、華山代天宮百年石身王爺傳說

華山代天宮，位於琉球鄉大福村和平路 3 巷 55 號。登記證為（91）補字第 22—14 號。採管理人制，主祀五府千歲，祭典為農曆 4 月 19 日。

欲瞭解華山代天宮百年石身王爺傳說，就必須先從華山代天宮歷史追溯，早年琉球鄉民陳明旗，於西元 1937 年隨日軍出征，參與二次世界大戰。陳明旗隨日軍出征到靖江（現今大陸江蘇省鎮江市），到一間都天廟，不忍神像被毀，隨手拿了一尊神像往衣服內塞，後來被日軍發現，神像被銷毀。〔註 176〕

陳明旗回到琉球鄉，在家中常感到有神明要附身起乩，感覺神明有事要指示。後來鄰居犯煞，陳明旗在家中起乩前往處理，信徒為感念神明而裝金身在家中奉祀，神明並告知，祂是「二府元帥」。

陳明旗當初是隨手拿了一尊神像往衣服內塞，那時已被二府元帥附身，之後「跟隨」陳明旗到小琉球。類似「當兵」（從軍）被附身回到臺灣這種現象，也發生在彰化縣福興鄉正明宮：

> 正明宮供奉包府千歲，係由許庇在西元一九五八年，服役於金門時，當許庇退伍要返回臺灣，而包府千歲則附靈在許庇身上，許庇是乩童，所以有感應。初期安奉於許棹家中，常幫信眾解厄改災，神蹟顯赫，廣傳鄉里之外。當時神尊雕塑小，出門方便，全臺各地幫人驅邪辟屬，神靈更盛，香火不斷。因信徒日增，許棹家中狹隘，在眾人同感實有必要建廟供奉。〔註 177〕

福興鄉正明宮，包府千歲則附靈在許庇身上；琉球鄉華山代天宮，二府元帥附身到陳明旗。兩者都是軍人退役，在島外被神靈附身回到自己家鄉，擔任乩童濟事。

華山代天宮二府元帥，村民不知道其來歷，故就尊稱「二王公」。二王公的靈驗，傳說，是對船隻回航時間判斷非常準確，琉球鄉大寮角一帶的村民常會來請示，擔心船隻什麼時候可以平安回港。例如：

> 大寮角一村婦一次詢問她的丈夫何時會回港，二王公直斷「不會回來」，當時該村婦對著神像破口大罵，不信斷言！但在大寮角一

〔註 176〕本書相關於「華山代天宮百年石身王爺傳說」，承蒙洪大華（男，華山代天宮總幹事）接受訪談並提供資料。

〔註 177〕摘錄自《福興正明宮第六屆通訊錄》，受訪者：許正雄（男，正明宮第一任主任委員），訪問者：黃永財，地點：彰化縣福興鄉正明宮，日期：2016 年 8 月 8 日。

同出去捕魚的村民都知道，到目前為止沒人看過他的丈夫回來了。
〔註178〕

早期琉球鄉討海人眾多，資訊不太發達，漁民除了依靠捕魚經驗之外，對於海上氣象所知有限，因此靠著民間信仰，神明的指示，以求心中疑惑，得到心靈慰藉。

二府元帥——二工公，其原由，後來於民國99年（2010）10月間，由碧雲寺觀音佛祖鑑證，焚香祈請二王公降駕指示自身來自何處，用輦轎頭筆寫出「鎮江」二字，後來詢到底，「二」是姓氏還是有兩尊神，頭筆才寫下是「兩位大人」。二王公發駕指示，其祖廟是來自大陸江蘇省鎮江市的都天廟。

兩位大人，據華山代天宮表示，是唐朝名將「張巡、許遠」，被尊稱都天大帝。當時琉球鄉民陳明旗，隨手帶走是都天大帝的副將金身，所以回到小琉球才報出是二府元帥。〔註179〕既是祖廟在大陸，於是民國100年（2011）農曆3月14日，前往大陸祖廟，迎請二府都天大帝主神，農曆3月17日，回琉球鄉華山代天宮奉祀。

圖2-27：小琉球華山代天宮神明　　圖2-28：小琉球華山代天宮
　　　　　　　　　　　　　　　　　　　　　　　　二府元帥

【黃永財拍攝：2020/4/30】　　　【黃永財拍攝：2020/4/30】

華山代天宮，現今正殿神龕供奉李、池、吳、朱、范五府千歲，李府千歲坐主位。【圖2-27】兩側神龕：左側：石府千歲；右側：二府元帥【圖2-28】。坐於龍邊（左側）的石府千歲，其金身據說深埋琉球鄉大福村數百年，經華

〔註178〕摘錄自〈華山代天宮——二府元帥沿革〉，資料來源：筆者田野調查，地點：
　　　　屏東縣琉球鄉華山代天宮，日期：2020年4月30日。
〔註179〕摘錄自〈華山代天宮——二府元帥沿革〉，資料來源：筆者田野調查，地點：
　　　　屏東縣琉球鄉華山代天宮，日期：2020年4月30日。

山代天宮二府元帥輦轎神示開挖：

> 王爺指示開挖當時還是種竹林的岩壁，信徒紛紛召集人手開始開
> 挖，但挖了兩天都還是一無所獲，……已連續挖兩天卻甚麼都沒看
> 見，因此將王爺的輦轎放置在廟前的板凳上，大家也準備要收工放
> 棄，……王爺指示再繼續挖，王爺輦轎取了一段竹竿長度，告訴堂
> 生只要挖到與竹竿長度一樣，就會看到了。〔註180〕

　　眾人連續挖兩天一無所獲，挖到第三天，大約快 9 呎深的地方，由於
挖出深洞而出水，大家等積水退去，再繼續挖。一位堂生挖出一個金爐，但
由於開挖時不小心將金爐挖破。後來眾人改以徒手開挖旁邊泥土，看見一
神像：

> 看見一尊用另一種土，似粉色紅土包裹住的石頭雕像，撥開裏腹的
> 泥土，發現是一尊石造的王爺神像，但年代較久，石面已經有點磨
> 損，且開挖的地點也用了兩種土做區分，將金身包覆住後再埋在土
> 裡，取出石身時抱住的老堂生表示很輕，用水洗淨後卻變得非常沉
> 重。〔註181〕

廟方人員，將出土石身神像埋處，用王爺指示的竹竿，去比對洞深，其長度
是一樣，令眾人驚呀，並說，若非王爺輦轎指示顯靈，怎麼會知道這地底還
埋藏這尊石像。由於石像因面貌微有毀損，遂請雕刻師為其石身重新包塑。
〔註182〕【圖 2-29】

　　相關神示徒手開挖神像，位於高雄市彌陀區的舊港口三千宮，有類似情
形，據林美容的《高雄縣民間信仰》調查記載：

> 三千宮在民國 49 年籌建，53 年落成。王爺最初是大山仔的人在拜，
> 廟在三點山，後來三點山崩塌入海，就分三處，即大山仔、五分仔、
> 舊港仔（合稱海尾），一處分一尊。廟內的三奶娘娘（陳靖姑）據說
> 本是駛船人奉祀，以前有一艘帆船，漂流到汕仔頭，晚上看到三處
> 紅色，可是走近去看又看不到，就問王爺，才知道有神明要讓眾弟

〔註180〕摘錄自〈華山代天宮——石府千歲沿革〉，資料來源：筆者田野調查，地點：
　　　　屏東縣琉球鄉華山代天宮，日期：2020 年 4 月 30 日。

〔註181〕摘錄自〈華山代天宮——石府千歲沿革〉，資料來源：筆者田野調查，地點：
　　　　屏東縣琉球鄉華山代天宮，日期：2020 年 4 月 30 日。

〔註182〕受訪者：洪大華（男，華山代天宮總幹事），訪談者：黃永財，地點：屏東
　　　　縣琉球鄉華山代天宮，日期：2020 年 4 月 30 日。

子拜，卻又請不到，王爺便說要用手挖，再挖一尺多，才挖到一尊
粉面神像，已有一百多年的歷史。〔註183〕

信徒經神示，用手挖一尺多的深度，挖到一尊粉面神像，有一百多年的歷史。三千宮是舊港口的公廟，舊港口的範圍包括彌陀鄉舊港村及永安鄉竹仔港一部分，因舊港村房子不多，有一部分則散於竹子港。許姓是大姓，劉姓次之。

華山代天宮的石府千歲，其金身是民國100年（2011）農曆3月24日，在碧雲寺觀音佛祖見證下，由佛祖指示該石身王爺乃由二府都天大帝邀請出土，並改其名稱石千軍、石千君，原意為石中藏千軍。〔註184〕石府千歲並指示，前往阿里山尋找神木，將神木帶回，請嘉義市老店雕刻陳師傅，為石府千歲雕金身，金身特色是金臉、金衫、金帽子。民國102年（2013）10月20日，百年檜木新雕出境神尊回宮安座。【圖2-30】

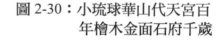

圖2-29：小琉球華山代天宮原始　　　　圖2-30：小琉球華山代天宮百
　　　　　石府千歲　　　　　　　　　　　　　年檜木金面石府千歲

【黃永財拍攝：2020/4/30】　　　　　　【黃永財拍攝：2020/4/30】

石府千歲其來歷，據〈華山代天宮——石府千歲沿革〉記載：

吾乃石靖軍，固守此地理已有424年（至民國102年），吾當年於泰山興化救世，泰山下漁民請吾之神尊分靈在漁船上，吾乃隨著漁船來到小琉邑（琉球嶼），吾在此地修行上百年，今現身金衫今戰甲化名石靖軍。〔註185〕

〔註183〕林美容：《高雄縣民間信仰》（高雄縣：高雄縣政府，1997年4月），頁90。
〔註184〕摘錄自〈華山代天宮——石府千歲沿革〉，資料來源：筆者田野調查，地點：
　　　　屏東縣琉球鄉華山代天宮，日期：2020年4月30日。
〔註185〕摘錄自〈華山代天宮——石府千歲沿革〉，資料來源：筆者田野調查，地點：

據〈華山代天宮——石府千歲沿革〉記載，明代時期，石府千歲神像被攜至小琉球島上石洞內奉祀。由於早期戰亂，又小琉球地形變動，金身被埋入地底，經四百多年，終被挖出。挖出金身地點，據洪大華（華山代天宮總幹事）表示，早期是竹林，現今是金爐的位置。有詩：「隱藏山中石岩邊，藏身學藝千餘年，天宮修練數百載，奉旨鑄造興萬年。」

臺灣民間宗教信仰，不乏寺廟建廟原由，始挖到神像即粉面修整金身奉祀，日後聚資建祠、廟。或已經建廟，在改建、遷建時，開挖進行當中，挖到神像、神器等物品。有的據傳是神示，有的無意間挖到，任何情況下，臺灣民間宗教信仰觀念，一般的人們，通常不會隨意丟棄神像，如無力奉祀，則移祀有規模寺廟，奉祀於偏殿中。而在屏東縣南州鄉的朝清宮則挖到「寶物」，以下有其簡述。

朝清宮，位於屏東縣南州鄉壽元村壽元路 77 號巷子內，是一座停建很久的寺廟。【圖 2-31】由於當年建廟時，庄內老前輩與中、青年輩及該廟地的地主，為建廟意見不合，使該庄母廟暫停興建。不過，當初建廟時，傳挖到「寶物」，據朝清宮《親王府沿革誌》記載：

民國 67 年（1978）4 月中神蹟再現，本廟現任宮主，在本廟土神現在座下方九尺深的地底，挖出本庄主神印、代天府印、劍、令、請王、宴王、記載古冊一本，經當年東港地方耆老，與本庄老前輩，及前東港東隆宮董事長林老前輩雲騰先生指認，確實本廟地是正開基庄母地——奉玉旨代天巡狩三十六進士頭朱府親王爺開基地無誤。〔註186〕

筆者到朝清宮田野調查時，據潘海泳（朝清宮管理人）表示：民國 67 年（1978），本宮宮主在整理廟地時，無意中挖到寶，而且當年大清乾隆皇帝58 年癸丑年動土大吉時，奠基刺竹公的基座，現在還是埋在原位上。〔註187〕

同時，潘海泳向筆者指出在正殿神龕，主神座下方九尺深的地底，挖出一些「清代磁碗」，【圖 2-32】說有人曾出高價欲收購該碗，但被他婉拒。潘海泳拿出清代磁碗，給筆者看，並說：「這是古董」。說實在的，筆者不是考古

屏東縣琉球鄉華山代天宮，日期：2020 年 4 月 30 日。
〔註186〕摘錄自朝清宮《親王府沿革誌》，資料來源：筆者田野調查，地點：屏東縣南州鄉朝清宮，日期：2019 年 6 月 27 日。
〔註187〕受訪者：潘海泳（男，管理委員會連絡人），訪談者：黃永財，地點：屏東縣南州朝清宮，日期：2019 年 6 月 27 日。

者或鑑定家，是外行人，依現場看，的確很漂亮而特別。

圖 2-31：屏東南州朝清宮親王府

【黃永財拍攝：2019/6/27】

圖 2-32：屏東南州朝清宮「清代磁碗」

【黃永財拍攝：2019/6/27】

四、水興宮海先生傳說

位於琉球鄉大福村公船碼頭對面，廟體面向海的「水興宮」，【圖 2-33】與大福福安宮（面向島內），萬聖府（面向海）三座廟宇並排相鄰。建立沿革，據〈水興宮建廟沿革碑文〉記載：

> 本水興宮之由來，係於民國 20 年，歲次辛未，孟春花月，大福村漁民洪安以所有動力漁船金崎號，率同船員柒名，於 10 月 12 日，出往本島西南方約 40 海浬海上捕魚，在作業之時忽發現附近海上漂流水仙尊王金身向前而來，斯時船長洪安深明大義，立即將該金身扶起船上載回，即恭請本鄉三隆宮三府千歲降駕指示，擇定良時吉日進入大福村萬善神祠，每年舉行春秋二祭，時有信仰者群求佑，無不急應，自此洪安等所有船及該村內外漁民頗受神惠，漁業日漸興隆，均得安居樂業，無不感其於奠炙而為永尊之業。〔註 188〕

漁民洪安及船員海上捕魚，在作業時發現海上漂流水仙尊王金身撈起載回。經由小琉球三隆宮三府千歲降駕指示，擇定良時吉日進入大福村「萬善神祠」。

〔註 188〕資料來源：筆者田野調查，地點：屏東縣琉球鄉水興宮，日期：2020 年 2 月 23 日。

圖 2-33：小琉球大福村水興宮正殿

【黃永財拍攝：2020/3/12】

　　對於海上漂流水仙尊王金身，另有一種說法。據水興宮前總幹事（管理人）洪清富說：漁民洪安等人，在本島西南方約 40 海浬海上捕魚，捕捉到一條鯊魚，經剖開後，發現一根人的「腿骨」。未丟入海中，並帶回小琉球大福村公墓埋葬。〔註189〕

　　〈水興宮建廟沿革碑文〉中的海上漂流「水仙尊王金身」，原來是鯊魚肚內的人腿骨，只是廟方將其轉化為水仙尊王金身。〔註190〕如果是水仙尊王（大禹傳統水神）不可能奉祀大福村「萬善神祠」。因此，水興宮應歸類為陰廟系統的無主孤魂信仰形態。

　　人腿骨被取出後埋葬於小琉球大福村公墓，竟得地靈妙穴，非常有靈驗，經本鄉三隆宮三府千歲降駕指示，敕封「水仙尊王」。遂於民國 34 年（1945），建小廟奉祀，名為「水興宮」。民國 45 年（1956）改建。又民國 79 年（1990）拆除廟體，民國 83 年（1994）舉行安座大典。

　　水興宮的水仙尊王，經由降乩說：本神在世俗名為「林恩復」，家住屏東縣竹田鄉火車站前。因此，廟方按照指示，前往竹田鄉火車站前尋找，神奇找到林恩復家人，並且經由乩者向林恩復父親說，「他現在已經在小琉球當神，請他勿掛念放心。」〔註191〕

〔註189〕受訪者：洪清富（男，水興宮管理人），訪談者：黃永財，地點：屏東縣琉球鄉碧雲寺，日期：2020 年 6 月 21 日。

〔註190〕本書相關於「水興宮海先生傳說」，承蒙洪清富（男，水興宮管理人）接受訪談並提供資料。

〔註191〕受訪者：洪清富（男，水興宮管理人），訪談者：黃永財，地點：屏東縣琉球鄉碧雲寺，日期：2020 年 6 月 21 日。

之後，林恩復的親屬曾到小琉球探尋。據洪清富說：約距今 7 年前，林恩復妹妹的兒子（住東港）曾到小琉球水興宮，當廟裡的人問他何事，他說要看「阿舅」。民國 108 年（2019），林恩復二弟的兒子林○龍，到水興宮參拜，並且前往小琉球大福村公墓看林恩復墓地。每年清明節，水興宮廟方人員，會去大福村公墓察看林恩復墓地並掃墓。〔註 192〕

水興宮水仙尊王，原是漂流海上的水流屍，藏於鯊魚肚內，被剖開取出後埋葬，因得地理靈穴，非常靈驗，才建小祠奉祀，後經兩次改建，才有現今廟貌。廟體建築是大廟規格，正殿神龕，水仙尊王居中位，兩側為溫府千歲及李府千歲共祀。而洪清富表示，他們稱水興宮水仙尊王為「海先生」，這座廟宇他的祖父洪山後曾參與建立，在民國 45 年（1956）改建，擔任副董事長。洪清富曾擔任該廟總幹事，現任總幹事則由他的哥哥洪清和擔任，但是實際上有些事還是由他協助管理。

至於，〈水興宮建廟沿革碑文〉中的海上漂流水仙尊王「金身」與原捕捉到一條鯊魚，經剖開後，發現一根「人的腿骨」，據洪清富表示，是相同的意思。換句話，打撈的「金身」是「人腿骨」，但鄉民對遺骸諱稱，所以稱水仙尊王，廟方習慣稱水仙尊王為「海先生」。因此，從水興宮碑文可以看出，似乎想脫離水流公信仰形態，在正殿神龕位居中位與溫府千歲及李府千歲共祀，該廟儼然已成為大寮角頭地方一帶的庄廟。

水興宮的水仙尊王的原由，另外有一則說法，據地方耆老田明福說，是小琉球漁民在高雄市哈瑪星漁港拍賣漁獲所得一條大魚，經剖開後發現一支人腿骨。小琉球漁民將人腿骨帶回小琉球大福村公墓埋葬，得地靈妙穴，非常有靈驗，日後建廟奉祀。〔註 193〕

地方耆老田明福的說法，人腿骨是在高雄市哈瑪星漁港拍賣魚中，剖開魚腹所得，並非海上漂流「水仙尊王金身」或者是海上捕獲鯊魚肚內的人腿骨。然而，田明福所說的，經筆者多次訪談小琉球地方耆老，並不認同。而且，據國立高雄師範大學（提案單位）：《琉球鄉討海子民信仰暨王船祭研究期中報告》記載：「水興宮主神——水仙尊王，係民國 20 年（1931）大福漁

〔註 192〕受訪者：洪清富（男，水興宮管理人），訪談者：黃永財，地點：屏東縣琉球鄉碧雲寺，日期：2020 年 6 月 21 日。

〔註 193〕受訪者：田明福（男，田深氏後裔），訪談者：黃永財，地點：屏東縣琉球鄉碧雲寺，日期：2020 年 3 月 26 日。

民洪安以動力漁船金崎號，率同船員 7 名往本島西南方約 40 海哩海上捕魚，在作業時忽見海上漂流水仙尊王，船長立即扶起載回。」〔註 194〕

水興宮的水仙尊王，係民國 20 年（1931）所撈獲一支人腿骨，距今民國 109 年（2020），約近 90 年之久，俗名為「林恩復」的水仙尊王，其弟、妹的兒子近年來陸續到小琉球水興宮探究，據洪清富說，推想應該有某種感應的出現才是，所以才會到小琉球水興宮看一看。〔註 195〕

臺灣民間信仰，將來路不清楚的骨骸埋葬在墓中，其祠有如土地公般小祠，稱之「有應公」，假若無主孤魂的骨骸很多，可能建更大的祠，稱之「萬善堂」。換句話說，有應公、萬善堂都是奉祀無主孤魂骨骸之處。其建物型制沒有門，稱「三面壁」。三尾裕子的《王爺信仰的歷史民族誌：臺灣漢人的民間信仰動態》提到：在臺灣南部也有同一靈魂，當鬼或當神來祭祀的情況。這是他在屏東縣琉球鄉碰到的案例，「據說還沒有蒸氣動力船時，在琉球嶼海面，有艘船隻翻覆，乘客死亡達百人以上。〔註 196〕因此，聚落三兄弟為他們建祠，但是聚落的住民認為，為安撫不幸喪生者的靈魂，應離村庄遠處建祠，以避免其作祟。但是村民對這祠的靈魂的祭祀有兩種方式，一是把祂當鬼來看，在中元節祭拜，祭品是菜碗、銀紙，也混入金紙。另一是把祂當神來看，在觀音菩薩慶典時，與神同祀，並獻戲。」〔註 197〕

因此，小琉球的案例，三尾裕子認為透露以下情況：「即人們彼此之間將什麼樣的靈魂看作是神？什麼樣的靈魂看作是鬼？其認知是模糊的，對個別的靈魂究竟該分到哪一類，面對這樣的情況，未必能夠有一致的判斷。」

〔註 194〕國立高雄師範大學（提案單位）：《琉球鄉討海子民信仰暨王船祭研究期中報告》（屏東縣：屏東縣琉球鄉公所〔招標單位〕，2008 年 4 月），頁 100。

〔註 195〕受訪者：洪清富（男，水興宮管理人），訪談者：黃永財，地點：屏東縣琉球鄉碧雲寺，日期：2020 年 6 月 21 日。

〔註 196〕船隻翻覆乘客死亡達百人以上，這則事件暫查無史料記載。另據鄭總：《海上明珠——小琉球》記載，琉球鄉船難事件：由官民合資建造 40 馬力（30 噸）自動機船「琉球丸」一艘，供作琉球、東港間載客運貨，日昭和 16 年（民國 30 年〔1941〕）7 月 9 日，因受到西南氣流影響沈沒於東港港口，46 人罹難（琉球人 38 人、外地人 8 人），另有 2 人失踪。摘錄自鄭總：《海上明珠——小琉球》（屏東縣：屏東縣白沙國民小學，1991 年 5 月），頁 35。

〔註 197〕三尾裕子著、林美容翻譯審訂：《王爺信仰的歷史民族誌：臺灣漢人的民間信仰動態》（臺北市：中央研究院民族學研究所，2018 年 12 月，初版），頁 231。

〔註 198〕水興宮的水仙尊王早期被奉祀萬善神祠，或者人腿骨埋於大福村公墓，都是無主亡魂信仰形態。剛開始住民當鬼魂祭祀，之後再像神般的奉祀，並且透過神職人員，說明來歷，再增雕神像，享受人間香火。類似水興宮的水仙尊王由無主孤魂，逐步成神再升為千歲或王爺的案例，在小琉球算是普遍的信仰作法，尤以島上的東南角頭的大寮與西南角頭的天臺，陰廟分布較多而盛行。

〔註 198〕三尾裕子著、林美容翻譯審訂：《王爺信仰的歷史民族誌：臺灣漢人的民間信仰動態》（臺北市：中央研究院民族學研究所，2018 年 12 月，初版），頁 232。

第三章　碧雲寺的信仰發展及其相關傳說

　　小琉球島上兩大公廟，一是碧雲寺，一是三隆宮。碧雲寺主祀觀音佛祖，在島上其宗教信仰，碧雲寺位階高於三隆宮。島上人們習慣到碧雲寺洽辦事項，如添油香、禮佛求籤、改運等等活動，是以碧雲寺為島上信仰中心。（碧雲寺、三隆宮管理委員會辦公處，設在碧雲寺。）【圖 3-1】

圖 3-1：小琉球碧雲寺

【黃永財拍攝：2019/8/23】

　　本章的範圍：第一節碧雲寺的開發建廟及主祀神。碧雲寺位於海上小島的寺廟，能夠在清代方志中記載建廟年代，實屬不易，因此就其沿革、主祀神、廟體建築等為研究範圍。第二節碧雲寺的信仰組織及慶典活動。筆者參與碧雲寺民國 108 年（2019），一整年的慶典活動，其過程是本節的要旨。第

三節碧雲寺的籤詩及地理傳說。觀音佛祖是小琉球島民守護神，例如，島民他們的結婚、出殯，看吉日良辰，建屋破土、事業、工作，乃至於鑿井、漁船作業，要到碧雲寺擲筊求籤請示觀音媽。

對於觀音佛祖的稱號，俗稱觀音佛祖，小琉球人習稱觀音媽，本書在書寫中依情況而稱之，所以會有不同的稱號出現。

第一節　碧雲寺的開發建廟及主祀神

碧雲寺主祀神觀音佛祖，其源流是早年一放牧者土塑神像，菩薩附靈在土佛上，在臺灣民間宗教信仰是謂降靈。該廟相傳在清代時期建草廟，經遷移並幾次改建，現今廟體是近三十年前改建完成，雖相傳有近三百年歷史，但是並無保留早期建築廟體。

相關碧雲寺的建立及改建，從廟方碑文及各方文獻記載作爬疏，瞭解碧雲寺開發建廟、遷建、改建的年代。碧雲寺現今廟體於民國85年（1996）陸續完成，早期廟體並未有紀錄或留存，因此，認為有必要將其建築體、單體、設施、風格、格局等做記載，並且圖、文介紹。

一、碧雲寺沿革

碧雲寺創建的年代，在碑文、鄉志及各方文獻記載，以清代建廟。但在遷移改建的年代，各方文獻出現不同的記載，所以本書將碧雲寺創建與遷建年代，分為清乾隆、清末、民國時期等探討。

（一）緣起及傳說

小琉球碧雲寺的緣起，據〈琉球鄉碧雲寺源史〉記載：

有閩省民族移居臺灣南部打狗，即今之高雄。常來本島捕魚，時有靠岸登陸，藉知本島尚無人居住，且魚族棲息豐富適合移民，遂而招募閩省同志，前後相繼，移居於此。當時有杉板路居民田深氏，即今之杉福村田家之祖先，在現有碧雲寺前園宅內，架建一小茅舍為牧羊之用。時有一夜在寢中，忽夢得南海普陀山觀音佛祖，要在此處建立廟寺。田氏感受及佛祖之靈顯，喜願將該地捐獻為建廟之基。〔註1〕

〔註1〕《屏東縣琉球碧雲寺、三隆宮概況》（屏東縣：第五屆管理委員會，1999年4月），頁1。

碧雲寺緣起，田深氏一夜寢中，夢得南海普陀山觀音佛祖，要到小琉球建廟興基，田氏遂將放牧之地捐獻建廟。

　　碧雲寺的原由傳說，早年小琉球有一田氏人家叫田深，在觀亭內（觀亭為後起之名）養雞，並不順利，因當時草叢雜生，蛇虺出入，吃掉所養的雞。田深有一個孩子，突然興起，捏造一土佛，並私下跪拜，未告知父母，把土佛藏在雞籠裡。某日，觀音佛祖南巡到此，在雲中見到小琉球的形狀頗似蓮花，是個好穴地，於是想在此興基，又見一土佛恰好在其穴上，於是就附靈在土佛上。

　　從此，田深所養的雞，被蛇虺吃去情況改善，養雞工作順利。觀音佛祖因此託夢給田深說，祂已附靈於土佛身上，但土佛易壞，要田深做木製神像，永保長久，利於小琉球人朝拜，庇祐島民。田深遵照觀音佛祖的指示，雕一木製神像，在神像留一小洞，將原土佛的土〔註2〕，取一少許填入，這就是小琉球人所稱的「大媽」，也就是開基媽。觀音佛祖顯聖，立刻傳遍小琉球島上，島民所求無不靈驗，因此集議要此尊觀音佛祖為「公證佛」，並蓋廟受全小琉球人民參神，田深欣然同意，同時捐獻土地建草廟。〔註3〕

　　碧雲寺開基觀音佛祖的神像（金身）原由，另有說法，據田深氏的後代田明福說：碧雲寺觀音佛祖是託夢給田深氏，要到小琉球建廟興基，剛開始奉祀是「紙觀音佛祖像」，後來始雕金身（神像），用祭祀的香灰，置入雕刻金身內。〔註4〕

　　田深氏早年在小琉球居住地，是以上福村的南部，相傳在清代雍正、乾隆年間，閩籍田深氏率領族人由杉板路澳登岸，卜居入墾此地。今琉球鄉田姓宗族多居住於此，故稱「姓田仔」。〔註5〕按碧雲寺位於今大福村西側鄰近上福村之處，田深氏牧羊所用之小茅舍，既建於碧雲寺前園宅內，足證田深氏墾拓之地為相思埔（上福村），而非杉板路（杉福村）。〔註6〕

〔註2〕據碧雲寺表示：早期土佛已破碎，並未保留。

〔註3〕資料來源：筆者田野調查。相關於碧雲寺觀音佛祖原由傳說，部分參用黃慶祥：《古典小琉球》（屏東縣：黃慶祥發行，2008年10月，初版），頁8、9。

〔註4〕受訪者：田明福（男，田深氏後裔），訪談者：黃永財，地點：屏東縣琉球鄉共合堂，日期：2019年3月13日。

〔註5〕施添福總編纂、黃瓊慧等撰述：《臺灣地名辭書‧卷四屏東縣》（南投市：臺灣省文獻委員會，2001年10月），頁530。

〔註6〕鄭總：《海上明珠——小琉球》（屏東縣：屏東縣白沙國民小學，1991年5月），頁30。

　　田氏並非以田墾為業，而是以放牧為主，是小琉球島上早年最早以販賣牲口為業，島上早年居民所飼養的牛、羊、豬都購之於田氏，田氏放牧區稱為大埔，其範圍是以觀音媽廟（觀亭）附近斜坡，番仔厝、禮拜堂到觀音媽廟斜坡地（臺地斜坡），這區域充滿草和樹叢，相傳田氏受觀音媽托夢，因此才有觀亭、觀音媽的源起。〔註7〕

　　田深氏後代子孫現今不再放牧，但小琉球島上還是有放牧，在碧雲寺旁空地，也就是早年三隆宮草廟的地方，一位吳姓鄉民，通常在下午會帶著十多隻羊在此地放牧。據他表示島上還是有人放牧，不過是種副業。〔註8〕

　　用泥土塑造觀音神像的傳說，位於高雄市田寮區七星村大坵園 8 號的「清龍山寺」，主祀觀音佛祖，佛祖神像由蔡姓祖先取泥土塑造，據〈清龍山寺沿革〉記載：

> 蔡們、陳閃夫婦在當時農村環境裡，每每趕著豬隻在山野之間覓食。一日，閒來無事，取泥土塑造觀音佛祖形象，顯得非常莊嚴肅穆，栩栩如生，一念之間虔誠供奉家中，早晚膜拜。觀音佛祖有了靈驗，為感念佛祖之慈德，雕刻一尊金像，恭奉廳堂，禮敬參拜，一時香火鼎盛，信眾日增，即籌建寺宇，於民國 35 年完工慶成，初名「坵龍寺」，後正名為「清龍山寺」於是重新刻匾。〔註9〕

清龍山寺早年泥土塑造觀音神像，據廟祝陳先生表示，現在已經不見了。巧的是，小琉球碧雲寺與田寮區清龍山寺的觀音佛祖，其開基神像的前身，都是泥塑，土佛並未保留，兩者都有放牧情節。

（二）清乾隆時期的建立與遷建

　　小琉球碧雲寺建立年代，據廟方記載是始於清代乾隆時期，其創立建築廟體與臺灣早年的寺廟無異，大多以草廟為之，後來再改建瓦廟。然而，不同的文獻，則呈現出不同的建廟或遷建的年代（時間）。

　　碧雲寺建立年代，記載「清乾隆元年（1736）」的文獻，如：

1. 〈琉球鄉碧雲寺源史〉記載：「田氏感受及佛祖之靈顯，喜願將該地捐

〔註7〕蔡詩雯：《小琉球的語言、史事與民俗研究》（高雄市：國立高雄師範大學臺灣文化及語言研究所碩士論文，2007 年），頁 59。

〔註8〕受訪者：吳先生（男，羊隻放牧者），訪談者：黃永財，地點：屏東縣琉球鄉碧雲寺旁空地，日期：2019 年 8 月 23 日。

〔註9〕資料來源：摘錄自清龍山寺沿革。受訪者：陳先生（男，清龍山寺廟祝），訪談者：黃永財，地點：高雄市田寮區清龍山寺，日期：2019 年 9 月 19 日。

獻為建廟之基。立即傳布眾民，於是詢謀集議，遂於『乾隆元年』間建立草廟，名為觀音亭，雕刻佛像永為敬拜。」〔註10〕

2. 《琉球鄉志》記載：「碧雲寺開基於清『乾隆元年』，乃肇源於在今寺前園宅內架設茅舍牧羊的杉板路居民田深氏，……初為草廟。」〔註11〕

3. 《屏東縣志》（民國72年［1983］出版）：「『乾隆元年』間，始建茅草廟，名為觀音亭。」〔註12〕

碧雲寺建立年代，記載「清乾隆59年（1794）」的文獻，如：

4. 盧德嘉的《鳳山縣采訪冊》記載：「觀音寺，琉球嶼大寮澳山頂，縣東南六十里，『乾隆59年』居民募建。」〔註13〕

5. 伊能嘉矩原著《臺灣文化志》記載：「位於大寮澳之觀音寺，係『乾隆59年』由居民創建之。」〔註14〕

碧雲寺建立年代，由上述的1.、2.、3.文獻記載得知，清乾隆元年（1736）創立，初為草廟。4.、5.的文獻記載，清乾隆年59年（1794）大寮澳山頂或大寮澳，居民募建。為何會出現不同的創立時間，據《琉球鄉志》記載：「清乾隆元年（1736）建草廟，乾隆59年（1794），壯人以阜廟損毀又處低地，議決改建於澳山頂。」〔註15〕澳山頂，就是大寮澳山頂。據此，碧雲寺原草廟因處低地，後遷移澳山頂。但碧雲寺的新、舊碑文並未提及乾隆59年（1794）遷建於大寮澳山頂。

（三）清末的改建

碧雲寺改建年代，記載清末時期的文獻，如：

1. 《臺灣總督府公文類纂宗教史料彙編》（明治28年10月至明治35年

〔註10〕《屏東縣琉球碧雲寺、三隆宮概況》（屏東縣：第五屆管理委員會，1999年4月），頁1。
〔註11〕洪義詳主修、林澤田總編纂：《琉球鄉志》（屏東縣：屏東縣琉球鄉公所，2006年12月），頁279。
〔註12〕鍾桂蘭、古福祥纂修：《屏東縣志》（臺北市：成文出版社有限公司，1983年3月，臺一版），頁724。
〔註13〕清・盧德嘉：《鳳山縣采訪冊》（第二冊）（臺北市：臺灣銀行，1960年8月），頁172。
〔註14〕伊能嘉矩：《臺灣文化志》下卷（臺中市：臺灣省文獻委員會，1991年6月），頁187。
〔註15〕洪義詳主修、林澤田總編纂：《琉球鄉志》（屏東縣：屏東縣琉球鄉公所，2006年12月），頁265。

4月）：「小琉球島大寮莊，觀音亭，建立年度清『同治11年』（1872），廟宇建築物18.00坪，廟宇用地110.00坪。」〔註16〕

2. 《臺灣地名辭書》記載：「觀亭，即今日的碧雲寺」，並引日昭和二年（1927）《琉球庄管內狀況一覽》記載：「『光緒元年』（1875）莊民一同出資重建」。〔註17〕

3. 〈琉球鄉碧雲寺源史〉記載：「『光緒3年』（1877）秋末，眾民撰定改建瓦廟於現在地址。」〔註18〕

碧雲寺改建年代，《臺灣總督府公文類纂宗教史料彙編》記載碧雲寺清同治11年（1872）建立，其廟宇用地、建築物也清楚記載，很明顯已改建於大寮澳山頂。《琉球庄管內狀況一覽》記載清光緒元年（1875）重建，〈琉球鄉碧雲寺源史〉記載清光緒3年（1877）秋末改建瓦廟於現在地址。又據《屏東縣鄉土史料》的記載，是清光緒4年（1878）完工。〔註19〕因此，推測碧雲寺清末改建，可能從清同治11年（1872）到清光緒4年（1878），歷經約6年改建完工。碧雲寺位於離島的小琉球，依當時種種條件之下，須多年的建造似乎合理。

由此看出，各方文獻，在採錄時間點不同，記載上則出現不一的現象，為避免人們對於碧雲寺建立或改建年代誤解，因此有必要爬梳整理。筆者曾與新碑文（〈琉球鄉碧雲寺碑誌〉）作記人探討，他說，確實的遷建年代實難考證，他所作記的碑文（〈琉球鄉碧雲寺碑誌〉），是沿舊碑文（〈琉球鄉碧雲寺源史〉）作記。又說，早期要搭船到島上記載是不容易的事，加上島民所受教育不高，文獻記載正確性實有待商榷，所以就有不同年代的記載，也難免。〔註20〕

〔註16〕溫國良編譯：《臺灣總督府公文類纂宗教史料彙編》（明治28年10月至明治35年4月）明治31年（1898）11月16日，陳報民政長宮後藤新平〈前鳳山縣轄內社寺、廟宇、教務所等數量及布教狀況等調查書〉（南投市：臺灣省文獻委員會，1999年6月），頁432。

〔註17〕施添福總編纂、黃瓊慧等撰述：《臺灣地名辭書・卷四屏東縣》（南投市：臺灣省文獻委員會，2001年10月），頁522。

〔註18〕《屏東縣琉球碧雲寺、三隆宮概況》（屏東縣：第五屆管理委員會，1999年4月），頁2。

〔註19〕蕭銘祥主編：《屏東縣鄉土史料》（南投市：臺灣省文獻委員會，1996年1月，初版），頁784。

〔註20〕受訪者：許春發（男，琉球國中退休老師），訪談者：黃永財，地點：屏東縣琉球鄉碧雲寺，日期：2019年9月13日。

（四）民國的改建

碧雲寺在清末改建後，直至民國才重新改建，經長達 77 年，到了民國 43 年（1954）才興建。又歷經 36 年，民國 79 年（1990）再度改建，農曆 9 月 26 日奠基，總工程費七千萬元。〔註 21〕民國 85 年（1996）重建新廟落成入廟安座。〔註 22〕

綜合碧雲寺的建立、遷建、改建、重建的文獻記載，整理如下表：

表 3-1：碧雲寺創立、改建、重建時間一覽表

朝代	時　間	廟名	廟宇狀態	備註（建廟位置）
清	乾隆元年（1736）	觀音亭	開基草廟	碧雲寺前，田深氏獻地。
	乾隆 59 年（1794）	觀音寺	居民募建	大寮澳山頂
	同治 11 年（1872）	觀音亭	廟宇建築物 18.00 坪，廟宇用地 110.00 坪。	大寮莊
	光緒元年（1875）	觀亭或觀音亭	莊民一同出資重建	大寮澳山頂
	光緒 3 年（1877）	碧雲寺	改建瓦廟	泥匠李宗榮協助建廟
民國	43 年（1954）	碧雲寺	重建新廟	
	79 年（1990）	碧雲寺	再度改建	農曆 9 月 26 日奠基，總工程費七千萬元。
	85 年（1996）	碧雲寺	改建完成	農曆 7 月 12 日入廟紀念日

資料來源：

1.《屏東縣琉球碧雲寺、三隆宮概況》，屏東縣：第五屆管理委員會，1999 年 4 月。

2. 清·盧德嘉：《鳳山縣采訪冊》（第二冊），臺北市：臺灣銀行，1960 年 8 月。

3. 施添福總編纂、黃瓊慧等撰述：《臺灣地名辭書·卷四屏東縣》，南投市：臺灣省文獻委員會，2001 年 10 月。

4. 溫國良編譯：《臺灣總督府公文類纂宗教史料彙編》，（明治 28 年 10 月至明治 35 年 4 月），南投市：臺灣省文獻委員會，1999 年 6 月。

〔註 21〕鄭總：《海上明珠——小琉球》（屏東縣：屏東縣白沙國民小學，1991 年 5 月），頁 58。

〔註 22〕《屏東縣琉球碧雲寺、三隆宮概況》（屏東縣：第五屆管理委員會，1999 年 4 月），頁 8。

5. 鄭總：《海上明珠——小琉球》，屏東縣：屏東縣白沙國民小學，1991 年 5 月。

6. 筆者整理。

二、碧雲寺主祀神——觀音佛祖（觀音媽）

小琉球人稱的「觀音媽」是觀音佛祖，島上的人們或移居島外的鄉親對其暱稱。對於觀音佛祖——觀音媽的信仰是極為虔誠及信賴。碧雲寺隨時可見島上鄉民跪在殿內祈求、擲筊、求籤、求佛水等，向觀音媽訴說心中難解的事。

碧雲寺供奉的觀音世音菩薩或稱觀音佛祖，其法相（神像造型）是頭戴大王冠，面相莊嚴，並未有明顯的「女相」裝金身。在寺中除了兩側神龕供奉註生娘娘及福德正神，就以觀音佛祖坐列於正殿、側殿、外殿，少見沒有多路神明聚集一處的寺廟。

（一）小琉球人的觀音媽

觀世音菩薩、觀音佛祖，小琉球人習慣稱「菩薩」、「佛祖」、「觀音媽」。對於觀世音菩薩的敘述，據碧雲寺舊碑文〈琉球鄉碧雲寺源史〉記載：「如來釋迦即是牟尼。原係成佛之祖。『觀音菩薩』乃為釋迦之門徒。沙門稱釋，始於漢明帝。」〔註 23〕

碧雲寺於民國 86 年（1997）立的新碑文，相關於觀世音菩薩的敘述，內容較舊碑文詳細，據〈琉球鄉碧雲寺碑誌〉記載：「觀音佛祖，梵文佛經稱為『阿縛盧枳帝濕代邏』，即『觀照萬法、任運自在』之意。累劫前乃正法明如來，方便權現菩薩身，脅侍西方阿彌陀佛，輔弼教化。因與我娑世界眾生特別有緣，時現三十二應身度眾，尋聲救苦，千處祈求千處應現，為顯密兩教共同尊仰。」〔註 24〕

觀世音菩薩，以何因緣名觀世音？據《妙法蓮華經》的《觀世音菩薩普門品》記載：

> 爾時無盡意菩薩，即從座起，偏袒右肩，合掌向佛，而作是言：世
> 尊，觀世音菩薩，以何因緣名觀世音？佛告無盡意菩薩：善男子，

〔註 23〕《屏東縣琉球碧雲寺、三隆宮概況》（屏東縣：第五屆管理委員會，1999 年 4
月），頁 1。

〔註 24〕《屏東縣琉球碧雲寺、三隆宮概況》（屏東縣：第五屆管理委員會，1999 年 4
月），頁 4。

> 若有無量百千萬億眾生，受諸苦惱，聞是觀世菩薩，一心稱名。觀
> 世音菩薩即時觀其聲音聲，皆得解脫。〔註25〕

上述之意，觀世音菩薩，能夠觀察聽聞眾生的一心稱名，拯救世間憂惱，菩薩只要聽到他們祈求的聲音，一定會幫他們的忙，能各得其願，故稱為「觀世音」。如，高雄市阿蓮區大崗山超峰寺，進入前殿的石柱是清光緒 6 年（1880）立，其楹聯：「觀空有色聽世音；佛法無邊傳道祖」。

　　觀世音，其意義是觀其音聲？或者另有解讀，釋紹和在〈媽祖與觀音間的模糊地帶〉中指出：

> 觀音的神性，在佛教中，所呈現的，梵文 Avalokitesvara，音譯阿縛
> 盧枳多伊濕伐羅，阿婆盧吉低舍婆羅，意譯光世音、觀世音、觀自在、
> 觀世自在、觀世音自在、觀世自在者。鳩摩羅什（Kumarajiva）把
> Avalokitesvara 譯成觀世音。於《妙法蓮華經》的《觀音佛祖普門品》
> 說：「觀世音菩薩何因緣名觀世音？……觀音佛祖即時觀其聲音聲，
> 皆得解脫。因此照字面便誤解觀世音是「觀看求告者的聲音」。但
> Avalokitesvara 由兩個梵文拼成：Avalokita 加 isvara。Avalokita 意「觀
> 看」、「照見」，isvara 意「自在」，綜合其意為「在觀照上的自在者」；
> 並無「觀其音聲」或「觀看世界或求告者聲音」的意義。〔註26〕

唐玄奘糾正舊譯的錯誤，將觀世音改譯為「觀自在」，意即「觀照上的自在者」，於是始適合原文意涵。所謂「觀自在」，觀者，照之義；自在者，縱任之義；指壽自在、心自在、財自在、業自在、生自在、勝解自在、願自在、神力自在、皆自在、法自在等。〔註27〕

　　觀世音三字之意義，李聖華的〈觀世音菩薩之研究〉中，有其說法：

> 普通解釋是：觀苦惱眾生呼籲之聲音而使之解脫。簡稱為觀音之故。
> 有云唐人避用世字所致，然今人馬太玄氏云：「案唐代新譯經論改觀
> 音自在，是意義上關係，並非避諱李世民之世字，當代所譯之書均不
> 避，可為證。」按西城紀元曰：「阿縛盧枳低濕伐罪（Avalakitesvaka），

〔註25〕後秦‧鳩摩羅什譯、明‧智旭注：《妙法蓮華經》（哈爾濱：黑龍江人民出版社，1994 年 5 月），頁 491。
〔註26〕釋紹和：〈媽祖與觀音間的模糊地帶〉，《問哲》第七期（新北市：華梵蓮華佛學研究所，2019 年 6 月），頁 31、32。
〔註27〕釋紹和：〈媽祖與觀音間的模糊地帶〉，《問哲》第七期（新北市：華梵蓮華佛學研究所，2019 年 6 月），頁 32。

　　唐言自在。合字連聲，梵語如上。分文散音，則阿縛盧枳譯曰觀；低
　　濕伐罪譯曰自在，舊譯為為光光音或觀世音者謬也。大日經則作觀音
　　自在。所謂觀音自在，心離煩惱通達無疑也。」〔註28〕
李聖華指出：舊譯從觀音之功能取義，新譯則從其自身取義；前者屬乎用，
後者屬乎體。前者通俗，雖不切原所沿用也。〔註29〕

　　觀音佛祖在種種國土，現種種身，說種種法，隨應眾生根機，化益眾生，
觀音佛祖有多少應化身相？據《妙法蓮華經》的《觀音佛祖普門品》，有三十
三應化身的相：

　　無盡意菩薩白佛言：「世尊！觀音佛祖雲何遊此娑婆世界？雲何而
　　為眾生說法？方便之力，其事云何？」佛告無盡意菩薩：「善男子！
　　若有國土眾生應以佛身得度者，觀音佛祖即現佛身而為說法；應以
　　辟支佛身得度者，即現辟支佛身而為說法；應以聲聞身得度者，即
　　現聲聞身而為說法；應以梵王身得度者，即現梵王身而為說法；應
　　以帝釋身得度者，即現帝釋身而為說法；應以自在天身得度者，即
　　現自在天身而為說法；應以大自在天身得度者，即現大自在天身而
　　為說法；應以天大將軍身得度者，即現天大將軍身而為說法；應以
　　毘沙門身得度者，即現毘沙門身而為說法；應以小王身得度者，即
　　現小王身而為說法；應以長者身得度者，即現長者身而為說法；應
　　以居士身得度者，即現居士身而為說法；應以宰官身得度者，即現
　　宰官身而為說法；應以婆羅門身得度者，即現婆羅門身而為說法；
　　應以比丘、比丘尼、優婆塞、優婆夷身得度者，即現比丘、比丘尼、
　　優婆塞、優婆夷身而為說法；應以長者、居士、宰官、婆羅門婦女
　　身得度者，即現婦女身而為說法；應以童男、童女身得度者，即現
　　童男、童女身而為說法，應以天、龍、夜叉、乾闥婆、阿修羅、迦
　　樓羅、緊那羅、摩睺羅伽、人非人等身得度者，即皆現之而為說法；
　　應以執金剛神得度者，即現執金剛神而為說法。」〔註30〕

〔註28〕李聖華：〈觀世音菩薩之研究〉收錄於王秋桂編：《中國民間傳說論集》（臺北
　　　　市：聯經出版事業公司，1989 年 9 月，第三次印行），頁 280、281。
〔註29〕李聖華：〈觀世音菩薩之研究〉收錄於王秋桂編：《中國民間傳說論集》（臺北
　　　　市：聯經出版事業公司，1989 年 9 月，第三次印行），頁 280。
〔註30〕後秦・鳩摩羅什譯、明・智旭注：《妙法蓮華經》（哈爾濱：黑龍江人民出版
　　　　社，1994 年 5 月），頁 497、498。

觀音佛祖三十三應化身相。若並人及非人，則是三十五身。《大佛頂經》名三十二應，開出獨覺別為一，合四婦女但為一，略不言迦樓羅。文有開合，義無增減。〔註31〕然而，三十三觀音則以「顯身」與「化身」皆有之，觀世音菩薩的隨機化現，三十三身只是一個比喻說，事實上，觀音的願力，祂能化現出無數無量應化身。

　　觀音菩薩，民間信仰也稱「觀音佛祖」，觀音是法號，而佛祖是中國對佛的尊稱。小琉球人對觀音佛祖稱名「觀音媽」、「大媽」、「二媽」，似乎有女相的意思。據《佛學大辭典》中「觀音」，莊嶽委談曰：「今塑畫觀音者，無不作婦人相。攷宣和畫譜。唐宋名手寫觀音像甚多。俱不飾婦人冠服。太平廣記載一仕宦妻為神所攝，因作觀音像奉焉，其妻尋夢一僧救之，得甦。則唐以前塑像亦不作婦人也。元僧譾陋無識，以為妙莊王女，可一笑也。」〔註32〕所以，隋唐以前，觀音菩薩是男身，唇上的一撇小鬍子。唐代以後的觀音像，呈雍容華貴狀，似女子美。到了宋代，觀音菩薩變成了女相。碧雲寺觀音佛祖，其法相（神像造型）是頭戴大王冠，面相莊嚴，信徒雖稱名「觀音媽」、「大媽」，但並未有明顯的「女相」裝今身。【圖3-2】

圖3-2：小琉球碧雲寺觀音佛祖神像（兩尊都是）

【黃永財拍攝：2019/3/24】

　　碧雲寺「開基觀音佛祖」其緣由，據〈琉球鄉碧雲寺源史〉記載：相傳清乾隆時期，田深氏一夜在寢中，忽夢得南海普陀山觀音佛祖，顯靈要到小琉

〔註31〕後秦・鳩摩羅什譯、明・智旭注：《妙法蓮華經》（哈爾濱：黑龍江人民出版社，1994年5月），頁498。

〔註32〕丁福保主編：《佛學大辭典》（臺北市：財團法人佛陀教育基金會，2016年7月），頁2984、2985。

球興基濟世，因此觀音佛祖是神靈降下，「降靈」始雕金身。

　　碧雲寺殿中，開基觀音佛祖之外，另有從他處分靈觀音佛祖。據傳說在日治時期，日人要燒神像，引起全臺民間宗教人士的恐慌，小琉球的信徒也不例外。於是小琉球人則前往高雄市大崗山「割香」，包香灰回來裝起一尊坐蓮花的「觀音佛祖」。小琉球人為何會前往高雄市大崗山超峰寺割香火，據傳說該廟所供奉的觀音佛祖，是鄭成功時代即從南海普陀山請過來的，所以選擇歷史悠久的寺廟割香火雕神像。

　　這尊從大崗山超峰寺分香的觀音佛祖被秘密藏起來，又刻兩尊佛像，一是要代替開基大媽，另一是要代替鎮殿觀音佛祖，準備交給日本人拿去燒的。後來虛驚一場，神像安然無事，其增雕代替開基大媽的神像稱「二媽」。碧雲寺從超峰寺分香的觀音佛祖，早期多次到大崗山進香，兩廟才有交流往來。大媽現今只有在重要慶典時才會請出，如三年一科迎王平安祭典，其他則由「二媽」代表。碧雲寺兩頂神轎（大轎），分別以大媽、觀音佛祖稱之並區別。

　　早年小琉球人常會提及開基觀音媽神像的肩上有隻大鵬鳥，為何觀音佛祖神像旁會有隻大鵬鳥，民間相傳有隻大鵬鳥到處為害百姓，後經觀音佛祖收服，這隻大鵬鳥就隨侍在佛祖身旁。筆者曾到臺南市北門區保安宮觀看觀音佛祖，坐椅背後右側長柄上，有隻鳥（大鵬鳥）。據保安宮涂松佑表示：保安宮觀音佛祖，南山系統右側有鳥，左側是葫蘆。南海系統沒有，北門區南鯤鯓廟有一尊觀音佛祖是從保安宮迎請過去的，是南海系統。〔註33〕位於臺南市白河區火山碧雲寺，正殿中位神像左側就有一隻鳥（大鵬鳥）。

　　據小琉球地方耆老說，碧雲寺開基觀音媽的肩上有一隻鳥，另一尊觀音佛祖肩上沒有。廟方表示，其實不是沒有，而是被神像的神衣遮住，在佛祖的右側腰部有大鵬鳥，左側有麒麟。從碧雲寺的正殿向神龕看，無法觀察神像造型，如果要準確知道，在神像換神衣的時候，或許有機會觀察。

　　觀音佛祖旁的鳥（大鵬鳥），與其祂神明收服的動物，信仰上其意思相同，如北極玄天上帝左踏龜、右踏蛇。至於南山系統有鳥，南海系統沒有，碧雲寺資深義工說，觀音佛祖的金身附加動物，只是民間信仰附會，不需要去區別觀音佛祖的身上有無動物。

〔註33〕受訪者：涂松佑（男，保安宮總務），訪談者：黃永財，地點：臺南市北門區
　　　　保安宮，日期：2019 年 3 月 1 日。

（二）妙法堂、觀佛堂的觀音媽

　　小琉球人對觀音媽信仰極為虔誠依賴，家中大小事情一定到碧雲寺請示。碧雲寺早年只有正殿一個殿，信徒的擲筊、抽籤詩、祭改、誦經、參拜等儀式都在正殿進行，讓空間不大的正殿十分擁擠不便。

　　後來改建，有正殿及兩側殿，右側殿（虎邊）是祭改的地方。但是信徒到廟拜拜，看到神像就拜，不理會現場是什麼情況，右側殿進行祭改儀式就受到困擾。有鑑於此，就在廟體左側另建一外殿，稱為「妙法堂」，【圖3-3】其名原是「司法司堂」。民國87年（1998）國曆8月26日，司法司堂新建工程開工，工程費261萬元。民國87年（1998）國曆12月31日，正名掛牌。民國88年（1999）國曆3月2日，妙法堂落成安座。〔註34〕而原祭改地方（右側殿）現今是地方耆老為信徒解籤詩處，通常上午為信徒服務（中午解籤老師休息，下午以後可預約。）。

　　日治時期，日本政府要燒神像，另雕一尊觀音佛祖金身，準備代替正殿觀音媽讓日本人拿去燒，後來種種原因，沒有燒掉，這尊替身的觀音佛祖金身，現今奉祀妙法堂。由於妙法堂是祭改的地方，一般上少有人會進去參拜。

　　「觀佛堂」位於碧雲寺廟體右側，【圖3-4】其殿門是朝向正殿右側牆面，與妙法堂隔著正殿相對。幾年前堂內供奉著許多尊觀音佛祖，讓鄉民或外地信徒請回去奉祀，信徒想請觀音媽金身，須到正殿向觀音媽擲筊，基本價是從16,000元開始加上去，連續得三個聖杯，即可迎請觀音媽回去奉祀。

圖 3-3：小琉球碧雲寺妙法堂	圖 3-4：小琉球碧雲寺觀佛堂

【黃永財拍攝：2019/9/13】	【黃永財拍攝：2019/9/13】

〔註34〕《屏東縣琉球碧雲寺、三隆宮概況》（屏東縣：第五屆管理委員會，1999年4月），頁35～37。

因此小琉球信徒請觀音媽神像回去奉祀日漸增多，也太普遍，廟方現今不再雕觀音佛祖神像。據廟方表示，信徒請觀音媽回去後，求功利主義太重，不知道要修行，所以奉佛祖之意不再增雕神像。不過廟方有觀音媽的分身，讓信徒請回去短暫供奉，例如，求平安、結婚、新厝落成、造新船等。請觀音媽神像，有日期規定，居住小琉球島上以三天，島外五天為限，如有必要延期，帶身分證及印章辦理手續。

（三）擲筊、祭改請示觀音媽

碧雲寺殿中，最常看見是擲筊，就如「祭改」過程也要擲筊請示觀音媽，祭改就是祈求觀音媽將自身的厄運去除。碧雲寺祭改是在左側外殿的「妙法堂」，目前負責祭改法師有兩位，一位是洪安同，他曾擔任碧雲寺廟祝，現專職法師。另一位黃清山，早年是跑船的，退休後就到廟中為信徒服務。前述兩位之外，尚有其他法師或懂得如何祭改者，都可以幫信徒服務，並沒有硬性規定由誰擔任。

祭改的信徒將一張「改運紙」填上日期、時間、姓名、年齡等。改運紙的項目有七星紙、童子紙、甲馬紙、十二元神、五鬼紙、天狗紙等共有 48 項。由祭改法師引導信徒將改運紙的項目（數量）逐一擲筊請示觀音媽，再依改運紙上的數量，交由廟祝整理，綑綁成專屬個人改運金。廟祝依其數量，將金額寫在改運紙上，如 600 元。信徒將 600 元投入妙法堂內的專屬香油錢箱，油錢箱有「安同」、「清山」兩種，信徒依祭改的法師，分別投入。如果不是前述兩位，廟祝的辦事處，有一個四方白鐵油錢箱，將改運紙的費用投入，該油錢箱一個月打開一次。

當法師在妙法堂進祭改中，是不允許別人進入，深怕受改運者去「煞到」（受到陰穢之氣）他人，所以在妙法堂通道前置放「改運中」牌子，告知請勿進入，免於「卡到」（受到陰穢之氣），或影響儀式進行。祭改儀式時間大約 25 分鐘，儀式完成後，信徒會包一個紅包給祭改法師或幫忙祭改的人，通常包 600 元。

祭改雖是全年幫信徒服務，但不是全年無休，依規定農曆過年的 1 月 1、2 日，觀音佛祖的慶典期間，農曆 2 月 18、19、20 日，6 月 19 日、9 月 19 日，停止為信徒作改運。

祭改是信徒想將自身的厄運去除，臺灣宗教信仰極為普遍。同為清代建廟主祀觀音佛祖的寺廟，為信徒作祭改就不一樣，如高雄市鳳山區雙慈亭，

是清乾隆 18 年（1753）建〔註35〕，後殿主祀觀音佛祖，祭改由前殿的王爺處理，觀音佛祖只負責「補運」。又如高雄市鳳山區龍山寺，是清乾隆 30 年（1765）建〔註36〕，「改運」的費用是 1200 元（含添油香 600 元、金紙 600 元。）

　　碧雲寺除了為信徒作祭改之外，也有「補運」。補運和改運其意義上是大同小異，程序一樣，碧雲寺的補運明細與改運紙相同，依需要從中勾選。鳳山區雙慈亭的「香客補運明細單」，其內容：天庫、天錢、地庫、地錢、水庫、水錢、大太極、中太極、天金、尺金、壽金。

　　小琉球碧雲寺、鳳山區雙慈亭、鳳山區龍山寺，三間主祀觀音佛祖的寺廟，只有小琉球碧雲寺列出「改運紙清單」，本書將清單中的項目名稱整理如下：

表 3-2：小琉球碧雲寺改運紙清單一覽表

序號	名　稱	序號	名　稱	序號	名　稱
1	七星紙	2	童子紙	3	甲馬紙
4	十二元神	5	五鬼紙	6	天狗紙
7	地府紙	8	水官錢	9	太歲錢
10	總雲馬	11	天官紙	12	五色紙
13	補運錢	14	陰德庫	15	天德庫
16	天地庫	17	弓衣白錢	18	九金中銀
19	二花	20	大化	21	天金尺金
22	壽金	23	才子	24	太極
25	禁夜	26	替身	27	籤頭
28	開打	29	符令	30	香
31	花公花婆	32	白猿紙	33	煞神紙
34	亡魂紙	35	夫人紙	36	神馬錢
37	路關錢	38	將軍紙	39	白虎紙
40	陰陽本命	41	買命錢	42	改年經
43	山神土地	44	前世父母	45	過關紙
46	車厄紙	47	花配紙	48	十二婆姐

資料來源：1. 碧雲寺管理委員會。　　2. 筆者田野調查整理。

〔註35〕清‧盧德嘉：《鳳山縣采訪冊》（第二冊）（臺北市：臺灣銀行，1960 年 8 月），頁 167。

〔註36〕清‧盧德嘉：《鳳山縣采訪冊》（第二冊）（臺北市：臺灣銀行，1960 年 8 月），頁 170。

「擲筊」，臺灣民間信仰中，人與神溝通管道之一的方法。信仰目的，主要為了藉著與神溝通過程中，得到心理的慰藉。

擲筊請示問觀音媽，小琉球人最普遍的觀音佛祖信仰。洪先生是擔任戊戌正科（2018）迎王平安祭典的副總理，提到兩件擲筊請示碧雲寺觀音媽的信仰。第一件，他在國小四年級（1969）時，晚上睡覺到半夜醒來用尿壺小便，當尿入長竹尿管後，回頭看見一位類似穿著日本軍衣的人，只看見上半身，他驚嚇，大聲喊抓賊，全家被驚醒。

當全家裡的人被吵醒後，立即展開抓賊，找遍了，沒找到賊。後來經洪先生的描述，才知道是表哥的爸爸，因為表哥的爸爸曾當過日本兵，早期曾同住於此。家人到碧雲寺擲筊請示觀音媽，才知道表哥的爸爸死後，不願意在原葬處，希望遷葬，後來重新撿骨，另安葬它處。從此再沒有看見「日本兵」出現。

第二件，他的兒子住高雄，媳婦是從未拿香拜拜的人，在懷孕期間返回小琉球，由婆婆帶往碧雲寺擲筊請示觀音媽，何時生產。後來生產日期及時間，與觀音媽所指示相同。從此，媳婦以後回到小琉球，必會到碧雲寺拜觀音媽。〔註37〕

三、碧雲寺的廟體建築與設施

碧雲寺住址：屏東縣琉球鄉大福村和平路 61 號。主祀神像：觀音佛祖。廟體建築採閩南式，其單體建築與設施等建物是後來陸續完成。他沒有臺灣的寺廟金碧輝煌建造，從外觀看來純樸，符合小琉球人勤儉的信仰中心。

碧雲寺的廟體建築，設計上似乎未盡理想。在未出版的廟誌中提到：「吾鄉旅北青年陳彥伯，糾正碧雲寺新廟建築原稿中不少的錯誤。」〔註38〕

（一）單體建築與設施（廟外）

1. 金　爐

碧雲寺有兩座金爐，各立於廟埕兩側的入口處，建造形狀大致相同，所

〔註37〕受訪者：洪先生（男，戊戌正科副總理），訪談者：黃永財，地點：屏東縣琉球鄉三隆宮，日期：2018 年 11 月 11 日。

〔註38〕未出版的《三隆宮廟誌》，頁 124。資料來源：三隆宮管理委員會，筆者田野調查，地點：屏東縣琉球鄉碧雲寺，日期：2019 年 4 月 5 日。

處位置相對，極為特殊。據說原本只有左側（龍邊）金爐，鄉民都在此燒化金紙，住在碧雲寺右側的鄉民，認為對住在碧雲寺左側的人，得到較多保庇，所以為了公平起見，才在右側另造一金爐，如此小琉球島上住民全部得到保佑。

右側（虎邊）金爐，新建工程於民國 87 年（1998）國曆 8 月 14 日（農曆 6 月 23 日）開工，工程費 256 萬元。民國 88 年（1999）國曆 3 月 2 日（農曆 1 月 15 日），金爐開火。兩座金爐是屬於二重簷，第一層是鳳（由下向上），第二層龍，上層圓鐵網直筒煙囪，燒化金紙的金爐口朝向廟體。

2. 涼　亭

涼亭緊鄰金爐，亭下置一大理石圓桌，桌外圍是圓形水泥椅，黃色椅面。有一賣水果攤位於旁邊，平時聚集幾位女性長者，在涼亭話家常。到了三年一科迎王平安祭典時，拉一條紅色布條為界線，圓桌以內是碧雲寺轎班的休息區，非轎班人員不可進入。

3. 服務處、展示館

碧雲寺左側斜坡下去，在斜坡的左面有七間老舊平房，靠樓梯的第一間是「棚頭捐獻登記處」，觀音媽廟慶典時，農、漁會輪流派人支援收取寄付金或棚頭捐獻登記。第二間是停放大轎，第四間是「碧雲寺文物展示館」，第七間是「碧雲寺轎班服務處」，平時是鐵門拉下，裡面的狀況就不清楚。

4. 竹、廟埕

左側金爐的旁邊，有一座小圓型建物，兩層圓圈，外圍是黃色，內圈是褐色的磁磚，中間種植竹子。與主祀觀音佛祖有關係。

早年廟埕據說比現在小，大概只有一半多一點，後來才拓展。早年慶典時，擺三張供桌，加上戲棚（比現在小），再多的人都擠得下參拜同時看戲，這也是小琉球人所說的廟埕可以「伸縮」。現今廟埕經過拓建，左、右兩側各立兩座金爐，一個固定竹圓圈花盆，前殿與廟埕建一座月臺。慶典時搭建大型戲棚，另搭遮陽棚，棚內擺多張供桌，如果加上多處餐點供應區或臨時廚房，金紙販賣，信徒機車停放，感覺廟埕似乎真的能裝很多。【圖 3-5】

圖 3-5：小琉球碧雲寺單體設施：左起涼亭、金爐、竹樹、廟埕

【黃永財拍攝：2019/8/23】

（二）建築風格與格局

1. 屋　頂

　　碧雲寺的屋頂是閩南式傳統建築，前殿、正殿及兩側殿屋頂各自獨立。前殿、正殿屋頂為多重簷，特別抬高，以別主次，在閩南式廟宇是一特色。頂部燕尾中央立福、祿、壽人物。兩側殿屋頂低於前殿、正殿，頂部燕尾中央立人物騎神獸，在中脊、規帶、斜脊處，布滿剪黏陶塑人物等裝飾。【圖 3-6】

圖 3-6：小琉球碧雲寺的屋頂

【黃永財拍攝：2019/8/23】

　　碧雲寺原址重建新廟，在民國 85 年（1996）農曆 7 月 12 日入廟紀念日，迄今近三十年，不算太久，可能位於海島關係，也同於其他寺廟一樣，在風雨的侵蝕下，外貌斑駁，屋頂剪黏陶塑人物等裝飾及屋瓦的漆色，色澤轉淡，雖未老舊狀，但似乎老化速度較快。位於右側殿（虎邊）的天花，如逢下大雨或連續下雨幾天，開始漏水。

2. 格　局

碧雲寺主體建築是樓層臺基微挑高型（樓梯四階），一條龍式建築。前殿、拜殿、與正殿神龕緊鄰。正面兩側殿向兩側延伸，中央為正殿（主殿），整體成為一字形。

（三）建築體

1. 月　臺

暴露在室外的平臺，夜裡亦可接受月光的照射，稱為月臺，其位置猶如人之丹田，亦雅稱為丹墀。〔註39〕通常作為祭祀用。

碧雲寺前殿與廟埕處，加築一座方形臺基，只有五階梯高度，三面欄杆，欄杆上共造 8 小座蓮花，月臺的中前方置一座大金爐，信徒在月臺參拜完畢後，習慣性動作直接後轉，走進前殿正中門而進入正殿。

2. 前　殿

前殿三川門與丹墀緊鄰，廊道兩根鏤空龍柱。由於前殿進入拜殿就是正殿，信徒習慣從中門進出，早期入殿內要脫鞋，現今不用，否則在慶典時形成前殿一堆鞋子，進出不方便。【圖 3-7】

圖 3-7：小琉球碧雲寺建築體：月臺、前殿、兩側殿

【黃永財拍攝：2019/8/23】

3. 正　殿

正殿與拜殿相接，空間不大。正殿的兩側神龕，分別是左側（龍邊）奉祀註生娘，右側（虎邊）福德正神。正殿要進入內殿需從兩側神龕前進入，

〔註39〕李乾朗：《臺灣古建築圖解事典》（臺北市：遠流出版事業股份有限公司，2016年 10 月，四版），頁 72。

但非經許可不能進入（白鐵圍籬，裝控制鎖）。正殿天花是八卦形多重簷。
【圖3-8】

圖3-8：小琉球碧雲寺正殿

【黃永財拍攝：2019/8/23】

4. 妙法堂、觀佛堂、鐘鼓樓

碧雲寺左側妙法堂；右側觀佛堂，其屋頂建築風格，沒有閩南式熱鬧剪黏陶塑人物等裝飾，從屋頂到殿身上部牆面均為淡土黃色，窗作八卦形。

妙法堂開單門，正對碧雲寺左側牆面，門柱聯：「妙施靜露超苦厄；法悟菩提見本真」。觀佛堂開單門，正對碧雲寺右側牆面，門柱聯：「觀音慈航護琉嶼；佛光普照渡眾生」。

鐘鼓樓為二層樓，八角形，紅柱，八角屋頂的角向上，第一層屋頂是浪花，第二層鳳，第三層龍。其鐘樓（左）屋頂部中央立人物與龍；鼓樓（右）屋頂部中央立人物與虎。左鐘樓一樓設金紙販賣部，門前一通道可到管理委員會辦公室，右鼓樓一樓則為廟祝辦事處。【圖3-9、圖3-10】

圖3-9：小琉球碧雲寺觀佛堂（左側黃色屋）及鼓樓

【謝沛蓁拍攝：2019/8/23】

圖 3-10：小琉球碧雲寺妙法堂（右側黃色屋）及鐘樓

【謝沛蓁拍攝：2019/8/23】

（四）舊〈碧雲寺廟碑文〉、新〈碧雲寺碑誌〉

碧雲寺民國 79 年（1990）改建時，舊廟碑被放置三隆宮旁一空地，田深氏後代子孫田明福請陳麒麟（建築業）用吊車帶到共合堂，將舊碑文安置在「共合堂」左側牆。【圖 3-11】田明福有意將舊廟碑再贈給碧雲寺，但是碧雲寺四駕說，因為碑文有記載著田深的名字，還是留給田家子孫做紀念及保管。〔註 40〕

圖 3-11：舊〈碧雲寺廟碑文〉（共合堂外側牆上）

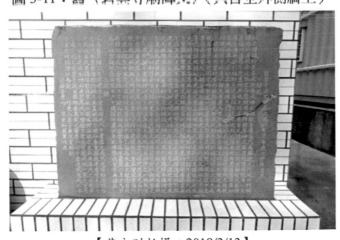

【黃永財拍攝：2019/3/13】

「共合堂」沒有地址，位於杉板路 65 號前方小路與 17 之 6 號旁。共

〔註 40〕受訪者：田明福（男，田深氏後裔），訪談者：黃永財，地點：屏東縣琉球鄉共合堂，日期：2019 年 3 月 13 日。

合堂奉祀神尊,以前叫老祖,後來才知道是稱蔡神仙。〔註41〕堂內神龕只奉祀老祖(蔡神仙),沒有其他神明,神龕用柵欄式圍著。匾額:「共合堂」,下款:歲次戊寅年蒲月吉旦。楹聯:老山密林神殿穩;祖澤甘澍社區安。廟門用紅色鐵製小柵欄。據田明福表示:共合堂預計在辛丑科(2021)迎王平安祭典前,完成拆除重建完畢。新建完成後,舊廟碑依然會安置外牆。(碧雲寺管理委員會於民國109年﹝2020﹞復刻舊〈碧雲寺廟碑文〉,置於碧雲寺殿內。)【圖3-12】

1. 舊〈碧雲寺廟碑文〉

圖3-12:民國109年復刻舊〈碧雲寺廟碑文〉

【黃永財拍攝:2020/6/21】

舊〈碑文〉〔註42〕:碧雲寺源史　中華民國四十三年歲次甲午吉旦

(1)緣起:

如來釋迦即是牟尼,原係成佛之祖,觀音菩薩乃為釋迦之門徒。沙門稱釋,始於漢明帝。延而至今,歷經有兩仟餘年。神之英灵,遐遍而週傳;心文虔敬,川流而不息。蓋聞本嶼之開基,來自大清乾隆之前。有閩省民族移居台灣南部打狗,即今之高雄。常來本嶼附

〔註41〕受訪者:田明福(男,田深氏後裔),訪談者:黃永財,地點:屏東縣琉球鄉共合堂,日期:2019年3月13日。

〔註42〕文內的字體依照舊碑文書寫,如,灵(靈)、湾(灣)、嶼(島)、継(繼)、庙(廟)、劃(劃)、愿(願)、囬(回)、礼(禮)、夀(壽)。

近捕魚。時有靠岸登陸，藉知本嶼尚無人居住，且魚族棲息豐富，適合移民。遂而招募閩省同志，前後相繼，移居于此，專以捕魚兼農為生。然本嶼孤立海上，形如丸球，故名為「小琉球」者也。當時有杉板路居民田深氏，即今之杉福村田家之祖先，在現有碧雲寺前園宅內，架建一小茅舍為牧羊之用。時有一夜在寢中，忽夢得南海普陀山觀音佛祖，要在此處建立庙寺。田氏感及佛祖之靈顯，喜愿將該地捐献為建庙之基，立即傳佈眾民。於是詢謀集議，遂於乾隆元年間建立草庙，名為觀音亭，彫刻佛像永為敬拜。果然語不虛稱：凡民卜者，顯如雷電；事求者，灵在眼前。自此嶼民頗受神惠，均得安居樂業，無不感其英灵，而為永奠之業。又嫌地勢深窩不宜，非另撰擇適當地點改建瓦庙不可。正在眾議策劃之間，於光緒三年春末，有粵人泥匠李宗榮氏，為被聘來台，築造南部恒春防城。竣工歸途，搭乘帆船路經本嶼附近，忽遭狂風巨浪，航海未得如意，無奈避難本嶼。聞及佛祖之灵感而詣拜，口愿求佑，曰：「如得安順回歸故里者，若改建瓦庙時，當效勞，以報神恩之萬一。」果然語不虛稱，神通廣大，佛法無邊。未幾風恬浪靜，使之一帆風順，平安歸著故甲。立即預先奉信報謝。至同年秋末，眾民撰定改建瓦庙於現在地址，捐欵工時，該泥匠果有心同口愿，聞風而至，無償效勞，協助改建。工程至年底完成，並捐献「慈慧普被」木匾乙面，為永久之紀念。自此名揚四海，迄今香客絡々不絕，而改稱為碧雲寺。每年農曆二月十九日為佛祖聖誕紀念日，家々戶々備設珍菓，供奉礼佛。恭祝聖寿無疆矣。

（2）改觀

本寺自光緒三年改建迄今，歷屆將近八十星霜之長久。此間雖有部分修補，但其重要棟樑朽蝕，又庙蓋破漏不堪，如無重新改建，實有失宏々之威，故眾民集議，捐款或策劃以圖成。俾庙貌之克新，共萬民之永敬。集全力而興建，成全功而達望。萬民不惜餘力，眾志可能成城，一策之百籌，呈現今朝之宏堂。千誠百敬，聊表萬載馨芳；一心十虔，道哉黎民之永沾。書歷碑銘，謹以為欽。

作吏人弟子黃生寬鞠躬　中華民國四十三年歲次甲午吉旦

3. 庙寺坐向：坐乾向巽兼戌辰

2. 新〈碧雲寺碑誌〉【圖 3-13】

圖 3-13：新〈碧雲寺碑誌〉

【黃永財拍攝：2019/8/23】

新〈碑文〉：

觀世音菩薩，梵文佛經稱為「阿縛盧枳帝濕伐邏」即「觀照萬法，任運自在」之意。累劫前乃正法明如來，方便權現菩薩身，脅侍西方阿彌陀佛，輔弼教化。因與我娑婆世界眾生特別有緣，時現三十二應身度眾，尋聲救苦，千處祈求千處應現，為顯密兩教共同尊仰。華嚴經記載，觀世音菩薩道場，在印度南方補怛洛迦山，為眾寶所成，國人信念，菩薩道場在浙江省定海縣普陀山，為佛教四大名山之一。

本山開基，始於清朝乾隆，時有杉板路，今田家祖先田深氏在現碧雲寺前園宅內，架小茅屋牧羊，一夜寢中，夢得南海普陀山觀世音菩薩，欲在此弘化興建廟宇，田氏感及菩薩靈顯，欣然獻地，遂於乾隆元年建立草廟。名為觀音亭，雕刻佛像，永為敬拜，果然顯如雷電，聲聞遐邇，有求必應，居民蒙受佛恩，均能安其居，樂其業。後以地處深窩，廟貌低矮，遂有擇地另建瓦廟之議。光緒三年春末，有奧人泥匠李宗榮，應聘來台，築造恆春防城，竣工歸途，所搭帆船航經本嶼附近，條遭颶風狂浪，不良於行，遂避風於本嶼。聞及菩薩靈感而詣拜，禱曰：如得安返故里，俟建瓦廟時，當鼎勞以酬佛恩。未幾，果然風清海偃，安抵家園。同年秋末眾善信，撰定現址改建，該泥匠聞風而至，無償效力。改建工程至年底告竣。李氏並捐「慈慧普被」木匾乙面，以為永奠。

自此靈異益頻，禱求立應，朝拜者匍伏絡繹，煙香繚繞，竟日不絕，為鄉

民信仰中心，精神憑依。

嗣後，經民國四十三年及七十九年兩次改建。如今廟貌崇峨，佛光普照，楊枝灑露，法水長流，眾生將益蒙福庥，是為永誌。

作記人：許春發　謹識并敬撰本寺楹聯為祝　中華民國八十六年五月吉日

第二節　碧雲寺的信仰組織及慶典活動

　　碧雲寺的管理委員會，在發文或公告，其單位名稱用「碧雲寺、三隆宮」管理委員會。碧雲寺、三隆宮慶典或團拜，管理委員會主委、爐主、科年大總理等人員，遵循傳統禮制，穿著長袍馬褂古禮服參加各項儀式活動。

　　碧雲寺、三隆宮的天公爐設在碧雲寺，只有一位爐主。爐主、頭家是由觀音佛祖所欽點，任期內協辦廟中有關祭祀慶典活動。碧雲寺在民國 35 年（1946）成立爐主、頭家制度後，天公爐便由爐主迎請在家中供奉。也因如此，廟方又設置一個爐，稱「副爐」，方便信徒參拜。

　　筆者參與碧雲寺民國 108 年及 109 年（2019、2020）年度慶典活動，兩年的慶典活動、儀式幾乎相同，故此，本節以 108 年（2019）度慶典活動為主要研究範圍：如迎、送天公爐過程，爐主、頭家遴選與工作事項，上元節乞物、落廟、朝山，觀音佛祖聖誕、得道、出家紀念日等慶典活動。

一、碧雲寺的天公爐及爐主、頭家

　　「爐主」，是負責延續寺廟香火的主人。除了寺廟之外，臺灣傳統市場或者神明會、祭祀公業等，大多設有爐主。爐主通常有任期制，由信徒經擲筊選出，獲得最多聖筊者出任，居次者擔任「頭家」。其組織設爐主一名，頭家人數不一，任期大多是一年。

　　早期的寺廟規模小，沒有管理委員會或財團法人時，爐主的工作相當繁雜，相對的，地位顯得重要，是權力的重心。後來小廟重建大廟，成立管理委員會或財團法人，權力的重心重新調整，只須負責某一些事務性的工作。頭家早期是協助爐主的角色，現今比較不需要分擔太多工作。

臺灣目前還有小廟只設爐主，沒有成立管理委員會，例如鄉間小型的土地公廟、松樹公、石頭公等。由於是小廟，祭祀圈不大，也因只奉祀一尊神明，沒有繁雜事務，所以不必要成立大的組織做管理。

（一）迎天公爐回碧雲寺

民國108年（2019）國曆3月24日（農曆2月18日）迎「天公爐」回碧雲寺。上午6時42分，天地醒獅戰鼓團8人在碧雲寺廟埕表演。上午7時，碧雲寺四駕，高雄譜賢社9人的鼓吹陣，管理委員會、辛丑科（民國110年〔2021〕）大總理等，穿著古禮服（長袍馬褂）從碧雲寺廟埕出發。

請天公爐隊伍順序：天地醒獅戰鼓團、高雄譜賢社鼓吹陣、碧雲寺四駕、管理委員會等人員、隨香信徒（約250人，信徒路途中臨時加入，人數難以確定。）。

上午7時22分，到達和平路8之3號路口，由戊戌年（民國107年〔2018〕）爐主鍾明雄的兒子鍾加成〔註43〕及頭家等人，跪迎碧雲寺四駕。上午7時25分，隊伍到達戊戌年爐主的厝，由代理爐主鍾加成在厝內，面向外跪接四駕。之後四駕退出厝外，天地醒獅戰鼓團、高雄譜賢社鼓吹陣在厝外，管理委員會等人進入厝內。【圖3-14】

圖3-14：2019年小琉球碧雲寺請天公爐（爐主的厝）

【黃永財拍攝：2019/3/24】

上午7時30分，爐主二樓的厝內，由管理委員會主委黃文良帶領全體進行儀式（主委、爐主、大總理，上香、獻茶、獻酒，全體跪拜），禮成。天地醒獅戰鼓團表演3分鐘。上午7時50分，請天公爐，司儀洪明男唸3次，才

〔註43〕戊戌年（2018）爐主鍾明雄任內過世，由兒子鍾加成、鍾加明代理。

能請起（先用淨香先淨），主委黃文良請天公爐交由代理爐主鍾加成，總幹事蔡文財請天公爐座。

　　上午 8 時，回到碧雲寺，戲棚開演。上午 8 時 2 分，進入殿內。上午 8 時 3 分，天公爐安座完成（正爐坐於副爐前）。上午 8 時 5 分，上香、跪拜、稟告。上午 8 時 8 分，主委、爐主、大總理進內殿，將香插上天公爐。上午 8 時 11 分，向觀音媽稟告，完成，主委、爐主、大總理進內殿，將香插上香爐。上午 8 時 14 分，主委、爐主、大總理，獻茶、獻酒。到此，整個迎天公爐回到碧雲寺安座儀式圓滿完成。【圖 3-15】

圖 3-15：小琉球碧雲寺天公爐（掛金牌）

【黃永財拍攝：2019/3/24】

　　迎天公爐回碧雲寺活動前後約一個多小時，如果加上出發前在廟前的表演，不到兩個小時。從碧雲寺到爐主的住處，全程用走的，其間臨時加入許多信徒，以女性婦女居多。路程約二十多分鐘即到達目的地，當到達路口時，由代理爐主鍾加成在路上等候並跪迎前來的神明。

　　進入爐主厝內，由於人數眾多，相當擁擠，但不影響整個儀式進行，約 30 多分鐘完成請天公爐儀式。回程路上，鄉民在家中設香案，信徒路途中臨時加入隊伍，使整個場面更盛大熱鬧。

　　天公爐回到碧雲寺立即進入內殿，舉行天公爐安座，儀式隆重，其過程約 20 分鐘圓滿完成。此刻碧雲寺殿內殿外熱鬧非常，信徒不斷擁進穿梭寺中，從熱鬧聲中，聽到擲筊、抽籤支聲，這一天農曆 2 月 18 日，是碧雲寺迎天公爐，演天公戲的日子，也是小琉球人一年一度宗教信仰的盛事之一。

表 3-3：戊戌年（民國 107 年［2018］）爐主、頭家名冊一覽表

職　稱	村　名	姓　名	職　稱	村　名	姓　名
爐主	中福村	鍾明雄	頭家	南福村	黃文裕
頭家	本福村	蘇永福	頭家	南福村	黃　蔭
頭家	本福村	洪明道	頭家	天福村	陳文宗
頭家	中福村	蔡川福	頭家	天福村	陳國興
頭家	中福村	陳勢賢	頭家	上福村	林慶和
頭家	漁福村	黃進和	頭家	上福村	李學鴻
頭家	漁福村	陳泰毓	頭家	杉福村	陳金龍
頭家	大福村	黃志煌	頭家	杉福村	林武雄
頭家	大福村	洪福家			

資料來源：1. 代理戊戌年（2018）爐主鍾加成。　2. 筆者田野調查整理。

（二）擲筊選任新爐主、頭家

每年的農曆 2 月 18 日，大約晚餐後，在碧雲寺觀音佛祖前擲筊選出下任新爐主、頭家。產生方式，依照各戶丁冊簿登記的代表，由現任爐主逐一擲筊，擲筊杯數最多者，即是觀音佛祖欽選的爐主，次多者，各村選出兩位，擔任頭家。參加爐主、頭家選任，參加繳丁錢的人，就具有資格，若不想參加，信徒可以改用寄付名義，贊助廟宇活動。

己亥年（民國 108 年［2019］）爐主、頭家的產生，於國曆 3 月 24 日（農曆 2 月 18 日）下午 17 時 50 分，由管理委員會主委黃文良、戊戌年（民國 107 年［2018］）代理爐主鍾加成燒香拜拜稟告。稟告內容：「啟稟觀音佛祖，新爐主要產生，請觀音佛祖協助產生。」下午 18 時開始擲筊，由鍾加成代理擲筊，手捧金紙，筊杯放在金紙上面，將本屆（民國 108 年［2019］）八個村98 名參加者，向觀音佛祖稟告姓名，然後擲筊。

己亥年（民國 108 年［2019］）參加爐主、頭家擲筊，名冊共有 98 名，本福村 18 人、上福村 14 人、杉福村 12 人、大福村 24 人、南福村 10 人、天福村 13 人、中福村 4 人、漁福村 3 人。經過觀音佛祖的欽選，由中福村的柯朝鴻 7 杯，當選己亥年爐主，其爐主、頭家名冊如下：

表 3-4：己亥年（民國 108 年［2019］）爐主、頭家名冊一覽表

職　稱	村　名	姓　名	職　稱	村　名	姓　名
爐主	中福村	柯朝鴻	頭家	南福村	黃　木
頭家	本福村	蔡嘉興	頭家	南福村	林保三
頭家	本福村	蔡西川	頭家	天福村	陳文宗
頭家	中福村	陳勢賢	頭家	天福村	蔡清王
頭家	中福村	蔡川福	頭家	上福村	李金龍
頭家	漁福村	黃文郡	頭家	上福村	洪文良
頭家	漁福村	陳泰毓	頭家	杉福村	許上億
頭家	大福村	洪慶成	頭家	杉福村	陳正雄
頭家	大福村	洪國峯			

資料來源：筆者田野調查整理。

（三）恭送天公爐到新爐主的厝安座

民國 108 年（2019）國曆 3 月 26 日（農曆 2 月 20 日），恭送天公爐到新爐主的厝安座，參加單位及人員：管理委員會、戊戌年（民國 107 年［2018］）爐主、平丑科（民國 110 年［2021］）大總理等穿著古禮服。碧雲寺、四角頭轎班班長雖參加，但沒有穿著古禮服。

請天公爐起座前，管理委員會主委黃文良、戊戌年代理爐主鍾加成、辛丑科大總理林家來，在碧雲寺殿內，各行上香、獻茶及獻酒儀式。同時戲棚開始扮仙。出發前，四駕（大媽、佛祖）到正殿前。上午 8 時 5 分，代理爐主鍾加成面向正殿外，從主委黃文良手上跪接天公爐。

隊伍順序：鑼鼓、獅陣、四駕、天公爐、管理委員會等，信徒約 250 人。路徑：碧雲寺左側出發、中山路、郵局、騰風宮、三民路（297 號）轉角、福泉宮、真饌海鮮樓、觀光港路。上午 8 時 41 分，從觀光港路 29 號轉入巷內。上午 8 時 42 分，己亥年（民國 108 年［2019］）爐主柯朝鴻跪迎，【圖 3-16】口唸「恭請玉皇大天尊」。上午 8 時 45 分，進入爐主厝內。

上午 8 時 48 分，天公爐安座。上午 9 時 2 分，管理委員會主委黃文良、戊戌年代理爐主鍾加成、辛丑科大總理林家來等上香。新、舊爐主交接，舊爐主倒茶三杯，只要各一半，再由新爐主將三茶杯的茶倒滿。司儀洪明男提醒爐主柯朝鴻，牲禮的雞頭要向內。信徒約 250 人，在新爐主柯朝鴻的的厝外面，隨著跪拜。爐主柯朝鴻提供冷飲、水果（西瓜、蕃石榴）、

糖果、麵包等，供信徒取用，場面熱鬧溫馨。上午 9 時 18 分，參與天公爐安座單位及信徒搭車離去。上午 9 時 21 分，爐主柯朝鴻帶領己亥年頭家，舉行參拜。本日新、舊爐主圓滿交接，並將天公爐安座圓滿。

圖 3-16：柯朝鴻（己亥年爐主）在路口準備跪迎天公爐

【黃永財拍攝：2019/3/26】

（四）爐主的工作事務

己亥年（民國 108 年〔2019〕）爐主、頭家，圓滿交接完成，新爐主柯朝鴻要著手進行很多工作事務，擔任爐主每天都要依規行事，不可怠慢。也因如此，參加擲筊的信徒，可以事先聲明放棄爐主，而只要當頭家。

為什麼柯朝鴻會想當爐主，他向筆者透露，是要完成他父親心願。民國 95 年（2006），柯朝鴻父親參與碧雲寺爐主擲筊，與水來伯同樣是 9 杯，廟方電話通知柯父，同杯還要兩者再擲比杯數。柯父隨口就說：「現在要帶孫子，比較沒有時間做爐主。」結果再比杯，輸了，成了最高杯的頭家。爐主沒當成，柯父於民國 96 年（2007）去世。因為要照顧孫子（柯朝鴻的兒子），才說出沒時間做爐主，因此柯朝鴻深感內疚，所以只要機會，想完成他父親的心願。〔註44〕

柯朝鴻，23 歲時考進臺電，在臺南上班，住臺南，放假回小琉球，平時由柯母負責天公爐事務及服務信徒工作。爐主的工作，天公爐敬茶，早、午各一次。負責金紙販賣（在小琉球叫貨），每份 200 元。提供敬茶的水或香灰，讓有需要的信徒取回。參拜時間：凌晨 3 時至下午 21 時，中午 12 時至下午

〔註44〕受訪者：柯朝鴻（男，碧雲寺、三隆宮 2019 年爐主），訪談者：黃永財，地點：屏東縣琉球鄉三民路 5 巷○號，日期：2019 年 3 月 28 日。

14：30 休息。

在這一年擔任爐主的工作，為了生計要外出，可以向天公祖擲筊請示，得到同意後，可由家人代為執行。如果未得到同意，不可以擅自離開爐主的職責。所以在制度上安排，信徒到爐主厝內祭拜天公祖，其金紙向爐主購買，讓爐主替神明服務，多少能補貼日常開銷。

新爐主，恭奉天公爐應準備用品及工作事務如下表：

表 3-5：恭奉天公爐準備用品一覽表

序號	內　容	序號	內　容
1	一對桌燈	10	塑膠盤子 3 個（盛水果、糖果備用）
2	淨爐 1 個（有底座）	11	毛巾 1 打，擦桌用（須紅色）
3	香環爐 1 個	12	塑膠製小碗 12 碗
4	花瓶 2 對（鐵製）	13	敬果用盤 5 個（有底座）
5	敬茶茶壺 2 個（中、小各 1 支，中支敬茶，小支敬四果茶）	14	小盤了 8 個（三珍海味、六味用）
6	塑膠水桶，大 2 個、小 4 個	15	小刀、小砧板各 1 個
7	白鐵垃圾桶，大、小各 2 個	16	點香器 1 支
8	敬茶盤 2 個	17	熱水瓶（插電式）1 支
9	敬茶杯 10 個（鐵製）		

資料來源：1. 代理戊戌年（2018）爐主鍾加成。　2. 筆者田野調查整理。

表 3-6：爐主工作事項一覽表

序號	內　容	序號	內　容
1	放八音	7	開始擦香爐（用紅布）
2	起淨香	8	用紅毛巾擦桌面及四周圍
3	沖泡甘茶、四果茶	9	整理地板
4	點香拜天公祖、神明	10	敬茶（天公祖、神明）
5	洗茶杯（放乾）	11	點香拜天公祖、神明稟告完成
6	整理香灰	12	擲筊

資料來源：1. 代理戊戌年（2018）爐主鍾加成。　2. 筆者田野調查整理。

二、碧雲寺的慶典活動

碧雲寺每年從上元節舉辦乞物活動開始，便是拉開一年慶典活動序幕。上元節乞物由廟方準備物品供奉在供桌，由信徒選定向觀音佛祖乞求後，帶回保平安。

慶典期間，信徒請戲演出以酬神，如果請戲的人多，就會出現多棚戲同時演出的盛況，同一廟埕演出就會拚戲情形。但是小琉球碧雲寺觀音佛祖的慶典活動，廟方與地方有共識安排，酬神演戲就不會有此狀況。

觀音佛祖慶典活動中，朝山是由信徒自發性舉辦的。朝山時段是在晚間進行，以三步一跪，五步一拜方式朝向碧雲寺。到了碧雲寺，信徒在廟外誦經完後，才會結束朝山活動。

（一）上元節乞物

據呂希哲《歲時雜記》記載：「道家以正月十五日為上元」。〔註45〕正月十五日是一年明月打頭圓，第一個月圓夜，古代把夜稱為宵，即「元宵節」。據蕭放的《節慶》指出：「在四時八節中，元宵節具有獨特的文化品性，它雖然沒有依傍具體的節氣點，但在節日體系中的地位突出，這除了它與春節的關係外，恐怕還有更深層的原因。」〔註46〕

漢武帝正月上辛夜在甘泉宮祭祀「太一」的活動，被後人視作正月十五祭祀天神的先聲。據陳元靚《歲時廣記》記載：「太平御覽所載史記樂書曰：漢家祀太一，以昏時祠（祀）到明，今人正月望日夜遊觀燈，是其遺事，而今史記無此文。」〔註47〕不過，「正月十五真正作為民俗節日是在漢魏之後」。〔註48〕

「鬧元宵」是做出民俗而活躍文化精神。女性登樓賞月或遊街看燈，是整個元宵夜主角之一。鑼鼓、燈火、燈彩，在元宵活動各扮演不同角色。元宵張燈習俗起源早，它來源於上古以火驅疫的的巫術活動，後世民間正月十五以火把照田、持火把上山等，就部分保存了這一習俗。隨著佛家燃燈祭祀的

〔註45〕呂希哲：《歲時雜記》收錄於宋·陳元靚編：《歲時廣記》（臺北市：新文豐出版股份有限公司，1984年6月，初版），卷十，頁95。
〔註46〕蕭放：《節慶》（吉林：長春出版社，2016年12月，第1版），頁54。
〔註47〕宋·陳元靚編：《歲時廣記》（臺北市：新文豐出版股份有限公司，1984年6月，初版），卷十，頁95。
〔註48〕蕭放：《歲時——傳統中國民眾的時間生活》（北京：中華書局，2002年3月，第1版），頁123。

風習流播中土，元宵燃火夜遊的古俗，逐漸演變為元宵張燈的習俗。張燈習俗的大擴展是在唐宋時期，唐代在京城製作高達八十尺、光映百里的「百枝燈樹」。〔註49〕

　　唐代正月十四、十五、十六日，三夜取消了通常的宵禁，讓人們徹夜自由往來，到了宋代城市生活進一步發展，元宵燈火更為興盛。據《歲時雜記》引《提要錄》云：「梁簡文帝有列燈，陳後主有光璧殿遙詠山燈詩，唐明皇先天中，東都設燈，文宗開成中，以燈迎三宮，是則唐以前歲不常設燒燈故事，多出佛書。」〔註50〕唐代正月十五日尚未常設元宵活動，到宋代由三日增至五日，據宋代吳曾《能改齋漫錄》記載：「京師上元，國初放燈止三夕。時錢氏納土，進錢買兩夜。其後十七、十八兩夜燈，因錢氏而添，故詞云五夜。」〔註51〕張燈的時間也由三夜，新增正月十七、十八兩夜，擴展到五夜。最初限於京師開封府，後來地方州郡紛紛效法，成為通例。

　　臺灣現今上元節，寺廟舉辦賞燈、猜燈謎活動。民間傳說，「鑽燈腳，生卵葩。」（臺語）因為燈與丁音同（臺語）。人們產生求丁的風俗。

　　民國108年（2019）國曆2月19日（農曆1月15日），上元節，小琉球碧雲寺、三隆宮舉辦上元節「乞物」活動，只有一天，不過還是以碧雲寺為主，也較為熱鬧。乞物方式，乞物上面有標價錢，信徒自己先選定物品，再向觀音媽擲筊，乞求觀音媽允杯。按照乞物上的標價，將錢自行投入「上元乞物」獻金箱。乞物可當日帶回，也可以暫供在碧雲寺幾天，乞物當日如有多餘，隔日會繼續提供信徒乞求。【圖3-17】

　　乞物價格，乞物上標價是底價，可自由往上加價。第一類，位於碧雲寺正殿右側（虎邊）的長桌：串魚：500元、旗魚：500元、鳳梨魚：200元、蕃薯魚：1,000元、米糕豬：1,000元、米糕魚：600元，以上是食物。

　　第二類，位於正殿正前供桌：金雞：3,600元、筆：2,100元、龜（花生糖）：1,500元、龜（麵線）：1,500元、蟾蜍：3,600元、麒麟：2,100元、風獅爺：2,100元、蓮花：2,100元，以上除龜之外，其他材料有木材、陶磁等類。

〔註49〕蕭放：《節慶》（吉林：長春出版社，2016年12月，第1版），頁59、60。
〔註50〕呂希哲：《歲時雜記》收錄於宋‧陳元靚編：《歲時廣記》（臺北市：新文豐出版股份有限公司，1984年6月，初版），卷十，頁95。
〔註51〕宋‧吳曾：《能改齋漫錄》（上海：古籍出版社，1960年11月，第1版）卷十七，頁491。

　　向觀音媽乞物允許者，在小紅三角旗上，寫上信徒名字，插在乞物上。三隆宮也有乞物，但是乞物信徒沒有碧雲寺多，所以三隆宮多餘的乞物就拿到碧雲寺。

　　上元節「乞錢母」，只有一天，信徒自己向觀音媽擲筊，乞允者，到右側殿（虎邊）登記（姓名、電話），外地人可以乞求。〔註52〕「錢母」是個紅包袋，袋面印「碧雲寺觀音佛祖錢母」，內裝有 200 元，可以當日或明年元宵節還，加多少隨意。

圖 3-17：2019 年小琉球碧雲寺上元節「乞物」（麵線龜）

【黃永財拍攝：2019/2/19】

（二）落廟與酬神戲

　　迎神賽會或神明祭典期間，是信徒謝恩最好的時機。簡單就準備鮮花、四果，隆重的有三牲或五牲，較特別重大的可能殺豬公、宰羊來酬謝神恩。除了祭品之外，如打造金牌、神明帽、神衣、寄付現金、添置八仙綵、桌裙等，甚至請戲演出酬神。據《臺灣縣志》中〈輿地志一・風俗〉記載：「臺俗演戲，其風甚盛。凡寺廟佛誕，擇數人以主其事，名曰頭家，斂金於境內，作戲以慶。鄉間亦然。每遇唱戲，隔鄉婦女駕牛車，團集於檯之左右以觀，子弟之屬代為御車，風之未盡美也。」〔註53〕請戲演出酬神花費甚高，信徒認為是對神明最高的敬意，同時可以增加寺廟慶典熱鬧氣氛，並且達到娛樂的效果。

　　每年的農曆 1 月 15 日，是小琉球碧雲寺「落廟」的日子。所謂落廟就是

〔註52〕筆者參與乞錢母，擲筊一杯，帶回錢母 200 元，隔年（民國 109 年），還 500 元。

〔註53〕清・陳文達編纂：《臺灣縣志》（臺北市：臺灣銀行，1961 年 6 月），頁 59。

來自全臺各地的戲團負責人，到碧雲寺登記參加擲筊，經擲筊選出的戲團稱之。戲團是歌仔戲團，所以這一天將參加登記的歌仔戲團名單，在碧雲寺觀音媽前擲筊選定，得聖杯最多者，稱「正棚」；次高者為「副棚」。

所謂正棚是「神明戲」，從農曆 2 月 18 日演天公戲，農曆 2 月 19 日觀音佛祖聖誕，農曆 2 月 20 日註生娘娘、福德正神一同酬神，在碧雲寺共連演三天。農曆 2 月 21、22 日，移到三隆宮王爺廟演兩天。農曆 2 月 23 日再移往上杉福安宮，農曆 2 月 24 日上杉萬眾千歲。接下來花矸仔哪吒、福隆宮、大福村福安宮、萬聖府、東安府。清明節休息一天。

清明節隔大，又從聖后宮、井仔口大聖爺，回到碧雲寺，接副棚謝神戲，再前往本福村的福泉宮、騰風宮（大眾千歲，俗稱大眾爺）。除了前述演戲之外，再另加平常日演戲：農曆 6 月 19 日觀音菩薩得道，農曆 7 月 12 日碧雲寺新廟入廟紀念日，農曆 9 月 19 日觀音菩薩出家。三隆宮王爺生日：農曆 6 月 18 日池府千歲，農曆 8 月 15 日朱府千歲，農曆 9 月 15 日吳府千歲，農曆 11 月 1 日溫府千歲，另外農曆 8 月 24 日三隆宮新廟落成紀念日，共有 8 棚的戲演出。以上都是正棚一年當中演出的機會。

副棚是指「謝神戲」，是由各家或其他為答謝神明所寄付的，因在各自家演戲除了場地問題外，另搭戲棚費用增加，所以集中在碧雲寺演出。不過，副棚演戲先在本福村陳家觀音佛祖演出，也就是農曆 2 月 19 日在陳家開始演戲，據說是陳家出面爭取的，這歷史已久。之後再移到碧雲寺演出，清明節休息一天。

正、副棚演戲的日期及地點，歷年來大致一樣，其間依每年信徒寄付情形，其演戲的棚數、日期，隨之增減。對於演出的方式皆要「肉聲」，肉聲就是現場演唱、演奏，不可以放錄音。

民國 108 年（2019）國曆 2 月 19 日（農曆 1 月 15 日），碧雲寺「落廟」。上午 9 時 26 分在碧雲寺的內殿，由管理委員會的主任委員黃文良、總幹事蔡文財、委員陳國興、黃世龍、司儀洪明男等向觀音媽稟告。稟告內容是本次參加戲團擲筊名單，由司儀洪明男由逐一唱出戲團團名及團主名字，說明擲筊得杯數最多者為正棚，第二多杯為副棚。

稟告完畢後，立即移到正殿，上午 9 時 30 分，開始戲團擲筊，擲筊由主委黃文良（腳痛所以坐著）擔任，紀錄山總幹事蔡文財負責，唱名由司儀洪明男報出，委員陳國興、黃世龍協助。依序號順序唱戲團團名擲筊，從上午 9

時 30 分到上午 9 時 39 分，很快就結束。因為擲筊過程，有六團是零杯，七團則只有一杯，進行速度就很快。而序號 12 的藝月園 6 杯為正棚，序號 15 的黃湘愔 5 杯為副棚，在大家無異情形下，順利產生正棚、副棚歌仔戲團。【圖 3-18】

圖 3-18：2019 年小琉球碧雲寺戲棚擲筊

【黃永財拍攝：2019/2/19】

表 3-7：民國 108 年度碧雲寺落廟戲團得杯數一覽表

序號	得聖杯數	序號	得聖杯數	序號	得聖杯數
1	0 聖杯	7	1 聖杯	13	0 聖杯
2	1 聖杯	8	2 聖杯	14	0 聖杯
3	0 聖杯	9	1 聖杯	15	5 聖杯（副棚）
4	1 聖杯	10	2 聖杯	16	1 聖杯
5	2 聖杯	11	0 聖杯	17	0 聖杯
6	1 聖杯	12	6 聖杯（正棚）	18	1 聖杯

資料來源：筆者田野調查整理。

　　正棚：黃絧瑋（藝月園負責人），團主吳水月，團址：臺南市大武街 437 號。副棚：黃湘愔（團主），外號黑米。團址：彰化縣秀水鄉安溪村花秀路 226 號。簽約：碧雲寺管理委員會辦公室由總幹事蔡文財負責與正、副棚簽約。〔註 54〕

　　戲金都是在觀音媽面前擲杯決定，不是廟方或戲團雙方協定，但是有一

〔註 54〕簽約資料：身分證、戲棚執照、保證人、印章、保證金 50,000 元。

定的行情價起跳。連續演戲金比一般日較少，因為連續演，來一次小琉球正
棚就演 20 多棚，副棚也有 15 棚以上（以民國 108 年為例）。一般日，來一
次，就沒有連續演出，費用高一點也合理。

表 3-8：碧雲寺等各寺廟、家戶，民國 108 年度參加外臺戲落廟名冊（正
棚）一覽表

序號	日期（農曆）	寺廟名稱或主家姓名	地　點	備　註
1	2 月 18 日	碧雲寺	本寺	一棚半
2	2 月 19 日	碧雲寺	本寺	一棚半
3	2 月 20 日	碧雲寺	本寺	一棚
4	2 月 21 日	三隆宮	本宮	一棚半
5	2 月 22 日	三隆宮	本宮	一棚
6	2 月 23 日	上杉福安宮	本宮	一棚半
7	2 月 24 日	上杉萬眾千歲	本宮	一棚
8	2 月 25 日	花矸：哪吒	本宮	
9	2 月 26 日	福隆㿟	本宮	
10	2 月 27 日	大福村：福安宮	本宮	
11	2 月 28 日	萬聖府	本宮	
12	2 月 29 日	束安府	本宮	
13	3 月 1 日	清明節休息一天		
14	3 月 2 日	聖后宮	本宮	
15	3 月 3 日	井仔口：大聖爺	本宮	
16	3 月 4 日	黃天來	碧雲寺	一棚半
17	3 月 5 日	黃天來	碧雲寺	一棚半
18	3 月 6 日	洪明男	碧雲寺	二棚
19	3 月 7 日	洪豐參	碧雲寺	一棚半
20	3 月 8 日	洪文婿	碧雲寺	一棚半
21	3 月 9 日	李媽場	碧雲寺	一棚
22	3 月 10 日	陳勝富	碧雲寺	
23	3 月 11 日	福泉宮	本宮	
24	3 月 12 日	騰風宮	本宮	

資料來源：1. 碧雲寺、三隆宮管理委員會。　2. 筆者田野調查整理。

表 3-9：碧雲寺等各寺廟、家戶，民國 108 年度參加外臺戲落廟名冊（副棚）一覽表

序號	日期（農曆）	寺廟名稱或主家姓名	地　點	備　註
1	2 月 19 日	陳家觀音佛祖	本福村	一棚半
2	2 月 20 日	陳家觀音佛祖	本福村	
3	2 月 21 日	陳家觀音佛祖	本福村	
4	2 月 22 日	陳家觀音佛祖	本福村	
5	2 月 23 日	陳家觀音佛祖	本福村	
6	2 月 24 日	黃瓊瑤	碧雲寺	
7	2 月 25 日	蔡豐文	碧雲寺	一棚
8	2 月 26 日	謝峰彰	碧雲寺	天公一棚
9	2 月 27 日	羅曾秋梅	碧雲寺	一棚
10	2 月 28 日	蔡瑞陽	碧雲寺	天公一棚 觀音一棚
11	2 月 29 日	曾金田	碧雲寺	一棚半
12	3 月 1 日	清明節休息一天		
13	3 月 2 日	白沙：水仙宮		
14	3 月 3 日	白沙：水仙宮		

資料來源：1. 碧雲寺、三隆宮管理委員會。　2. 筆者田野調查整理。

（三）朝　山

　　碧雲寺觀音媽的聖誕、得道、出家日，皆由信徒自發舉辦「朝山」活動。每年農曆 2 月 19 日是觀音佛祖聖誕日，小琉球島上的信徒提早於農曆 2 月 17 日朝山。其意義是向觀音媽祝壽，另一方面，信徒相信參加朝山功德殊勝，可以獲得福報，例如，在碧雲寺廟前，貼一張「回向偈」：「朝山功德殊勝行，無邊勝福皆回向，普願沉溺諸有情，速往無量光佛剎，十方三世一切佛，一切菩薩摩訶薩，摩訶般若波羅蜜。」因此朝山人潮隊伍長達數百公尺。

　　民國 108 年（2019）國曆 3 月 23 日（農曆 2 月 17 日），朝山活動展開前，上午 8 時左右，由一群志工打掃朝山的道路，將小石子及雜物清除，免於信徒三步一跪拜時受傷。到了下午晚餐後，時間是下午 18 時 38 分，信徒陸續出現在朝山的集合地點（琉球自來水廠前），出發地點是中正路 353 與 190 號（往琉球教會路口的路牌）。氣候是下雨天（雨忽大忽小），信徒穿

雨衣，少數撐傘，打赤腳或穿拖鞋。隊伍排頭由一位端香環，後兩位端香花，信徒在後，前後保持一步距離。

　　下午 19 時 6 分，信徒持香長跪向前方參拜（碧雲寺）。下午 19 時 12 分，眾信徒長跪隨引導人先觀想再讀發願文：

1. 中華民國 108 年（2019）農曆 2 月 19 日，觀音佛祖出生紀念日，拜獻花供養佛，觀想：前面有十方諸佛菩薩摩訶薩，引導朝拜，後面有現在父母、全家老幼、歷代祖先、怨親債主、六道眾生一起禮拜。（各位大眾向前面觀想，內心發願）

2. 發願：（三稱）南無十方諸佛菩薩摩訶薩。我今發願：為求世界和平，烽火早熄，人民安樂，風調雨順，來此朝山。我今發願：為消業障，求安康，開智慧，植福田，來此朝山。我今發願：為九玄七祖，七世父母，六親眷屬，及朋友，乃至累劫冤親債主，存者增福壽，亡者得超生，並願一切眾生，得阿耨多羅三藐三菩提，來此朝山。願以上功德，祈願諸佛菩薩、龍天護法慈力加被，小琉球碧雲寺，所求如意，具足圓滿。（請起）〔註55〕

全體信徒集香到碧雲寺插香，等到插香完畢，下午 19 時 15 分，隊伍開始三步一跪拜。由於下雨關係，位於隊伍前的信徒都行三步一跪拜，隊伍後面信徒大都以立行方式前進（參加朝山以年長者居多，行動不便，就不跪拜。）。【圖 3-19】下午 19 時 51 分，隊伍到達碧雲寺左側（龍邊）的斜坡（好窄食堂）。下午 20 時 2 分，到達廟埕。

圖 3-19：2019 年小琉球碧雲寺觀音佛祖聖誕朝山

【黃永財拍攝：2019/3/23】

〔註55〕資料來源：筆者田野調查，地點：屏東縣琉球鄉碧雲寺，日期：2019 年 3 月 23 日。

從集合開始就下著雨，雨勢不斷，但並未澆息朝山信徒的虔誠，一路上陸續從隊伍後面加入，很多信徒為了跪拜方便，不穿雨衣，表達朝山者不辭勞苦精神。明代釋明河的《補續高僧傳》記載：「每見朝山人眾，山路八十里，崎嶇嶮峻，風雨不時，措足無地，欲為憩息之所，而難其基，聞山有池，曰金蓮池。」〔註56〕其描述朝山的路艱難。小琉球島上的信徒朝山路況良好，雖比不上前述的長途艱難，山路難行情境，但其虔誠之心令人讚歎。

誦經團下午 20 時 3 分，進入廟內，信徒身穿雨衣全聚立在廟埕。下午 20 時 25 分，唸「懺悔偈」：「往昔所造諸惡業，皆由無始貪瞋癡。從身語意之所生，今對佛前求懺悔。往昔所造諸惡業，皆由無始貪瞋癡。……。」

誦經（左側殿，龍邊），信徒在廟埕雙手合掌，口唸「南無觀音佛祖」，持續複誦。下午 20 時 30 分，誦經團口唸「觀音菩薩」，速度加快，在廟埕淋雨的信徒也同步口唸「觀音菩薩」，不因雨勢漸大，有人離開躲雨，之後，誦經儀式結束。本次誦經團員約 28 人，男 5 人，女 23 人，年長者居多。誦經法會、儀式，在 20 時 40 分，全部結束。整個朝山活動從集合到誦經法會結束，約 2 小時圓滿完成。

當朝山活動結束，在廟埕兩側，由信徒寄付提供餐點，但與廟方無關。餐點：熱綠豆湯、小蛋糕、麵包、饅頭、冰粉圓、芒果冰等，據信徒表示餐點數量，由觀音媽指示準備 800 份。不過依現場信徒提供餐點的量，似乎太多，最後如何處理不得而知。參加朝山人數：約 475 人，女 365 人、男 79 人、小孩（國小以下）31 人〔註57〕，以上不包括臨時加入者。

農曆 2 月 19 日是觀音佛祖的聖誕日，照理應前一天（農曆 2 月 18 日）朝山，由於農曆 2 月 18 日，請天公爐回碧雲寺，演天公戲，選下任爐主等工作，所以就提早舉辦朝山。

農曆 6 月 19 日觀音佛祖得道，農曆 9 月 19 日觀音佛祖出家紀念日，均在前一天舉辦朝山，也就是農曆 6 月 18 日、農曆 9 月 18 日。三次朝山活動大致相同，故農曆 6 月 18 日、農曆 9 月 18 日，不再另述。

〔註56〕明・釋明河：《補續高僧傳》收錄於《續修四庫全書》編纂委員會、復旦大學圖書館古籍部編：《續修四庫全書》（上海：上海古籍出版社，2003 年 5 月，第 1 版），1283・子部・宗教類，頁 301。

〔註57〕參加朝山人數，根據筆者及謝沛蓁於 2019 年 3 月 23 日（18 時 38 分），在小琉球中正路 353 與 190 號（往琉球教會路口的路牌）隊伍集合時所點的人數（現場清點或有誤差）。

三、觀音佛祖聖誕慶典及紀念活動

　　觀音佛祖的年度慶典有：佛祖聖誕、佛祖得道、佛祖出家紀念日。碧雲寺觀音佛祖聖誕，是觀音一年三次慶典紀念活動中，最為熱鬧，除了連續演戲之外，臺灣本島的友宮或分香的寺廟，搭車遊覽車到東港碼頭，再轉乘交通船，下船後再到碧雲寺向觀音佛祖聖誕祝壽，其陣容浩大，展現無比的信仰虔誠。

　　碧雲寺佛祖得道、佛祖出家紀念日，雖未有佛祖聖誕的熱鬧，但還是有演戲酬神，管理委員會等單位，約上午 8 時開始，皆比照觀音佛祖聖誕日舉行團拜儀式。

（一）觀音佛祖聖誕慶典（農曆 2 月 19 日）

　　民國 108 年（2019）國曆 3 月 25 日（農曆 2 月 19 日），觀音佛祖聖誕，這一天是本年度小琉球宗教信仰盛事，也因為是星期一的關係，外地寺廟或旅外小琉球人，提早於國曆 3 月 23、24 日（農曆 2 月 17、18 日）星期六、日，到碧雲寺向觀音佛祖祝壽。

　　民國 108 年（2019）國曆 3 月 23 日（農曆 2 月 17 日）星期六，上午 8 時 35 分，屏東縣東港鎮金茄萣大清府舊嘉蓮宮，主祀朱府千歲，由主任委員鄭國太帶領信徒前來向觀音佛祖祝壽。金茄萣大清府舊嘉蓮宮是在民國 107 年（2018）才與碧雲寺交流〔註58〕，今年專程坐船到小琉球，還帶來許多供品。到達碧雲寺時，供品擺放在廟埕供桌，向觀音佛祖祝壽。供品有：10 小杯（紅圓、其他）、五碗茶葉、五碗水果茶、五盤糕餅、五盤麻荖、五盤檳榔、五包香菸、五果（蘋果、香蕉、木瓜、鳳梨、橘）、10 盤素料、素牲禮、紹興酒、化粧品等，自備香爐。【圖 3-20】

　　碧雲寺廟埕供桌除了金茄萣大清府舊嘉蓮宮的供品之外，還有信徒的供品，葷、素都有，葷食有雞、魚、豬肉、香腸、魷魚、魚等，廟埕左側供奉一頭豬。素食料較少，大多數是水果（提籃）。同時，正殿擠滿著信徒向觀音佛

〔註58〕民國 107 年（2018）農曆 2 月 8 日觀音文化祭，三百年來碧雲寺的開基觀音佛祖金身，首次乘坐神轎出訪東港。除了欣泰號公船外，聯營各船號還有泰富航運均派客船接送轎班，到達東港碼頭時，已排列 12 座神轎等候。神轎到東港東隆宮，屏東縣長潘孟安已恭候多時，將佛祖金身請至大殿受縣長等人禮敬獻香。再轉往金茄萣舊嘉蓮宮，受到當地信徒恭敬禱拜，在宮前有一盛大活動鑽轎腳。隔日一大早回程，沿途信徒禮敬眾多，到了下午 13 時 30 分左右才上船啟航回小琉球。

祖祝壽，擲筊、抽籤詩、解籤詩、拿香火袋、寄付等，十分熱鬧。

圖 3-20：屏東東港舊嘉蓮宮向碧雲寺觀音媽祝壽供品（2019 觀
音聖誕）

【黃永財拍攝：2019/3/23】

餐點免費供應區擠滿人潮，餐點經費是由信徒寄付，私人辦理。廟體兩側設臨時廚房，一處位於碧雲寺左側（妙法堂旁）；另一處位於右側（觀法堂旁）。餐點種類：炒乾麵、米粉湯、綠豆蒜（熱）、冰綠豆湯、粉圓等。從早上開始提供到中午過後，可以現場吃，也可以打包回去吃平安，要多少就給多少。

農曆 2 月 18 日上午 11 時 24 分，屏東市五靈宮到碧雲寺謁祖。先由藝陣打頭陣，峰岳閣鼓吹陣、雅萍民俗技藝團（素蘭要出嫁）先進入廟埕。上午 11 時 33 分，神轎、涼傘、吳府千歲神轎等，陸續到達碧雲寺，並由屏東餉潭真諦堂青獅陣在廟前表演。五靈宮神轎（大轎），是三輪推車，前一輪，後二輪，女性轎班，令人感覺很特別。經過一番參拜儀式後，五靈宮 23 尊神明寄祀碧雲寺左側殿，法師持「靈寶設筵過爐進香——回駕保安值福疏文」舉行儀式。之後是午餐，餐點：八桶飯湯，負責餐廳是小琉球的「百海餐廳」。

屏東市五靈宮，民國 93 年（2004）曾經到小琉球碧雲寺進香，據辜水永（此次進香發起人）說：13 歲曾到小琉球討海，從碧雲寺分觀音佛祖香火回去屏東。民國 68 年（1979）賽洛馬颱風，住家建築物全毀，惟觀音佛祖金身不受損，因感念觀音佛祖靈驗，約在民國 83 年（1994）建廟。今年是觀音佛祖交待要回來，與上一次到小琉球碧雲寺已相隔 15 年。五靈宮主祀神吳府千歲，本次謁祖神尊有觀音佛祖、孫府元帥等神明，從屏東出動十輛遊覽車，

到東港分搭三艘船，再到小琉球謁祖進香，全團人數約 350 人。〔註 59〕

農曆 2 月 18 日演天公戲，正棚演「神明戲」，也是民國 108 年（2019）碧雲寺慶典演戲的開演。正棚是藝月園戲團，負責人黃絪瑋，在戲棚前方，掛著廣告帆布，寫著「團長吳水月（陳媽媽），戲胚子陳亞蘭，在娘胎就聽戲。」其意是藝月園戲團，團長吳水月是歌仔戲名人陳亞蘭的媽媽。

演天公戲扮仙時，戲棚前面貼一張紅紙，寫著：「恭祝玉皇上帝、三官大帝萬壽」。「棚頭」信徒每人 300 元，滿 100 位，寫一張「戲彩」，由戲棚唸出叩謝者，並將姓名張貼在戲棚面前。叩謝者如果捐獻棚頭 10,000 元以上，則單獨寫一張戲彩。另外捐獻金與棚頭是分開，不會在戲棚唱出捐獻者姓名。

農曆 2 月 18 日，約上午 6 時多，琉球鄉農會〔註 60〕就派員到碧雲寺「棚頭、捐獻」登記處受理信徒寄付。過了下午 21 點，不少信徒、鄉民持續捐獻。當日收入，據承辦員指出，棚頭、捐獻金，已收約 100 多萬元。〔註 61〕

金紙，由碧雲寺負責販賣，廟體左側（妙法堂旁），設自由捐獻箱（一份 200 元）。以農曆 2 月 18 日為例，捐獻箱開啟二次，第一次是下午 15 時；第二次是下午 21 時，由碧雲寺會計陳嘉惠負責開捐獻箱，管理委員會監事洪安同陪同，經統計共賣約 1,000 多份（約 20 多萬元）。陳嘉惠負責進貨，進 3,500 份金紙。

農曆 2 月 19 日，觀音佛祖聖誕日，上午 8 時，碧雲寺、三隆宮管理委員會、戊戌年（民國 107 年〔2018〕）爐主、辛丑科（民國 100 年〔2021〕）大總理、碧雲寺及四角頭輪班班長等向觀音佛祖祝壽。程序，第一次上香：正殿、左側殿、右側殿、妙法堂、觀法堂。第二次行跪叩禮：正殿、左側殿、右側殿、妙法堂、觀法堂。以上由管理委員會主委黃文良、戊戌年爐主鍾明雄（鍾加成代理）、辛丑科大總理林家來，各行獻茶及獻酒，祝壽儀式約 8 時 45 分結束。【圖 3-21】

上午 9 時 56 分，琉球鄉公所由鄉長陳國在率領 14 位公所人員，到達碧雲寺，由碧雲寺總幹事擔任司儀，向觀音佛祖祝壽。上午 10 時 7 分，琉球鄉鄉立幼兒園，表演舞龍、弄獅。其陣容，舞龍約有 13 位小朋友，穿藍色上衣、

〔註 59〕受訪者：辜水永（男，進香發起人，職業是菜販），訪談者：黃永財，地點：屏東縣琉球鄉碧雲寺，日期：2019 年 3 月 24 日。
〔註 60〕2020 年輪到漁會負責收款，兩單位輪流。
〔註 61〕受訪者：琉球鄉農會職員（女），訪談者：黃永財，地點：屏東縣琉球鄉碧雲寺，日期：2019 年 3 月 24 日。

金桔色長褲。弄獅分兩組，各約 13 位小朋友，服裝特別，胸前立體獅頭，全套以紅、黃為主色，在廟埕表演亮麗活潑。形成戲棚上大人扮仙，戲棚下小孩舞龍、弄獅，使祝壽場面熱鬧有趣，也吸引大家圍看及拍照。【圖 3-22】

圖 3-21：2019 年小琉球碧雲寺管理委員會等單位向觀音佛祖祝壽（團拜）

【黃永財拍攝：2019/3/25】

圖 3-22：2019 年小琉球碧雲寺觀音佛誕文化祭琉球鄉鄉立幼兒園表演舞龍、弄獅

【黃永財拍攝：2019/3/25】

農曆 2 月 19 日，觀音佛祖聖誕慶典活動的正日，一大早碧雲寺擠滿人潮，但是這一天是星期一，旅外小琉球人大概返回本島上班，到廟裡信徒以年長者居多。所以上午很熱鬧，免費餐點區還是人潮很多，到了下午以後信徒似乎減少，廟裡大概就是信徒參拜、寄付等，沒有安排特別活動。

（二）觀音佛祖得道紀念日（農曆6月19日）

民國108年（2019）國曆7月21日（農曆6月19日），觀音佛祖得道紀念日。前一天農曆6月18日，小琉球三隆宮池府千歲聖誕，碧雲寺、三隆宮管理委員會及主委、已亥年（民國108年［2019］）爐主、辛丑科（民國100年［2021］）大總理等人員，上午8時向池府千歲祝壽。演戲一天，由臺南「藝月園歌劇團」，演出一棚半。今日雨勢很大，戲臺上演戲，信徒到廟裡向池府千歲祝壽受到影響。

農曆6月19日，這一天仍然下著大雨，碧雲寺一大早擠滿信徒參拜。上午8時，照例由碧雲寺、三隆宮管理委員會、已亥年爐主、辛丑科大總理等人員，依照儀式程序團拜：第一次上香：正殿、左側殿、右側殿、妙法堂、觀法堂。第二次行跪叩禮：正殿、左側殿、右側殿、妙法堂、觀法堂。以上由管理委員會主委、爐主、大總理，各行獻茶及獻酒。

當向觀音佛祖參拜後，爐主只能略為休息，緊接著讀誦經文。儀式由道長主持，在碧雲寺正殿，道長在前、爐主在後，時跪時立，讀誦經文，爐主只要跟隨道長參拜。

演戲，由臺南「藝月園歌劇團」，演出一棚半，另有私謝戲一棚半，共演出兩天。上午雨勢不斷而大，戲臺前用一大塊透明塑膠布遮雨，臺上扮仙受影響，不過演戲者還是賣力演出。廟埕搭設遮雨棚內的供桌，擺滿各式的葷、素供品，信徒依然廟裡廟外進出拜拜。左側的休息區前的餐點提供區，熱情招呼來吃炒米粉、冰粉圓，似乎不受下大雨影響，聚集許多人等著領餐點。

民國108年（2019）農曆6月19日，觀音佛祖得道紀念日活動，比起觀音佛祖聖誕日，沒有那麼的盛大，但該做的儀式皆按規定行之。連續幾天豪大雨，上午廟裡信徒不是很多，不過只要雨勢減小，出現信徒提著供品到廟裡拜拜，或者趁雨勢停下，收供品騎著機車趕快離去。到了下午雨稍停，廟裡的信徒就多了。

（三）觀音佛祖出家紀念日（農曆9月19日）

民國108年（2019）國曆10月17日（農曆9月19日），觀音佛祖出家紀念日。這一天屏東縣東港鎮與小琉球氣候晴朗，與本年的觀音佛祖聖誕日下小雨，觀音佛祖得道紀念日下豪大雨，比起來今天是好天氣，利於舉辦慶典活動。

農曆9月19日，東港碼頭搭早上7時第一班「光輝」交通船人潮很多，

信徒手捧神像聚集要到小琉球。當到達小琉球碼頭,看到信徒手持令旗、神像,往碧雲寺方向前去,雖沒有觀音佛祖聖誕日的熱鬧場面,但可以感受到這一日是觀音佛祖一年當中,第三次慶典活動氣氛。

觀音佛祖出家紀念日,照例要在上午 8 時以前完成請神儀式。請神儀式由道長蔡文鎰主持,爐主柯朝鴻隨著跪拜。接近上午 8 時前,參加團拜人員陸續到達碧雲寺,準備舉行觀音佛祖出家紀念日團拜儀式。

當上午 8 時一到,戲棚的鑼鼓動起,碧雲寺、三隆宮管理委員會、已亥年(民國 108 年〔2019〕)爐主、辛丑科(民國 100 年〔2021〕)大總理等人員,在碧雲寺正殿向觀音佛祖參拜,團拜儀式過程與觀音佛祖聖誕、得道相同。儀式在上午 8 時 38 分完滿結束。

當團拜結束,爐主柯朝鴻只能稍作休息,接著要由道長蔡文鎰讀疏文,爐主隨著跪拜,完成第一階段向天公稟告的工作。下午 13 時 30 分,先作請神的儀式,再舉行向觀音佛祖稟告,擲筊,送神。所以儀式分為兩部分,四階段,先請神,稟天公;請神,稟觀音佛祖。〔註62〕

上午 10 時 17 分,碧雲寺左側殿,由誦經團(11 人)誦經,據團員表示是作午供,誦經進行中,有信徒臨時加入。廟埕供桌擺滿供品,桌前正中央置一大圓形發糕,兩隻糯米大魚,其他都是水果(提籃),反而不見葷食。緊鄰廟埕供桌前戲棚,賣力扮仙(扮仙一次約要 25 分鐘),到了一段落,由戲團的人將信徒棚頭名單逐一唸出。

碧雲寺觀音佛祖慶典活動中,信徒都會自發性寄付,再由專人負責準備餐點。觀音佛祖的得道、出家兩次活動,餐點比不上觀音菩薩聖誕日的豐盛,但還是熱情招呼。如本次只有在左側涼亭前,擺了三桶冰山粉圓,信徒取用不多,或許大家比較喜歡吃炒米粉或飯湯類。

據碧雲寺管理委員會的陳小姐表示,本日從上午 6 時多,就要在棚頭登記處開始收取信徒的棚頭及寄付金。據筆者觀察(下午 13 時前),信徒不斷在棚頭登記處辦理,不知情的外地來香客找廟祝或到管理委員會,不過此項業務還是要找專責單位登記。至於金紙販賣,在左鐘樓一樓販賣部,並未如觀音佛祖聖誕,將金紙販賣移至外面廟埕。

〔註62〕受訪者:蔡文鎰(男,道士),訪談者:黃永財,地點:屏東縣琉球鄉碧雲寺,日期:2019 年 10 月 17 日。

（四）觀音佛誕文化祭及首次出訪東港

琉球鄉公所自民國 106 年（2017）辦理第一屆觀音佛誕文化祭活動，深獲琉球鄉民及島外信徒肯定，對於小琉球碧雲寺觀音佛祖的信仰極為熱烈與虔誠。

民國 107 年（2018）辦理第二屆觀音佛誕文化祭活動，其內涵讓鄉民及信徒參與感，拉近民眾與在地信仰文化的功能。本年農曆 2 月 8 日觀音佛誕文化祭，三百年來，碧雲寺的開基觀音金身首次乘輦駕出訪到東港。上午 8 時由代理琉球鄉長林愛玲捧請開基觀音金身，碧雲寺、三隆宮管理委員會主委蔡清海接捧佛祖、二媽金身，依序進轎，在鐘鼓齊鳴及炮聲的歡送下，直至小琉球大寮港邊，搭乘客船到東港。

神轎到達東港碼頭受到信徒禮拜，即轉往東隆宮，屏東縣長潘孟安將佛祖金身請至大殿禮拜。之後，再轉往金茄萣舊嘉蓮宮，在宮前受信徒禮拜恭敬，同時一盛大活動就是鑽轎腳，為信徒消災的儀式。當日晚上留駐舊嘉蓮宮，【圖 3-23】為了守護觀音金身安全，10 多位班員徹夜守護這尊三百年的佛祖，絲毫不敢鬆懈輪番守護神。隔日回程，來到東港華僑街，等候鑽轎腳的信徒蜂擁而至，原定上午 10 時 30 分的佛輦，延到下午 13 時 30 分才上船揮別東港鄉親。而佛祖回鑾小琉球碧雲寺不到半個月，東港金茄萣捕獲今年「第一鮪」，當地住戶，紛紛到舊嘉蓮宮施放鞭炮慶賀，感謝小琉球碧雲寺觀音佛祖的靈感。〔註63〕

第三屆琉球鄉碧雲寺觀音佛誕文化祭，於民國 108 年（2019）國曆 3 月 22 日至 3 月 26 日（農曆 2 月 16 日～2 月 20 日），在碧雲寺、三隆宮等地舉辦為期五天一系列文化祭典活動，如歡樂大摸彩、琉星光夜總會、朝山跪拜、新舊爐主迎送天公爐、觀音佛祖祝壽等。【圖 3-24】

表 3-10：第三屆 108 年（2019）碧雲寺觀音佛誕文化祭活動內容
　　　　一覽表

日期（農曆）	地　　點	內　　容	表演、活動
2 月 16 日	三隆宮	在地瘋文創	歡樂大摸彩、琉星光夜總會
2 月 17 日	水廠、碧雲寺	朝山跪拜	鼓陣表演

〔註63〕參用許春發編撰：《小琉球碧雲寺觀音佛祖靈感錄（2）》（屏東縣：小琉球碧雲寺管理委員會，無出版日期），頁 25～29。

2月18日	舊爐主、碧雲寺	迎天公爐	舞獅及鑼鼓表演
2月19日	碧雲寺	祭拜觀音佛祖祝壽	舞龍舞獅（幼兒園）
2月20日	碧雲寺、新爐主	送天公爐	舞獅及鑼鼓表演

資料來源：1. 琉球鄉公所。　2. 筆者整理。

圖 3-23：屏東東港金茄萣舊嘉蓮宮

【黃永財拍攝：2021/5/17】

圖 3-24：2019 年琉球鄉碧雲寺觀音佛誕文化祭海報（第三屆）

【黃永財拍攝：2019/3/24】

第三節　碧雲寺的籤詩及地理傳說

　　碧雲寺的籤詩種類，分為運籤及藥籤兩種。早期小琉球人抽運籤多與漁船出海作業或出外工作等有關，近年來則是留在島上鄉人替島外工作或求學的子孫求運籤。碧雲寺的藥籤分大人科及小兒科兩種，一般抽取藥籤以婦女

居多，尤以年長者最為虔誠，有時候為求一藥籤，跪在供桌前，擲筊、抽籤，其過程可達一個小時以上。不過，求運籤的信徒，多於藥籤，或許與現代人們對於醫技的進步與知識有關。而碧雲寺的地理傳說已久，有何特殊性及地理風水重要性，在本節探討。

一、碧雲寺的運籤

擲筊求籤請示神意，請觀音媽做主，所以要用擲筊來作人與神溝通的橋梁，而碧雲寺的聖筊數量多達四十幾個，由此可看出前來擲筊抽籤的信徒眾多。

碧雲寺的運籤放在拜殿供桌的右側，到廟裡求運籤信徒除了島上鄉民，外來遊客參拜後，求一支籤試試看自己的運勢如何，因此寺中常聽到抽籤的「隆隆」聲。

（一）籤詩的定義與起源

「籤」，這個文字在漢朝時已被許慎的《說文解字注》，當成占驗的文字解釋，據《說文解字注》第五篇竹部記載：「籤，驗也，一約銳也。貫也。從竹籤聲。」〔註64〕另梁顧野王的《玉篇》也有解釋：「籤，竹籤，以卜者，」〔註65〕可見當時已用竹籤作為占卜工具。

籤被當成神示，據清代朱駿聲的《說文通訓定聲》記載：「今俗謂神示占驗之文曰籤。」〔註66〕籤從占卜演進到神示之文。然籤子被當占卜由來已久，但「籤詩」一詞較晚才被引入書中介紹，清代錢大昕的《十駕齋養新錄》記載：「籤詩：今神廟，皆有籤詩。占者以決修咎，其來久矣。」〔註67〕

清代徐珂在《清稗類鈔·方伎類》中，就很清楚完整指出求籤的工具、過程，籤詩形式，還有藥方等，其記載：「神廟有削竹為籤者，編列號數，貯於筒。祈禱時，持筒簸之，則籤落，驗其號數，以紙印成之詩語決休咎，謂之籤詩，並有解釋，又或印有藥方。」〔註68〕

〔註64〕漢·許慎撰、清·段玉裁注：《說文解字注》（上海：上海書店，1992年6月，第一版），頁196。

〔註65〕梁·顧野王：《玉篇》（臺北市：國立中央圖書館，無出版日期），頁215。

〔註66〕清·朱駿聲：《說文通訓定聲》〈上冊，謙部第四〉（臺北市：世界書局，1972年4月，4版），頁87。

〔註67〕清·錢大昕：《十駕齋養新錄》，收錄於《四部備要》子部（臺灣中華書局，1981年6月，豪華一版），卷19，頁15。

〔註68〕清·徐珂編撰：《清稗類鈔》〈方伎類，第10冊〉（北京：中華書局，1986年7月，第1版），頁4664。

抽籤源自古代筮卦發展而來，按殷商有骨卜，周人則有取蓍草為筮之法〔註69〕，但在神前設籤創始於唐代，清代趙翼撰《陔餘叢考》卷33中，據顧仲恭的〈竹籤傳〉記載「神前設籤」之始曰：「入唐為陳武烈太祝附帝意作韻語。入宋又辟江東神幕關壯繆侯之改謚武安王也，倚勢辟之。明興，為王立廟京師正陽門外，命籤典謁。然則神前設籤起於唐世也。」〔註70〕

中國的籤與天竺或許有淵源。宋代周密撰的《癸辛雜識》中的「銀瓶娘子籤」記載：「太學忠文廟，相傳為岳武穆王并祠。所謂銀瓶娘子者，其籤文與天竺同。」〔註71〕

求籤、抽籤在什麼開始，具體時間難以考證，目前最早有籤詩的紀錄應該是宋代釋文瑩的《玉壺清話》記載：

> 盧多遜相生曹南，方幼，其父攜就雲陽道觀小學，時與羣兒誦書，廢壇上有古籤一筒，競往抽取為戲。時多遜尚未識字，得一籤，歸示其父，詞曰：「身出中書堂，須因天水白。登仙五十二，終為蓬海客。」父見頗喜，以為吉讖，留籤於家。迨後作相，及其敗也，始因遣堂吏趙白陰與秦王廷美連謀，事暴，遂南竄，年五十二，卒於朱崖。籤中之語，一字不差。〔註72〕

盧多遜出生後唐閔帝應順元年（934），五代後周恭帝顯德初年（959～960），舉進士。據《宋史》卷二百六十四，列傳第二十三，記載：「多遜至海外，因部送者還，上表稱謝。雍熙二年，卒于流所，年五十二。」〔註73〕盧多遜在幼年時到雲陽觀抽取一籤，後來應驗，卒於五十二歲。由於他生於後唐，在幼時廢壇上就有籤筒，得一籤詞，由此可推斷最遲在後唐就已經有求籤活動。

古代節日食俗，民間以紙簽或削木片，似為占卜。如「造麵璽」又名「探官璽」，始於唐代，唐代官僚社會重視官品的反映。據唐代王仁裕的《開元天

〔註69〕鄭志明總編輯：《全國佛剎道觀總覽》（臺北市：樺林出版社，1988年10月，初版），頁278。

〔註70〕清‧趙翼：《陔餘叢考》（北京：中華書局，1963年4月，第1版），卷33，頁699、700。

〔註71〕宋‧周密：《癸辛雜識》（北京：中華書局出版，1988年1月，第1版），頁172。

〔註72〕宋‧釋文瑩：《玉壺清話》（北京：中華書局出版，1984年7月，第1版），頁23。

〔註73〕元‧脫脫等：《宋史》（北京：中華書局，1977年11月），卷264列傳第23，頁9120。

寶遺事》記載：「探官，都中每至正月十五日，造麪璽，以官位帖子，卜官位高下，或賭筵宴，以為戲笑。」〔註74〕宋代人日京都富貴人家「造麵璽」，在立春日名為「探春璽」。人日「造麵璽」：

> 人日京都貴家造麵璽，以肉或素餡，其實厚皮饅頭餒餡也，名曰探官璽。又立春日作此，名探春璽，餡中置牙簽或削木書官品，人自探取。（貴人或使從者）以卜異時官品高下。街市前期賣探官牙，言多鄙俚，或選取古今名人警策句，可以占前程者，然亦但舉其吉祥之詞耳。燈夕亦然。歐陽公詩云，來時擘璽正探官。〔註75〕

宋代節日食俗的「麵璽」有人日、立春日、燈夕等三個日子。「造麵璽」、「探官璽」、「探春璽」等，似乎完全相同麵璽食物，市場有商販專售。麵璽是一種包有餡的饅頭，餡中置入牙（紙）簽或削木片寫官品，主要是占前程，但通常餡內是題吉祥之詞，警策句。〔註76〕

　　除了古人對籤詩的敘述外，現代研究者王文亮也綜合謝金良、林勝利、周榮杰、朱介凡、林國平、瞿海源等各家學者的論點，重新對籤詩下了完整明確的定義：

> 籤詩又名神籤、靈籤、聖籤，屬於廟宇文化，流傳甚久，以竹籤、籤筒來占卜，並以模仿古體詩的題裁和語句形式來顯現神的啟示，讓人明瞭神示、斷吉凶，具有濃厚的文學、神學、人生哲學色彩，表現俗雅皆通曉的民間詩體。〔註77〕

以竹籤為占具，從籤語中來顯示神意，所以籤詩又名神籤、靈籤、聖籤，除了廟宇文化，對於早期而言，也是常民文化。

　　早期在民間有設攤或遊走街巷的抽籤，叫喊著：「抽靈籤，卜聖卦」，其籤筒約30公分，則以竹籤置入竹筒。籤筒繪花鳥圖案，並書「吉祥如意」的

〔註74〕唐・王仁裕：《開元天寶遺事》（北京：中華書局，1985年），卷下，頁15。

〔註75〕宋・陳元靚編：《歲時廣記》（臺北市：新文豐出版股份有限公司，1984年6月，初版），卷九，頁89。歐陽公詩云，「來時擘蘭正探官」。經核查此詩是梅堯臣的〈和永叔內翰〉：「來時擘蘭正探官，走馬傳宣夾路看。便鎖青春辭上閣，徒知白日近長安。思歸有夢同誰說，強意題詩只自寬。猶喜共量天下士，亦勝東野亦勝韓。」（梅堯臣集，卷五十一）。

〔註76〕「造麵璽」，參用黃永財：〈《歲時雜記》節日食俗（春、夏）初探〉，《文學新鑰》第29期，2019年6月，頁165～212。

〔註77〕王文亮：《臺灣地區舊廟籤詩文化之研究——以南部地區百年寺廟為主》，臺南市：臺南師範學院文化研究所碩士論文，1999年，頁12。

吉兆語，更有驅鳥啄籤條，條內寫有詩句，內容包羅萬象。

（二）觀音媽的運籤

小琉球碧雲寺主祀觀音佛祖，其籤詩是觀音籤詩系統。觀音籤詩主要分為兩大系統，一是「六十甲子籤詩」，如，小琉球碧雲寺、高雄市大崗山超峰寺。二是「百首籤詩」，如臺北艋舺龍山寺、高雄市鳳山龍山寺。

碧雲寺的六十甲子籤詩，有籤頭，是五言四句：「籤頭百事良，添油大吉昌；萬般皆如意，富貴福壽長」。籤頭屬於上上籤，大吉大利，也就是觀音媽對你有求必應，抽到籤頭者，一般都會捐點香油錢給廟方，金額隨意，如果所求願望達成，帶著供品回廟答謝觀音媽。

碧雲寺的籤詩籤序是以天干、地支來排列組合，從甲子、甲寅……乙丑、乙卯……癸酉、癸亥共 60 首。在紙籤上印有「琉球，碧雲寺、三隆宮」的廟名，籤詩的結構上，廟名是必要的。而有的寺廟會將廟址及主神的名書寫在籤詩上，讓求籤者了解籤詩是出於何處，是何尊神明，免於事後遺忘。碧雲寺紙籤上並未有廟址及主神，在左下方書寫印刷公司名號及人名、電話，或印第三屆管理委員會。【圖 3-25】

圖 3-25：小琉球碧雲寺、三隆宮籤詩（60 首）

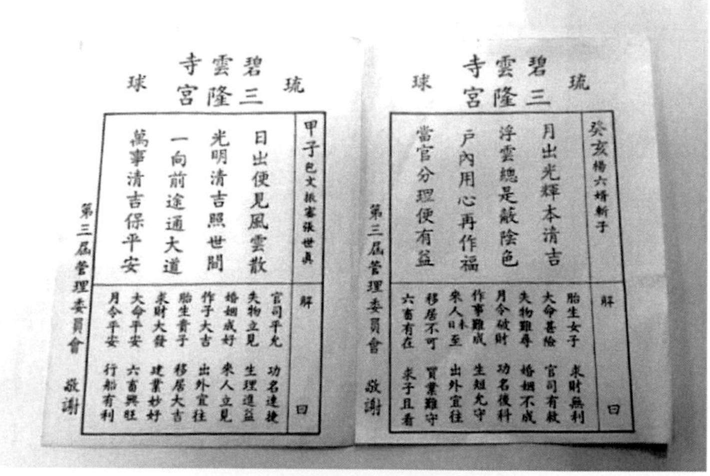

【黃永財拍攝：2019/10/4】

碧雲寺的籤詩內文，是七言四句，如甲子籤（第 1 籤）：「日出便見風雲散，光明清淨照世間；一向前途通大道，萬事清吉保平安。」又如癸亥籤（第60 籤）：「月出光輝本清吉，浮雲總是蔽陰色；內用心再作福，當官分理便有益。」碧雲寺的求取運籤要抽兩支籤，也就是抽第一支籤及第二支籤（頭

籤、尾籤），雙支籤雙重搭配的體制，據廟方說，這樣才能精準知道觀音媽的旨意。

碧雲寺的紙籤上，除了籤詩內文、籤題（典故故事）之外，還有「籤解」，即是在紙籤上具有凶吉判斷的解釋語言，例如甲子籤（第 1 籤）：「官司平允、功名連捷、求財現有、生理大發、月令平安、出外平安、官司無事、行船得利……等等。」從籤解（解曰）內容來看是一支好籤，有「行船得利」，符合小琉球人行船討海求籤，心靈得到慰藉。

碧雲寺的「籤題」（典故故事），即是在籤序下方的一句故事內容，具有輔助神意的解釋。其題材取自正史史事，稗官野史及民間的章回小說，故事傳奇，地方戲曲等，以文學方式帶入，讓信徒更能了解其寓意，同時更準確的判斷神明所指示的涵義。例如碧雲寺的甲子籤（第 1 籤）籤題：「包文振審張世真」是戲曲文學（〈金鱗記〉）〔註78〕，「包文振」就是北宋的包拯，在俗文學有的稱包文正、包龍圖、包青天、包黑子等。由於包拯被塑造閻羅王，變理陰陽，為官清正，受當時人民愛戴，在俗文學中不斷流傳，而廟宇中籤詩引用典故故事作為寓意，其寓意是如問訴訟，遇到正直法官，可理斷分明，不受強權制限，冤屈得以平反。

又如癸亥籤（第 60 籤）籤題：「楊六娟斬子」是小說（〈楊家將演義・孟良金盔買路〉）〔註79〕，其故事情節是楊延昭派其子楊宗保出營巡哨，與穆桂英交戰被綁，之後，楊宗保、穆桂英一見鍾情，結為夫妻。楊宗保返營後，楊延昭得知此情而大怒要斬楊宗保，經佘太君等求情，楊宗保戴罪立功，與穆桂英大破天門陣。其寓意是只要用心，能化險為夷。

碧雲寺的運籤籤題中，別字出現，例如，運籤甲午籤（第 4 籤）：趙子「良」救阿斗，應作趙子「龍」救阿斗。丙子籤（第 13 籤）：三「葬」被火燒火孩兒，應作三「藏」被火燒火孩兒。丁亥籤（第 24 籤）：「文良招」讚救宗寶，應作「孟良焦」贊救宗寶。癸丑籤（第 55 籤）：玉「當」春求佛嫁良緣，應作

〔註78〕籤題：「包文振審張世真」是戲曲文學，在〈金鱗記〉中，有書生張世真，真假金牡丹，真假包公等。假金牡丹為一條鯉魚精所變，卻引來真假金牡丹、真假包公之戰，後來經天兵天將收妖，魚精不敵，觀世音菩薩現身相救，鯉魚精最後放棄千年道行，化為人行，與張世真廝守一生。張世真在《田漢戲曲選》中〈金鱗記〉，作「張珍」。參用李絮基編輯：《田漢戲曲選》（長沙市：湖南人民出版社，1981 年 1 月，第 1 版），頁 265～324。

〔註79〕明・秦淮墨客：《楊家將演義》（山西：山西人民出版社，1996 年 9 月，第 1版），頁 149～153。

玉「堂」春求佛嫁良緣。前述別字出現，可能傳抄或書寫過程中發生錯誤，據碧雲寺解籤者表示，對求籤者及解籤人都沒有受影響。

相傳碧雲寺曾從高雄市大崗山超峰寺，分香觀音佛祖，早期曾有互動，超峰寺曾參與小琉球迎王平安祭典。所以本書將兩座主祀觀音佛祖寺廟的觀音六十甲子運籤，提出比對，發現其籤序、籤詩內文的內容一樣。〔註80〕

解籤（解曰）項目方面，碧雲寺運籤解項有：官司、功名、失物、生理、婚姻、來人、作子、出外、胎生、移居、求財、建業、大命、六畜、月令、行船等16項解曰。

超峰寺運籤解項有：作事、病人、尋人、六甲、歲君、官事、年冬、移居、求財、疾病、失物、功名、婚姻、求雨、買男兒、出外、大命等17項解曰。兩座寺廟的運籤解籤（解曰）其項目主要以個人、家庭、功名、事業等為主，而其中的每一項目又分為幾種不同的意義，有吉凶及好壞之別。

碧雲寺的信徒抽出籤詩後要解籤，小琉球人大多知道直接找許老師（許春發），外地來的遊客信徒，不知情只抽一支籤，之後拿著籤詩問廟公，最後還是由許老師解籤。碧雲寺解籤處位於正殿的右側殿（虎邊），如果要找許老師解籤，時間大約上午8時以後，中午12時前，假如許老師不在，在解籤處也有幾位地方耆老可解籤，該處再找不到人，就要到正殿左側（龍邊）的管理委員會辦公室，總幹事蔡文財對籤詩有研究，可以為信徒服務。

碧雲寺的解籤人是義務性，是輔佐神明，擔任觀音媽的助手，服務大眾關懷信徒，撫慰信徒心情的不安，可說具有心理輔導及諮商的角色。但也由於解籤是義務性，不是常住，信徒一時找無人可解籤，碧雲寺有印製的籤詩解本，置放在正殿右側鐘鼓樓的一樓，廟祝的辦公處，信徒可以借閱參考。不過，這一本解籤簿的版本，雖與碧雲寺籤詩的籤序、籤文內容相同，但其籤題（典故故事）就不同。所以，雖有籤詩解本，但還是比不上解籤人當場解惑的靈活度。

碧雲寺與超峰寺運籤中的籤題（典故故事）差異較大，部分雷同，然而

〔註80〕碧雲寺與超峰寺的運籤，其籤序一樣，籤詩內文的內容幾乎相同，但在句子中出現一到三個字不同。如第3籤，碧雲寺：勸君把定心莫「虛」，超峰寺：勸君把定心莫「慮」。第13籤，碧雲寺：用盡心機「總未休」，超峰寺：用盡心機「枉徒然」。第55籤，碧雲寺：看看「世事」未必全，超峰寺：看看「發暗」未必全。第57籤，碧雲寺：前途清吉「喜安然」，超峰寺：前途清吉「得安時」。

籤題具有輔助神意的解釋，也是解籤者重要的參考。所以本書以碧雲寺紙籤
上的籤頭、籤序、籤題（典故故事）、籤詩內文為主，再加入超峰寺籤題（典
故故事），兩者相比對作為參考，如下表例舉幾首籤詩，至於 1 至 60 全套籤
詩則置於附錄四。

表 3-11：屏東縣琉球鄉碧雲寺、高雄市大崗山超峰寺「六十甲子籤詩」
　　　　典故故事及籤詩（節錄）

籤序	籤 詩		籤題（典故故事）	
籤頭	碧雲寺			
	籤頭百事良　添油大吉昌 萬般皆如意　富貴福壽長			
	超峰寺			
	籤頭百事皆大吉　求神許願可得力 添油添香增福壽　即達平坦始自由			
			碧雲寺	超峰寺
第 1 籤 甲子	日出便見風雲散 一向前途通大道	光明清淨照世間 萬事清吉保平安	包文振審張世真	包公請雷驚仁宗
第 2 籤 甲寅	于今此景正常時 若能遇得春色到	看看欲吐百花魁 一酒清吉脫塵埃	薛交葵過採樓得 繡球	陳東初祭梅趙子 龍救阿斗
第 3 籤 甲辰	勸君把定心莫虛 和合重重常吉慶	天註姻緣白有餘 時來終遇得明珠	胡鳳嬌到家空成 姻	朱德武入寺相分 明
第 4 籤 甲午	風恬浪靜可行舟 凡事不須多憂慮	恰是中秋月一輪 福祿自有慶家門	趙子良救阿斗	盧龍王次了招親
—	—	—	—	—
第 13 籤 丙子	命中正逢羅字關 作福問神難得過	用盡心機總未休 恰是行舟上高灘	三葬被火燒火孩 兒	渡伯行船遇太歲
—	—	—	—	—
第 24 籤 丁亥	月出光輝四海明 浮雲掃退終無事	前途祿位見太平 可保禍患不臨身	文良招讚救宗寶	秦叔寶救李淵
—	—	—	—	—
第 55 籤 癸丑	須知進退是虛言 珠玉深藏還未變	看看世事未必全 心中但得枉徒然	玉當春求佛嫁良 緣	郭華醉酒誤佳期
第 56 籤 癸卯	病中若得苦心勞 去後不須回頭問	到底完全總未遭 心中事務盡消磨	楊戟得病	楊官得病在西軒

第57籤 癸巳	勸君把定心莫虛 到底中間無大事	前途清吉喜安然 又遇神仙守安居	龐涓孫臏學法	白蛇精遇許漢文
第58籤 癸未	蛇身意欲變成龍 久病且作寬心改	只恐命內運未通 言語雖多不可從	袁達入照團關	白蛇精往南海遇漢文
第59籤 癸酉	有心作福莫遲疑 此事必能成會合	求名清吉正當時 財寶自然喜相隨	老鼠精亂宋朝	皇都市上有神仙
第60籤 癸亥	月出光輝本清吉 戶內用心再作福	浮雲總是蔽陰色 當官分理便有益	楊六婿斬子	薛剛踢死太子驚崩聖駕

資料來源：1. 小琉球碧雲寺、高雄市大崗山超峰寺。　2. 筆者田野調查整理。

（三）碧雲寺解籤義工

碧雲寺的籤詩設置源於何時，已無從考究。早期小琉球人據說凡事都要請示觀音媽後而行，如求消災，家宅平安、豐收、生子、事業、功名，甚至為亡者卜地擇日，求掘井之地等，有求小琉球碧雲寺觀音媽做主。而漁船出海捕魚作業，都要請示觀音媽的許可，觀音媽已是小琉球島的守護神，也是主導小琉球人的社會生活。

圖 3-26：小琉球碧雲寺解籤處（虎邊側殿）

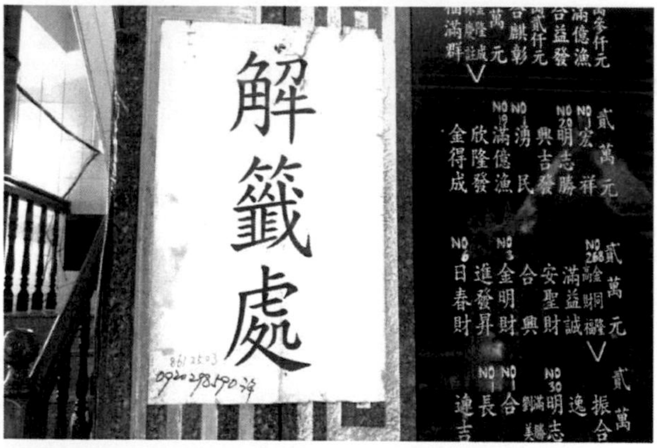

【黃永財拍攝：2018/11/9】

雖是科技文明時代，小琉球人無論居住島上或者移居島外，對於碧雲寺觀音媽信仰及信賴似乎不減。當今在假日時，常看到長輩帶著年輕人到碧雲寺向觀音媽求籤，然後到解籤處請人解籤。【圖 3-26】許春發可說是目前小琉球碧雲寺解籤詩的重要人物，他為何會成為觀音媽解籤人的工作，據他表示：

先母生前雖未茹長素，對觀音佛祖至為虔敬，我自小即隨先母到寺

> 叩拜，記得九歲時先母病重，我就能代她到寺中求藥問筊，人視為
> 奇。因為耳濡目染，對佛祖神蹟感佩甚多，及至兒孫出生後，親身
> 遭遇許多難關、困厄，徬徨無助時，常求助於佛祖，都能得到順利
> 解決。深感佛恩浩瀚，欲報有限，不信不知至為可惜。從屢次的經
> 歷中，也磨練我對籤詩蘊義與佛祖用筊應溝通的訣竅，以及體會運
> 用其法物驅厄解困的方式。〔註81〕

許春發自琉球國中退休後，偶爾至碧雲寺中當義工協助香客求禱問卜。在運
動傷害下，右膝疼痛難當，看西醫做復健，效果有限。某日到寺裡求佛祖指
示，佛祖卻要許春發發願每日到寺中，幫助觀音媽服務眾生才能痊癒。此刻
他想到一家人深受觀音媽庇護、恩光難倫，答應佛祖到碧雲寺做義工，鮮有
間斷，而腳傷也不藥而癒。

　　許春發由於從小家庭因素，考上當時的屏東師範學校（現今屏東大學）
就讀，之後回小琉球的國小任教。據他表示，小時候家裡很窮，人口又多，要
負擔家中開銷，希望能轉到國中任教，薪水多一點。於是在民國60年（1971）
春，參加國中國文科教師檢定及格，卻遇到一些障礙：

> 當時琉球國中校長不肯下聘書，幾經請託均無門路，只好禱求碧雲
> 寺觀音佛祖，經您筊示，要我謁見屏東縣政府教育局王局長，且示
> 某日前往，坐第幾班船。當日懷著興奮的心情前往，在屏東電信局
> 下車徒步到舊縣政府。進了教育局，一問方知王局長未上班，且因
> 公出已二十多天，該日來不來，局裡都不知道。當下我極為失望，
> 埋怨菩薩失準了，怪您為什麼要捉弄我。旋即折返，步履闌珊的循
> 原路慢步踱回，走到接近屏東百科書局的地方，奇蹟發生了，前方
> 不就是王局長嗎？我快步向前問候，且訴來由。〔註82〕

許春發向王局長訴說在國小服務情形，家庭狀況、專長。王局長聽完下結論
說：「如果我是國中校長一定聘你，校長不下聘書沒理由。」後來王局長下一
張條子要許春發帶給琉球國中校長。之後，新學年收到聘書，對於菩薩的預

〔註81〕參用許春發編撰：《小琉球碧雲寺觀音佛祖靈感錄（1）》（屏東縣：小琉球碧
　　　　雲寺管理委員會，無出版日期），自序，無頁碼。受訪者：許春發（男，琉球
　　　　國中退休老師），訪談者：黃永財，地點：屏東縣琉球鄉碧雲寺，日期：2019
　　　　年9月13日。
〔註82〕參用許春發編撰：《小琉球碧雲寺觀音佛祖靈感錄（1）》（屏東縣：小琉球碧
　　　　雲寺管理委員會，無出版日期），頁9、10。

知神準，許春發說：對籤詩蘊義與佛祖用筊應溝通的訣竅，現在用來服務大眾，回報觀音佛祖恩澤。〔註83〕

二、碧雲寺觀音媽的藥籤

小琉球現今人口不到 13,000 人，島上的中藥房尚有 5 家以上，這與碧雲寺的藥籤有關。早期小琉球人相信觀音媽藥籤非常靈驗，當求到藥籤之後，到中藥房抓藥，藥房生意很好。

琉球鄉第一家開業的漢藥店是東港人謝乞食所經營，後來陸續有蘇英水、郭朝枝、林正山、洪水生等，其中林正山參加中醫特考，通過中醫師資格。〔註84〕由此可見，小琉球島上早期的醫療，是以中醫及碧雲寺觀音媽的藥籤抓中藥為主。

（一）藥籤的定義與起源

藥籤的定義，據日本學者吉元昭治著《臺灣寺廟藥籤研究》中，曾下了這麼定義：「所謂藥籤，即記載藥物的品名、用量及適應症狀的籤。」〔註85〕吉元昭治將藥籤歸入道教醫學的範疇之內，他畫出了「道教醫學構成圖」，在他所著《臺灣寺廟藥籤研究》中「道教醫學的內容」，認為中心圓：是與現代中醫學大致相同，如本草、鍼灸、湯液等。而中間圓：是道教醫學最具特色的部分，包括導引、調息、內丹、辟穀、內視、房中等項。外周圓：最後道教的部分，其內容與民間信仰、民間療法有很密切關係，其內容大致分為符、占、籤、咒、齋、祭祀、祈禱及祭等。〔註86〕對此林國平〔註87〕認為吉元昭治的觀點有值得商榷的地方，對藥籤定義不夠嚴謹，應該給藥籤下這樣的定義：

> 藥籤是以記載藥物的品名、用量或病因、症狀、治療方法為主要內容，以宗教心理暗示和藥物治療相結合為主要手段的信仰療法，其

〔註83〕 受訪者：許春發（男，琉球國中退休老師），訪談者：黃永財，地點：屏東縣琉球鄉碧雲寺，日期：2019 年 9 月 13 日。

〔註84〕 洪義詳主修、林澤田總編纂：《琉球鄉志》（屏東縣：屏東縣琉球鄉公所，2006年 12 月），頁 112。

〔註85〕 吉元昭治：《臺灣寺廟藥籤研究》（臺北市：武陵出版有限公司，1990 年 7 月，初版），頁 112。

〔註86〕 吉元昭治：《臺灣寺廟藥籤研究》（臺北市：武陵出版有限公司，1990 年 7 月，初版），頁 55、56。

〔註87〕 林國平：福建師範大學社會歷史學院教授。

　　形式和占卜過程與靈籤（卜事籤）相似。〔註88〕
林國平認為藥籤中確實存在著濃厚的道教和道教醫學的色彩，但藥籤中許多
內容不屬於道教醫學的範疇，從本質上說是信仰療法。信仰療法的內涵外延
都要比道教醫學豐富和廣泛，道教醫學僅僅是信仰療法一部分。〔註89〕

　　藥籤實際起源，難以考證，邱永年撰《臺灣寺廟藥籤考釋》中提到：「祝
由、越方、苗父均為古代巫醫範圍，亦為古醫道之一。其形式包括咒符、祭
祀、祈禱，稱符籙派。此時以張天師符、處方箋、香灰以保平安治病，即有藥
籤使用的存在，亦可徵藥籤發源歷史的久遠。」〔註90〕從前述只得知藥籤起
源久遠，但起源的朝代並未明確。

　　藥籤的起源始於何時，至今沒有確切的答案。最早記載與藥籤有關的故
事是宋代的洪邁撰《夷堅志》。《夷堅志》為洪邁晚年所著，書名取《列子·湯
問》「夷堅聞而志之語意」，記載的是傳聞怪異之事。內容多為神仙鬼怪雜錄，
禨祥夢卜，風尚習俗及中醫方藥等。

　　洪邁撰《夷堅志》在〈甲志〉卷十七的「夢藥方」，記載與藥籤有關的故
事：

> 虞并市，紹興二十八年自渠州守被召至臨安，憩北郭外接待院，
> 因道中冒暑得疾，泄痢連月。重九日，夢至一處，類神仙居。一
> 人被服如仙官，延之坐。視壁間有韻語藥方一紙，讀之數過，其
> 詞曰：「暑毒在脾，濕氣連腳。不泄則痢，不痢則瘧。獨煉雄黃，
> 烝麵（《游宦紀聞》作「餅」。）和藥。甘草作湯，服之安樂。別
> 作治療，（《游宦紀聞》作「別法治之」。）醫家大錯。」夢回，尚
> 能記，即錄之，蓋治暑泄方也。如方服之，遂愈。〔註91〕

洪邁是南宋鄱陽人，他所撰《夷堅志》是記載宋人的一些遺文軼事，窺見宋
代城市生活的某些側面，是宋代著名的志怪小說集。《夷堅志》中「夢藥方」，
記載著虞并甫所夢見的「視壁間有韻語藥方一紙」，其形式和內容來看，與後

〔註88〕林國平：〈藥籤與閩臺保生大帝藥籤〉，收錄於陳益源主編：《臺灣與各地之保
　　　　生大帝信仰研究》（臺北市：里仁書局，2019 年 4 月，初版），頁 406。
〔註89〕林國平：〈藥籤與閩臺保生大帝藥籤〉，收錄於陳益源主編：《臺灣與各地之保
　　　　生大帝信仰研究》（臺北市：里仁書局，2019 年 4 月，初版），頁 406。
〔註90〕邱永年：《臺灣寺廟藥籤考釋》（臺北市：國立中國醫藥研究所，1996 年 12
　　　　月，再版），頁 5。
〔註91〕宋·洪邁：《夷堅志》〈甲志〉（臺北市：明文書局股份有限公司，1994 年 9 月，
　　　　再版），卷 17，頁 150。

世的藥籤相似，但沒有提到是藥籤或是藥方，無法斷定為何者。不過，現今學者林國平認為：「也許可以視為藥籤的濫觴」。〔註92〕

隨著明清時代來臺的大陸移民，藥籤也隨著流布於臺灣的民間信仰。藥籤是民間寺廟中記載藥方，用以占卜治病的紙箋，其形狀大小與運籤相似，在籤條紙上載明籤號與科別，也書寫寺廟名稱、主祀神、廟址，或助印善信大名等。藥籤內文為藥方與劑量，並註明有煎煮水量或使用方式。是早期臺灣社會人民醫療及信仰的依附，況且藥籤所開出藥方，到中藥店抓藥所費很低，所以人民到寺廟求取藥籤頗為普遍。隨著時代進步，醫藥技術發達，社會風氣改變，教育知識提升，民眾求醫用藥觀念知識抬頭，反而是求藥籤被認為一種迷信行為。

臺灣藥籤出處來源可分為呂祖（呂帝）藥籤、華佗（陀）藥籤、保生大帝藥籤、關聖帝君籤、佛祖籤等。從醫學分類，以中醫學分內科（大人科、婦人科、小兒科）、婦科（婦產科）、眼科等。每科各以第一首起編次號首，但各科在於各寺廟設置，藥籤總數不一。

（二）觀音媽的藥籤

碧雲寺的藥籤，分為大人科及小兒科。大人科從第 1 首到 120 首，以數字排序。小兒科則是以天干、地支來排列組合，從甲子、甲寅……乙丑、乙卯……癸酉、癸亥共 60 首。

碧雲寺藥籤，置放在拜殿供桌左前方，設大人科、小兒科紅色葫蘆形籤筒。【圖 3-27】信徒向觀音媽請示藥籤之後，開始從籤筒中抽出一支籤，擲三個聖筊，這一支籤才是要用的藥籤。但還要請示是否要「合支」，合支就是請示觀音媽，是否要增加藥劑，如需要，再求一支籤，經擲三個聖筊，將原來所求的籤，合為一帖藥方。

當所有程序完成後，將所抽的藥籤號碼抄下來，因碧雲寺的藥籤只有抽籤支號碼，並沒有藥籤紙書寫藥方，信徒只能拿著籤號到小琉球中藥房抓藥。位於碧雲寺較近的中藥房有兩間，一間在轉角處的「保德中藥房」（和平路 62號）；一間在斜坡下方的「明雲堂中藥房」（和平路 58 之 2 號），除了這兩家之外，另有其他中藥房可抓藥，中藥房都有藥籤的藥方。

〔註92〕林國平：〈藥籤與閩臺保生大帝藥籤〉，收錄於陳益源主編：《臺灣與各地之保生大帝信仰研究》（臺北市：里仁書局，2019 年 4 月，初版），頁 408。

圖 3-27：小琉球碧雲寺籤筒（左起藥籤：大人科、小兒科，運籤）

【黃永財拍攝：2019/12/20】

　　早年求藥籤則是為病占卜並尋求解決之道的日常辦法，近年來社會風氣改變，求藥籤到中藥房抓藥少了很多。據小琉球明雲堂中藥房的蔡先生指出：「小琉球還是會有求藥籤抓藥，但現在少了一些。」這也許受到涉違反《醫師法》第 28 條等相關規定。衛中會藥字第 1000016256 號函釋（民國 100 年 9 日 21 日）的影響。〔註93〕另一個原因，現在中藥不便宜，有的藥材已經禁用（如虎骨、鹿胎、刺蝟等），保育類動物的藥材現已禁止，可以用同等功效藥物取代，種種原因之下，求藥籤信徒減少。

　　碧雲寺雖不提供藥籤紙書寫藥方，但廟方印製藥籤的藥方單冊簿，置放在正殿右側鐘鼓樓的一樓，廟祝的辦公處，信徒可以借閱參考。另外碧雲寺管理委員會另有一份藥籤的藥方，筆者向管理委員會索取，才從檔案調出，據廟方表示，藥籤上的藥方，是向小琉球的中藥房拿的，整理後存檔暫不提供信徒使用。【圖 3-28】

_____

〔註93〕「廟宇藥籤」民國 100 年 9 月 21 日衛中會藥字第 1000016256 號：查藥籤源自於民間信仰，不屬醫療或藥事業務範圍，惟對於廟宇提供藥籤服務乙事，倘經查明廟宇製備之藥籤，係由廟方人員所開具，該廟方人員之行醫療行為，涉違反醫師法第 28 條等相關規定；另民眾因服用該藥籤所列之藥物致受損害，應由寺廟負責人負法律責任。為避免民眾依藥籤之處方服用藥物，造成中毒甚至死亡等不幸事件或其他不可預期後遺症，請依內政部 88 年 3 月 23 日臺(八八)內民字第 8888849 號函（如附件）轉知該廟宇，亦請加強藥局、藥房之稽查與管理，嚴格執行無處方箋不得調劑處方藥之規定，並請落實對民眾衛生教育宣導，有病應循正規管道就醫，切勿迷信偏方或藥籤。摘錄自《中藥管理法規解釋彙編》（行政院衛生署中醫藥委員會編印，2012 年 8 月），頁114、115。

圖 3-28：小琉球碧雲寺 120 首藥籤

【黃永財拍攝：2019/10/4】

廟祝辦公處的藥方單冊簿（以下稱「碧雲寺單冊簿」），與碧雲寺管理委員會所存檔（以下稱「碧雲寺存檔」）藥籤的藥方，經比對之後，雖是大致相同，還是有小差異。例如大人科，第 4 首，「碧雲寺單冊簿」：「馬尾須、白菊、金英、淮七」。「碧雲寺存檔」：「馬尾須、豆叩、金英、淮七」，兩者不同是「白菊」與「豆叩」。其配方可能來自小琉球不同中藥房提供藥籤的藥方。

小琉球鄉民陳富濱，因家中供奉保生大帝，很久以前從碧雲寺典藏的藥籤藥方收藏一份。因此，陳富濱的藥籤是來自碧雲寺早期的藥籤藥方（手抄本），同時筆者影印一份存檔。

碧雲寺觀音媽的藥籤，為早期小琉球人的醫療所需，照理殿內應有藥籤紙才是，為何會沒有。曾向許春發提及，他說很久以前就沒有，信徒只要求取籤條號碼，持號碼到中藥房抓藥即可，廟中沒有藥籤紙，無其他因素。同樣的問題，碧雲寺總幹事蔡文財說，古早廟中有沒有藥籤紙，不清楚，但是他所接觸到的是沒有。他並拿出最近自己親自整理「管理委員會存檔」的藥方簿表示，如果整理完成，再向觀音媽請示，是否要印製藥籤紙提供信徒參考，不過藥師法等相關法令，要慎重行事。

相關碧雲寺觀音媽的藥籤研究，屏東大學陳鈺淑碩士論文《屏東縣琉球鄉碧雲寺的籤詩信仰文化研究》中表示：「藥籤的配方內容，乃須透過當地的藥舖，方能得知藥方內容。故筆者拜訪了當地幾家藥舖，才找到願意提供藥方內容的藥舖，並將民國 76 年的抄用版本翻拍下來。」〔註 94〕

〔註 94〕陳鈺淑：《屏東縣琉球鄉碧雲寺的籤詩信仰文化研究》（屏東縣：屏東教育大

　　筆者經多方蒐集碧雲寺藥籤藥方，終於有碧雲寺單冊簿、碧雲寺存檔、陳富濱、陳鈺淑等四者藥籤的配方（以下各稱「碧雲寺單冊簿」、「碧雲寺存檔」、「陳富濱」、「陳鈺淑碩論」），經比對內容後，有部分差異。例如大人科，「陳鈺淑碩論」，其用法「以水煎服」，並未有用水幾碗煎幾分，而「碧雲寺單冊簿」、「碧雲寺存檔」、「陳富濱」各有載明用水量及煎多少分。

　　藥方的內容，其藥的名稱各有不同，採用別稱，如大人科第 1 首，「陳富濱」：「風葱、灯心、灶心土、雞蛋壳」，其中雞蛋壳是鳳凰衣的別名，其別名還有鳳凰退，在「碧雲寺單冊簿」、「碧雲寺存檔」、「陳鈺淑碩論」以鳳凰退為名。又如第 16 首，「陳鈺淑碩論」：「綠豆殼、淮七、知母、大黃」，其中大黃又稱「酒軍」，在「碧雲寺存檔」、「陳富濱」，皆以酒軍為名。除了前述的用法、藥名的別稱有差異之外，而使用藥量也有不同，如第 62 首：真珠散的用量，四家版本各為一厘、二厘、一分，沈香有一分或二分，乳香有一、二、三分。

　　綜合上述，各家持藥籤的藥方，可能來自不同的中藥房，其藥方內容（名稱）有所差異，因此本書將「碧雲寺存檔」、「陳富濱」、「陳鈺淑碩論」等三者的大人科藥簿整理，如下表例舉幾支藥方供對照參考，至於 1～120 藥方（大人科）全套藥方置於附錄五，（「碧雲寺單冊簿」因與「碧雲寺存檔」相似度極高，不再列出）。小兒科的藥籤藥方，置於附錄六。

表 3-12：碧雲寺藥籤藥方（人人科）——三種藥簿對照（節錄）

	碧雲寺存檔		陳富濱		陳鈺淑碩論	
籤序	藥籤內容	用法	藥籤內容	用法	藥籤內容	用法
1	灶心土五分 鳳凰退五分 風葱一支 燈心七條	水一碗 煎五分	風葱一支 灯心十條 雞蛋壳一錢 灶心土一錢	水一碗 煎五分	灶心土一錢 鳳凰退一錢 風蔥（蔥）一支 燈心七條	以水煎服
2	白朮一錢 淮山一錢 土茯一錢 白菊四分 甘菊四分	水一碗 煎五分	白述一錢 淮山一錢 土茯一錢 甘菊花四分	水碗二 煎五分 服	白朮一錢 土茯一錢 淮山一錢 金菊四分	以水煎服

3	連子一錢五分 淮山一錢 土茯一錢 金英一錢	水一碗 煎四分	蓮子一錢半 淮山一錢 土茯一錢 金英一錢	水一碗 煎五分	連子一錢半 淮山一錢 土茯一錢 金英根一錢	以水煎 服
4	馬尾須一錢 豆叩一錢 金英五分 淮七五分	水一碗 煎四分	馬尾絲一錢 淮七五分 金英一錢 神粬一錢	水一碗 煎四分	馬尾系一錢 白豆蔻一錢 金英根一錢 淮七五分	以水煎 服
5	木通一錢 炙草一錢 淮七一錢	水一碗 煎四分	木通一錢 炙草一錢 淮膝一錢	水一碗 煎四分	木通一錢 蜜草一錢 淮七一錢	以水煎 服
—	—	—	—	—	—	—
16	綠豆殼一錢 淮七一錢 知母一錢 酒軍五分	水碗二 煎七分	綠豆壳一錢 淮七一錢 知母一錢 酒軍五分	水一碗 煎五分	綠豆殼一錢 淮七一錢 知母一錢 大黃五分	以水煎 服
—	—	—	—	—	—	—
62	真珠散一厘 沈香一分 乳香一分	共研末	真珠散二厘 沉香二分 乳香二分	沖滾水 服癒	珠碧散一分 沉香一分 乳香一分	沖滾水 服
—	—	—	—	—	—	—
116	黑藕一錢 黑艾五分 地骨皮一錢半 地榆八分 枇杷葉六分	水一碗 煎五分	黑午一錢 黑支五分 地骨錢半 地榆八分 枇杷葉六分	水一碗 煎五分	黑支子五分 黑午禮一錢 黑艾葉五分 地骨一錢半 地榆一錢半 枇杷葉六分	以水煎 服
117	雄黃、全蠍、卜荷、川芎、乳香、沒藥、牙皂（各平重）	為末吹入鼻孔內	雄黃、全蝎、薄荷、川芎、乳香、沒藥、牙皂（各平重）	吹入鼻內	雄黃二分 全蠍一分 卜荷一錢 川芎一錢 乳香五分 沒藥五分	以水煎 服
118	別甲三錢 燒灰存柱	研末沖 燒酒服	鱉魚甲三錢 燒灰存性研末	沖氣酒 服	別甲三錢	以末沖 酒服

119	中白三分 地龍三分 血碧三分 工金二分 川貝二分半 川連六厘 青代六厘 硃砂六厘 甘草六厘	共為末 調童尿 服	中白三分 地龍三分 古連六厘 川貝二分 硃砂六厘 虎珀三分 乙厘三分 青代六厘	共末泡 童尿服	中白三分（粉） 地龍三分 血結（礦物名） 三分 乙金三分 貝母五分 黃連一分 硃砂一分（粉） 甘草二分（粉）	共末合 童便服
120	茯神一錢 白朮　錢 棗仁六分 洋蔘六分 遠志三分 歸中三分 福肉三粒	水碗二 煎八分	茯神一錢 白朮一錢 洋參六分 棗仁六分 遠志三分 歸中三分 福肉三粒	水碗二 煎六分	茯神一錢 白朮一錢 棗仁六分 洋蔘六分 遠志（藥草名） 三分 當歸三分 福內（藥草名） 三粒	以水煎 服

資料來源：

1. 碧雲寺管理委員會。

2. 琉球鄉民陳富濱。

3. 陳鈺淑：《屏東縣琉球鄉碧雲寺的籤詩信仰文化研究》，屏東縣：屏東教育大學中國語文學系碩士論文，2011 年。

4. 筆者田野調查整理。

（三）觀音媽藥籤（方）的靈感事蹟

許春發自琉球國中退休後，「專職」擔任碧雲寺籤詩解籤義工，他說：「我一家人深受佛祖庇護、恩光難倫，又遇事較多，菩薩指示要我纂述感應錄。其用意在弘揚教化，廣渡眾緣，讓普世眾凡了知神佛威德無邊，感應事蹟車載斗量，只要發願行善積德，佛祖定常相左右。」〔註95〕

許春發撰寫《小琉球碧雲寺觀音佛祖靈感錄（1）》，共有 31 篇，以觀音

〔註95〕參用許春發編撰：《小琉球碧雲寺觀音佛祖靈感錄（1）》（屏東縣：小琉球碧雲寺管理委員會，無出版日期），自序，無頁碼。受訪者：許春發（男，琉球國中退休老師），訪談者：黃永財，地點：屏東縣琉球鄉碧雲寺，日期：2019年 10 月 17 日。

媽賜藥方另搭配符令、紙帛、爐丹等靈驗有多篇，如〈菩薩無所不在〉、〈救命的慈筏〉、〈這樣的處方你敢用嗎？〉、〈佛恩真浩蕩〉、〈先民的干城2〉、〈神準的預測〉、〈苦難與難能的承受〉等。

本書摘用《小琉球碧雲寺觀音佛祖靈感錄（1）》中的幾則例子，並訪談作者許春發，敘述觀音媽藥籤（方）的靈感事蹟。例如〈這樣的處方你敢用嗎？〉：是一位觀光港碼頭賣冰淇淋的洪姓婦人，她的兒子接到兵單徵召入伍，在入伍前從臺灣本島返回小琉球。面容憔悴、精神疲憊告訴她：「媽！明天我怎麼能去當兵？」她驚惶的問兒子，才知道兒子最近感冒，吃太多感冒藥，胃口奇差、口乾舌敝，氣力纖弱，連走路都不穩，如何能入伍當兵？

後來到碧雲寺求助觀音媽，求到了藥籤，到中藥房一對藥簿，藥房的人說：「龍眼乾半斤，因為加了三倍，總共一台斤半。」藥房的人狐疑的反問洪姓婦人：「那麼多？妳要嗎？」她把兒子虛弱的情形說明後，再反詰：「可以吃嗎？」藥房的人告訴她，龍眼乾很補，又那麼多，最好別吃。洪姓婦人返回碧雲寺再請示觀音媽，聖筊連續六次，告訴她但吃無妨。在心中無餘策之下，買了一台斤半的龍眼乾，回家熬煮，一壺濃濃湯汁，倒了一大碗給兒子喝，經一陣子睡覺後，問兒子感覺如何？兒子回答說：「我現在很好！氣力來了，明天可當兵了！」〔註96〕

龍眼乾就是福肉，經查碧雲寺藥籤藥方，在第107籤及120籤的藥方有福肉。筆者在查證中，恰巧與洪姓婦人及兒子熟識，據洪姓婦人表示，當初拿著抽取籤條號碼到中藥房抓藥，藥房的人告訴她500元，她說怎麼這麼貴，藥房說，龍眼乾用這麼多，當然貴。回家後，煮成一碗湯汁給兒子喝，到了晚上12時左右，兒子狀況改善很多。另一方面，據她的兒子表示，喝了一整碗湯汁後，上了很多次廁所（拉肚子），之後，人覺得輕鬆。據洪姓母子說，當初抽的籤號已經忘記，藥方除了龍眼乾之外，另有其他藥方加入。〔註97〕

另一則靈感事蹟是〈先民的干城2〉：許春發的母親是位信佛極為虔誠者，他小時候常隨母親到碧雲寺禮佛，曾代替他的母親到寺中求藥籤。有一

〔註96〕參用許春發編撰：《小琉球碧雲寺觀音佛祖靈感錄（1）》（屏東縣：小琉球碧雲寺管理委員會，無出版日期），頁14、15。受訪者：許春發（男，琉球國中退休老師），訪談者：黃永財，地點：屏東縣琉球鄉碧雲寺，日期：2019年10月17日。

〔註97〕受訪者：洪姓婦人，洪仁智（男，環島車司機），訪談者：黃永財，地點：屏東縣琉球鄉渡船站前，日期：2019年10月17日。

年，許母感冒屢咳不癒，後來到碧雲寺求得一藥：「鴨母一隻、麻油四兩、燉補」。這是極補的藥，許母起初不敢喝。因為實在咳得太厲害，最後只能大膽服飲。在當夜許母胸口如被縛綁重壓，心想：完了，命休矣！心中呼喊：佛祖呀！從來沒聽說你害死人，信女今天老命要斷送在你手上了！就在此時，頓感一陣冰涼，如有人投入一塊冰，從喉頭一直涼到腹內，出了一身汗，衣服都濕透，第二天神輕氣爽，也都不咳了。〔註98〕

　　許母服飲藥籤藥方，經查第 92 籤藥方：「小母鴨一隻、舊地五錢、當歸四錢、蜜草三錢、生姜三錢、麻油二兩，用法是半酒水燉服。」從藥方內容是有鴨母　隻、麻油，燉補，與所求藥籤的藥材相似。當初求得的籤是否該籤號，許春發表示，只記得藥方內容，籤號忘記了。

　　《小琉球碧雲寺觀音佛祖靈感錄（1）》31 篇，文內除了觀音媽藥籤之外，也配合爐丹、符令。例如在〈不可思議的符令〉中，許春發說：「草藥治病，常為現代醫學家所詬病，但是許多人都有切身的經驗，用過草藥療疾而癒卻不敢說的經驗。但是我卻親驗碧雲寺觀音佛祖，以靈丹、符令治病、解厄等，有不可思議感應。」又如〈徬徨者的燈筏〉中敘述：　位有身孕婦人，醫生告訴她先生（姓柯），檢出子宮內有血塊，若技術無法袪除，胎兒將不保。柯先生心神慌亂來到寺中，求助佛祖，許春發幫他求佛賜予若干符令、爐丹，回家服用或佩帶、洗浴。再次到醫院檢驗，醫生告知，完全正常。

　　從靈感錄的內容來看，又經與許春發的訪談，信徒所求的藥籤除了到中藥房抓藥，也會搭配觀音媽的爐丹、符令，而得到不可思議的效果。許春發長期在碧雲寺為信徒解運籤，同時也協助信徒向觀音媽求爐丹、符令。例如，許春發帶著信徒在拜殿一同跪著擲筊，為他們解藥籤上的困惑。所以當信徒到寺中求觀音媽的時候，有人適時協助解籤，求爐丹、符令，在心裡層面多少已經得到慰藉，而事後服下藥籤的藥方，並加爐丹、符令，得到實質上效果如何，不得而知。端看信徒對於宗教信仰及民間療法的信賴，每個人的靈驗程度都不同。

　　碧雲寺的藥籤始於何時，據說其歷史可以追溯兩百多年前碧雲寺建廟時

〔註98〕參用許春發編撰：《小琉球碧雲寺觀音佛祖靈感錄（1）》（屏東縣：小琉球碧雲寺管理委員會，無出版日期），頁 44、45。受訪者：許春發（男，琉球國中退休老師），訪談者：黃永財，地點：屏東縣琉球鄉碧雲寺，日期：2019 年10 月 17 日。

就已存在。〔註99〕不過，廟方主事及地方耆老只說古早以前就有，並未有確切年代記載。據他們表示，在日治時期應該就有藥籤。然而日治時期，對於童乩或出字者，為病人開處方，警察加以取締，據《臺灣慣習記事》中〈利用迷信者之取締〉記載：

> 利用臺灣人之迷信以營私利為業者為數甚多，其為害顯著者，警察
> 加以取締，但各地現仍有稱童乩及出字者，為病人開處方，或以各
> 種類似易占之方法籠絡愚民，有貪取金錢者，甚至在地方上持之向
> 中藥舖抓藥的處方箋，由童乩或出字者所開的遠多於醫生開的，地
> 方廳雖厲行取締，但若鄰廳取締較寬，則畢竟成效不彰。故有人主
> 張此等取締法宜發布全臺劃一的取締規則。〔註100〕

雖然政府加強藥局、藥房之稽查與管理，嚴格執行無處方箋不得調劑處方藥之規定，並落實對民眾衛生教育宣導，有病應循正規管道就醫，切勿迷信偏方或藥籤。但也不能將其價值抹滅掉，應從文化的角度去保存藥籤的籤條及紙籤上的藥方。

三、碧雲寺的地理傳說

碧雲寺的地理傳說，寺廟的地理是「螃蟹穴」，又有「龍舌穴」之說。而有一處終年泉甘水冽的泉水稱「龍目水」，其泉水有如螃蟹的嘴巴吐出泡沫。

近年來廟前低凹處，政府撥款興建濕地公園，因與龍目水出口處相鄰，鄉民深怕破壞碧雲寺螃蟹穴的地理，影響全鄉未來，所以承辦單位不敢掉以輕心，配合地方上的民間宗教信仰，將設計藍圖呈上請碧雲寺觀音媽做主。

（一）螃蟹穴傳說

碧雲寺的地理傳說是個「螃蟹穴」，早年觀音佛祖南巡到此，在雲中見到小琉球的形狀頗似蓮花，是個好穴地，於是想在此興基，又見一土佛恰好在其穴上，於是就附靈在土佛上，小琉球是傳說中的「蓮花穴」，碧雲寺就是「螃蟹穴」。

「螃蟹穴」傳說，地方耆老許春發在《小琉球碧雲寺觀音佛祖靈感錄

〔註99〕張簡雅芬：《琉球鄉碧雲寺觀音信仰探究》（臺東縣：國立臺東大學華語文學系臺灣語文教師碩士班碩士論文，2010年），頁106。
〔註100〕臺灣慣習研究會原著、鄧憲卿主編：《臺灣慣習記事》（南投縣：臺灣省文獻委員會，1997年6月，再版），頁161。

（1）》指出：

> 乃因以勘輿學觀之，小琉球地理來龍，係自鳳鼻頭入海，起伏蜿蜒，
> 從本鄉花矸石隆起後，主脈往西南而行，另二支脈形成龜仔路山和
> 尖山。巧妙的是主脈形成於本寺後背靠山，支脈成為本寺左青龍右
> 白虎，龍蟠虎踞。二邊來水交會出大寮漁港，自港際向西眺，若一
> 隻巨大螃蟹俯瞰大海，形勝天然。大武山隔海環護。寺前萬叢竹林
> 隱翳，臨海而不見海，乃萬年不替的風水寶地。〔註101〕

相傳碧雲寺的廟體正是螃蟹的中心位置，也就是螃蟹的身軀。碧雲寺的廟前
下方，有一口龍目井，一年四季都湧出泉水，就像一隻螃蟹的嘴巴吐出泡沫。
龍目井的前方有兩座廟，從碧雲寺正面向外看，左前方一座廟，看到廟體背
面是南天宮；右前方是聖后宮，這兩座廟是螃蟹的眼睛，也是觀音佛祖的護
法。

「南天宮」，主祀齊天大聖孫悟空，位於大福村和平路 54-6 號。管理人
洪聖賢（兼乩童），廟體建築面積為 346 平方公尺，一樓層，建築結構是鋼
筋水泥。其原由是洪聖賢祖先供奉齊天大聖，屢有神靈顯聖，村民眾議興
建。〔註102〕

「聖后宮」，主祀天上聖母，位於大福村和平路 58 號。管理人黃坤圡，
廟體建築面積為 324 平方公尺，二樓層，建築結構是鋼筋水泥。其原由是
先祖從事捕魚遇颱風來襲，幸能平安返回，漁夫感謝媽祖顯靈，集資建廟。
〔註103〕

兩座廟的地理位置相距不遠，南天宮位於和平路 54-6 號；聖后宮是和平
路 58 號，廟體建築面積各為 346 與 324 平方公尺，如果是螃蟹的眼睛，兩座
廟的廟體面積近相等，似乎有點意思。

碧雲寺的廟埕傳說，早期小琉球島上沒有收音機，也沒有電視，所以演
戲時，鄉民到觀音媽廟看戲，把整個觀音媽廟的廟埕擠得水洩不通，小小的
廟埕可以擠入想要看戲的人，所以傳說碧雲寺的廟埕好像螃蟹的兩支人螯

〔註101〕許春發編撰：《小琉球碧雲寺觀音佛祖靈感錄（1）》（屏東縣：小琉球碧雲寺
　　　　管理委員會，無出版日期），頁 41。
〔註102〕受訪者：洪聖賢（男，南天宮管理人兼乩童），訪談者：黃永財，地點：屏
　　　　東縣琉球鄉南天宮，日期：2017 年 3 月 5 日。
〔註103〕受訪者：黃銀（女，聖后宮主委的太太），訪談者：黃永財，地點：屏東縣
　　　　琉球鄉聖后宮，日期：2017 年 3 月 5 日。

般，人多時向外延伸，再多的人都可以容納在廟埕。

碧雲寺的地理靈穴，又有傳說是「龍舌穴」。龍舌穴之說，是以廟埕能夠隨著廟會人數的多寡而變化。民國 40 年（1951）之前，廟殿狹小、廟埕也只有現在的一半，每當慶典時，前面搭戲臺，並擺三張供桌，卻容得下全鄉的人祭拜，並未有感到擁擠，甚為怪異。〔註 104〕

現今碧雲寺熱鬧（慶典），廟埕搭棚子提供信徒放供品，加上戲棚演戲，藝陣表演，就占去大半個。兩側入口處，由信徒寄付自行辦理的免費點心（炒米粉、粉圓、愛玉等），人群停留領取餐點，機車停放，廟內廟外人潮進出，信徒拿著香忙著參拜、擲筊、寄付，燒化金紙，抽籤詩解籤詩，空間使用及動線尚流暢。【圖 3-29】

圖 3-29：小琉球碧雲寺廟埕（2019 年觀音佛誕慶典：藝陣表演、戲棚、供桌上供品）

【黃永財拍攝：2019/3/24】

碧雲寺主祀觀音佛祖，《琉球鄉志》將碧雲寺歸於佛教。〔註 105〕但信徒的供品出現葷食，有雞、豬、魚、魷魚等，據廟方表示：觀音媽廟，信徒拜葷食，不是給觀音媽的，是給螃蟹吃的，因為觀音媽廟處在螃蟹穴上，葷食給螃蟹吃，讓牠身軀粗勇更壯，才有力氣保護觀音媽。

（二）龍目井傳說

碧雲寺廟前方龍目水出口處，許春發稱為「龍目井」。他說，所謂的「龍

〔註 104〕許春發編撰：《小琉球碧雲寺觀音佛祖靈感錄（1）》（屏東縣：小琉球碧雲寺管理委員會，無出版日期），頁 40。
〔註 105〕洪義詳主修、林澤田總編纂：《琉球鄉志》（屏東縣：屏東縣琉球鄉公所，2006年 12 月），頁 279。

目」是指重要的地方，就像一支甘蔗一目一目，關節所在，龍目井不一定是雙井。

　　龍目井是否為雙井，彭衍綸在《風傳人間·物說春秋——臺灣地方風物傳說的踏查與闡述》中指出：「雙井稱為龍目井者，水井數量自然為命名的因素之一。而稱『龍目井』，水井數量非二者，『目』字意義似乎不是命名的重要依據，『龍』字或許方是參考指標。龍在華人社會一直是神秘、尊貴、吉祥的象徵，另一方面，龍與水又有密切的關係。」〔註106〕彭衍綸同時指出，就他的考察結果來看，單井或雙井皆可稱為「龍目井」，但確實以雙井居多。

　　許春發指出：碧雲寺龍目井，終年泉甘水洌，滔滔不絕，昔日足以灌溉數十良田，不曾有乾渴之旱。最奇的是泉中時見小蟹、小蝦悠游，有病苦在寺中求得若干隻蝦蟹配藥，井中即見若干顯現，用以療疾，每見奇效。神驗之說不逕而走。〔註107〕曾經有一位女信徒向許春發要借一支勺子（小網），他問女信徒借此物有何用途，女信徒說要到龍目井撈蝦，但他說沒有勺子（小網）。後來，許春發聽一位師姐說，剛才有位小姐撈到一隻蝦子。令人稱奇，因為平時看不到一隻蝦子，只要佛祖願給，去撈即有，而女信徒要撈蝦應該是配藥，用以療疾，至於螃蟹他倒沒有看見。〔註108〕

　　小琉球某住民的祖父，得了腫瘤，父親到碧雲寺抽藥籤，其中一藥是要以鮮肉攪和五隻鮮蝦製成肉丸燉湯。巧遇颱風來襲，小琉球和本島的交通中斷，苦無鮮蝦可用，經族裡長輩提醒，向觀音媽請求，三桮允許之後，到龍目井捉蝦。果然，他父親看到五隻蝦浮出水面，將蝦子撈取回家和藥。〔註109〕

　　龍目井的蝦子，據小琉球居民表示，曾經看過，其蝦名是「貪吃蝦、過山蝦」。〔註110〕筆者於2019年10月4日，向碧雲寺廟祝借鑰匙打開龍目井

〔註106〕彭衍綸：《風傳人間·物說春秋——臺灣地方風物傳說的踏查與闡述》（臺北市：里仁書局，2017年8月，初版），頁188、189。

〔註107〕許春發編撰：《小琉球碧雲寺觀音佛祖靈感錄（1）》（屏東縣：小琉球碧雲寺管理委員會，無出版日期），頁41。

〔註108〕受訪者：許春發（男，琉球國中退休老師），訪談者：黃永財，地點：屏東縣琉球鄉碧雲寺，日期：2019年9月13日。

〔註109〕黃慶祥：《古典小琉球》（屏東縣：黃慶祥發行，2008年10月，初版），頁27、28。

〔註110〕受訪者：陳富濱（男，生態解說員），訪談者：黃永財，地點：屏東縣琉球鄉三隆宮，日期：2019年10月4日。

鐵圍籠，打赤腳進入龍目井內查看，並未看到有蝦子。【圖 3-30】據當地信徒說，先要向觀音媽求，請觀音媽賜蝦子，准了以後，才能進入龍目井撈蝦子，而且必須按照指示撈幾隻，不可多撈。

圖 3-30：小琉球碧雲寺龍目井

筆者

【謝沛蓁拍攝：2019/10/4】

小琉球人說，碧雲寺龍目井的水質甘涼。清代臺灣方志中，記載一處龍目井泉水甘冽冠於全臺，據《諸羅縣志》中，雜記志：「龍目井，在大雞籠山之麓。下臨大海，四周斥鹵；泉湧如珠，漬地而起，獨甘冽冠於全臺。不知開自何時？大約荷蘭所浚也。」〔註111〕前述龍目井現今所在地是基隆市中正區和平島。〔註112〕

碧雲寺龍目井水質甘涼之外，昔日足以灌溉數十良田，不曾有乾渴之旱，可供灌溉許多良田。這一點，別的地方龍目井亦如此，據《鳳山縣采訪冊》中記載，昔日打狗山龍目井的水量情形：「龍巖池（即龍眼井），在興隆里（打鼓山麓，按此山北屬興隆里），縣西十六里，周十丈許，源出石罅，東南行里許，入山腳洋，溉田二十八甲。」〔註113〕昔日打狗山龍目井的水量確實很大，可以溉田近三十甲。彭衍綸在《高雄遊憩名山傳說研究——以大崗山、半屏山、打狗山為對象》中提到：

〔註111〕清‧周鍾瑄主修：《諸羅縣志》（臺北市：遠流出版事業股份有限公司，2005年6月，一版），頁355。

〔註112〕彭衍綸：《高雄遊憩名山傳說研究——以大崗山、半屏山、打狗山為對象》（臺北市：里仁書局，2011年1月，初版），頁507。

〔註113〕清‧盧德嘉：《鳳山縣采訪冊》（第一冊）（臺北市：臺灣銀行，1960年8月），頁109。

　　昔日打狗山龍目井的水量確實豐沛，戰後還曾為附近的軍區和紙廠使用。數位曾見過或用過龍目井的高雄田調受訪者表示，昔日龍目井的水量確實很大，會發出滾滾的聲音，水亦十分清涼：講述當時已八十四歲的王周先生，回憶他在昭和 8、9 年（民國 22、23 年；1933、1934 年）於內惟一帶接受日本教育時，還曾在龍目井釣過蝦子、鱸鰻仔，並表示井水確可灌溉，光復後，陸續為海軍和永豐紙廠汲取使用。祇可惜今日已封蓋，無法見著舊時水量充沛的景象。〔註 114〕

上述，昔日打狗山與碧雲寺的龍目井，其水量充沛可溉田，巧的是都有蝦子，這說明這兩口龍目井的水質乾淨，才能有生物存活於井水中。

　　早年小琉球碧雲寺曾與高雄市阿蓮區大崗山超峰寺有互動。小琉球退出東港迎王系統後，進香路線分為兩路，一路是三隆宮前往南鯤鯓廟；另一路是碧雲寺觀音佛祖則往大崗山超峰寺，邀請超峰寺觀音佛祖到小琉球共襄迎王盛典。〔註 115〕

　　超峰寺有兩口龍目井，據《鳳山縣采訪冊》的記載：「大岡山，在嘉祥里，縣北五十里，脈山牛欄灣山出，高七里許，長二十里。樹木蔚然，為縣治八景之一（八景中有岡山樹色，即此）。山腰有超峯寺，祀觀音佛，為前太守蔣允焄建。寺前活泉兩股，大旱不涸。俗名『龍目泉』。」

　　據超峰寺釋天仁指出：確實有兩口井，現稱龍目井，是否昔日的龍目泉，不清楚。〔註 116〕他帶領筆者到正殿右側與餐廳的中間一條通道，進入通道直入一房間，又有一小房間，門口左側牆面寫著「龍目井」，但小房間的門鎖著。【圖 3-31】通道的入口房門右側，設取水處，寫著：抽龍目井的水，第一步驟，把手往上板；第二步驟，開裡面的開關。從現場看，應該還在使用。另一口龍目井，位於下方出口處的「登妙覺門」牌樓右側，一座觀音菩薩像亭前，小塊磁磚貼「龍目井」，但不易看出，向正面看只有「目」字，此口現封井。【圖 3-32】

〔註 114〕彭衍綸：《高雄遊憩名山傳說研究——以大崗山、半屏山、打狗山為對象》（臺北市：里仁書局，2011 年 1 月，初版），頁 492、493。

〔註 115〕鄭華陽編著：《字繪琉嶼——琉球信仰側記》（屏東縣：屏東縣立琉球國民中學，2018 年 10 月，初版），頁 45。

〔註 116〕受訪者：釋天仁（男，84 歲），在超峰寺已有 25 年。訪談者：黃永財，地點：高雄市阿蓮區超峰寺，日期：2019 年 9 月 19 日。

圖 3-31：高雄大崗山超峰寺龍目井（正殿右側）

龍目井
在門內

【黃永財拍攝：2019/9/19】

圖 3-32：高雄大崗山超峰寺龍目井（登妙覺門牌樓右側）

龍目井

【黃永財拍攝：2019/9/19】

　　《鳳山縣采訪冊》記載，超峰寺前有活泉兩股。現今一口井位於正殿旁側室內，位置與記載不符。另一口井在下方，依現在地形的步道，兩者相距步行約 137 步（筆者的腳步），再走樓梯下去，約 90 階梯，此口井位置似乎符合方志記載，是否曾移動，不得而知。

　　超峰寺兩口井的記載，據連橫在《雅堂文集・臺灣史跡志》中記載：「超峰寺前左有兩泉，水自石隙出，深不及尺，雖數千人飲之不竭。泉中有白蟹，

小如錢，進香者向佛乞筶，始可得，攜歸畜之，謂可介福。」〔註117〕《雅堂文集·臺灣史跡志》與《鳳山縣采訪冊》記載，兩口井都是在廟前。是否廟體建築曾有變動，而井的位置未如文獻所記載，也不無可能。

　　位於高雄市鳳山區的龍山寺，主祀觀音佛祖，目前被列為二級古蹟。建廟原由，傳說與一口古井有關。據《鳳山縣采訪冊》中記載：「觀音寺（額『龍山寺』）在大東門內，屋十二間，乾隆三十年居民建，嘉慶十二年陳可寄董修。」〔註118〕相傳有一大陸閩籍人來臺，路經現址一口古井，汲水喝，將隨身觀音佛祖香火袋掛於蕃石榴樹上，離去時忘記拿，到了夜晚香火袋發光，居民認為觀音佛祖顯靈，於是將蕃石榴樹分祀正、副開基觀音佛祖。〔註119〕

　　然龍山寺這口古井並未稱為龍目井，而巧的是，小琉球碧雲寺、大崗山超峰寺、鳳山區龍山寺，都是主祀觀音佛祖，有著一口井或兩口井。其實早年人們在公眾場地之處鑿井，為大家汲水所用，是屬平常，但喜愛取名為龍目井。臺灣存在龍目井有多少呢？據彭衍綸在《風傳人間·物說春秋——臺灣地方風物傳說的踏查與闡述》中指出：「初步統計，臺灣尚有十九處地方存在龍目井，詳細情形為：基隆市一處、臺中市一處、彰化縣一處、雲林縣二處、嘉義縣一處、臺南市五處、高雄市七處、屏東縣一處〔註120〕。」〔註121〕嘉義以南就有十四處，可見龍目井之名稱在南臺灣頗為盛行。

（三）碧雲寺的風水靈脈——龍目井

　　碧雲寺的山腳下，俗稱觀亭內，有一池全年不斷的湧出泉水，稱為「龍目水」，亦稱龍目井。位於左側金爐（金亭）旁的涼亭下方。從涼亭旁下樓梯往廁所方向，再往右側樓梯下去，在樓梯旁右邊，立牌名為「龍目水」。【圖 3-33】

〔註117〕連橫：《雅堂文集》（臺北市：臺灣銀行，1964 年 12 月），頁 221。

〔註118〕清·盧德嘉：《鳳山縣采訪冊》（第二冊）（臺北市：臺灣銀行，1960 年 8 月），頁 170。

〔註119〕受訪者：湯正祺（男，龍山寺廟祝），訪談者：黃永財，地點：高雄市鳳山區的龍山寺，日期：2019 年 3 月 4 日。

〔註120〕屏東縣龍目井是南州鄉七塊村萬善宮，並非屏東縣琉球鄉碧雲寺。

〔註121〕彭衍綸：《風傳人間·物說春秋——臺灣地方風物傳說的踏查與闡述》（臺北市：里仁書局，2017 年 8 月，初版），頁 186。

圖 3-33：小琉球碧雲寺龍目水（井）外觀

龍目井

【黃永財拍攝：2019/10/4】

　　龍目井是早期小琉球人，沒自來水的時代〔註122〕，井水枯竭時，到此取水，傳說有醫療上的效用。〔註123〕鄉民如果要到此挑水桶舀水，想必不是那麼容易，因為目前要到龍目井，從碧雲寺前方涼亭開始往下走，約17階樓梯，到右轉角處，再往下走約75階樓梯才到達。再往下走，是個溼地生態公園。所以早年島上乾旱時，各地婦人挑水桶到此汲水，水桶一個一個地緊挨著排在約50度的斜坡小路上，那隊伍可長到幾十公尺，汲滿水的婦女挑著水桶和排列的水桶擦身而過，可見當時的辛苦情形。〔註124〕

　　碧雲寺位於螃蟹穴上，山坳下的龍目井，是攸關寺的地理香火。而琉球鄉列入大鵬灣風景區開發及園區整治，所以景區的開發深怕破壞地靈，影響靈力，然而龍目井區的開發，【圖3-34】若非觀音佛祖答應，鄉民反對的聲勢不容小覷。地方耆老許春發說：景區天然半月池，是本寺庫池，蓄水聚財之地。有始以來，刺竹蕪雜，僅有一小石階通龍目井。路旁竹頭掛香火、紅布、廢燈具、蔓草、髒亂，有礙觀瞻，實在有整治的必要。〔註125〕

　　早年王新展擔任碧雲寺主委時（任期：1998～2002年），有心要開闢，幾次請示觀音佛祖皆不答應，想請鄉公所設計、美化，還是不答應。後來碧雲

〔註122〕民國60年（1971）自來水廠設立，初名「屏東自來水廠琉球給水站」。
〔註123〕黃慶祥：《古典小琉球》（屏東縣：黃慶祥發行，2008年10月，初版），頁27。
〔註124〕黃慶祥：《古典小琉球》（屏東縣：黃慶祥發行，2008年10月，初版），頁186。
〔註125〕參用許春發編撰：《小琉球碧雲寺觀音佛祖靈感錄（1）》（屏東縣：小琉球碧雲寺管理委員會，無出版日期），頁51。

寺管理委員會重新改選，新委員到任後，與鄉公所鄉長洪義詳（任期：2002～2006 年）共同準備整治，仍遭廟方保守人士，以破壞寺廟風水為由阻擋，遲遲未能擘畫、開闢。〔註 126〕

圖 3-34：《小琉球碧雲寺觀音佛祖靈感錄（1）》，〈龍目井景區的開發〉

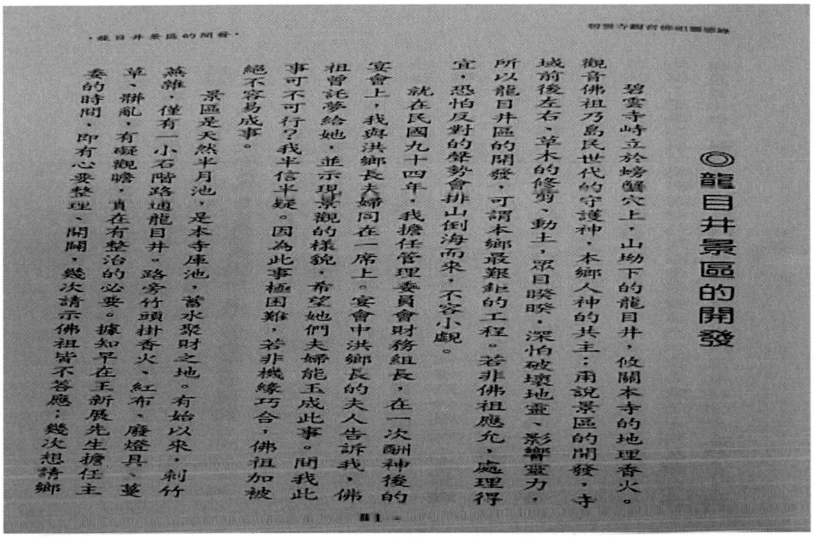

◎龍目井景區的開發

碧雲寺峙立於螃蟹穴上，山坳下的龍目井，攸關本寺的地理香火。觀音佛祖乃島民世代的守護神，本鄉人神的共主；再說景區的開發，寺域前後左右，草木的修剪、動土，眾目睽睽，深怕破壞地靈、影響靈力，所以龍目井區的開發，可謂本鄉最艱鉅的工程。若非佛祖應允，處理得宜，恐怕反對的聲勢會排山倒海而來，不容小覷。

就在民國九十四年，我擔任管理委員會財務組長，在一次酬神後的宴會上，我與洪鄉長夫婦同在一席上。宴會中洪鄉長的夫人告訴我，佛祖曾託夢給她，並示現景觀的樣貌，希望她們夫婦能玉成此事。問我此事可不可行？我半信半疑。因為此事極困難，若非機緣巧合，佛祖加被絕不容易成事。

景區是天然半月池，是本寺庫池，蓄水聚財之地。有始以來，刺竹蕪雜，僅有一小石階路通龍目井。路旁竹頭掛香火、紅布、廢燈具、萋草，髒亂，有礙觀瞻，真在有整治的必要。據知早在王新展先生擔任主委的時間，即有心要整理、開闢，幾次請示佛祖皆不答應；幾次想請鄉

【黃永財拍攝：2020/9/18】

小琉球列入大鵬灣風景區開發，鵬管處開始規劃設計，並將設計圖擺在碧雲寺殿內座前，恭請觀音佛祖監察。另擇日再請筊賜示，直到佛祖滿意，對風水、地靈無礙才能興工。

設計圖完成，放在寺內殿前二十餘日，到了最後佛祖決定日子到了，鄉長洪義詳、碧雲寺管理委員會到場參與，以下是由許春發向佛祖請示的過程：

> 「佛祖啊！龍目井設計如圖設，您可要修正？」佛祖以陰筊表示沒有。「竹林的規劃您可要更改？」佛祖也滿意了，最後我再稟：「興工動土的原則，低處不可填高、高處不可鏟平，如果整個景區的設計規劃您都答應，請賜予三聖筊，全案就通過，交由鵬管處興工。」結果？咦！兩聖筊。我心知水口的方位攸關本寺風水，靈脈。且本寺水口格局非常特殊，不可輕易改變，當下我再叩問：「您是否指示水口之處絕對不可更動？」佛祖三應筊表示正確。最後，我再稟：「如果水口不變，整個景區的設計都如圖您都滿意，請三應筊，讓

〔註 126〕許春發編撰：《小琉球碧雲寺觀音佛祖靈感錄（1）》（屏東縣：小琉球碧雲寺管理委員會，無出版日期），頁 52。

　　信徒放心。」啪！啪！啪！佛祖答應了。〔註 127〕

龍目井景區開發，由大鵬灣管理處規劃設計，整個設計圖案，經請示觀音佛祖答應，在場的碧雲寺管理委員會委員，也照之前約定，只要佛祖賜予三聖筊，全案算通過。從整過程來看，佛祖之意，主要不可破壞龍目井的水口，其水口就是螃蟹的嘴巴，吐出泡沫之處，泡沫是龍目水，是碧雲寺的風水靈脈，關係著整個琉球鄉的盛衰。

　　碧雲寺的龍目井，現今外圍是用鐵網架設並裝鎖，信徒要入內先向廟祝拿鑰匙打開，並脫鞋進入。龍目水是從斜坡腰部處，不斷流出水，流入梯形池內，再流入半月池，順著水道流進溼地生態公園，稱為「竹林生態池」。如果遊客不清楚位置，碧雲寺的右側前方有一指示牌，告示左右兩側都可通行，從廟體前向右 175m，向左 45m 可到達生態池。

　　竹林生態池的步道取直角彎道，建兩座涼亭，池水尚淺，生物不多，周圍長竹圍繞，地點寧靜，能聽到龍目水的水流聲。大鵬灣風景管理處在步道入口立標示牌：「碧雲寺竹林健康步道，聰明吃，快樂動，時時做運動，健康不漏動，每日運動三十分，健康有勁一百分。來回 0.5 公里，約消耗 30 卡路里，相當於開心果 8 顆。」立標示牌不夠明顯，遊客不多，即使遊客到生態池，幾乎短時間停留，甚少走完全區。廟方期待鄉民或遊客到碧雲寺參拜觀音媽，順道到竹林生態池走動。【圖 3-35】

圖 3-35：小琉球竹林生態池（碧雲寺前下方）

【黃永財拍攝：2021/1/30】

〔註 127〕許春發編撰：《小琉球碧雲寺觀音佛祖靈感錄（1）》（屏東縣：小琉球碧雲寺管理委員會，無出版日期），頁 54。